ars vivendi

Norbert Treuheit, Jahrgang 1956, wurde in Fürth geboren und wuchs in Cadolzburg auf. Später studierte er in Erlangen und München, dazwischen arbeitete er zwei Jahre als Dozent an der University of Southampton (England). 1988 gründete er den *ars vivendi verlag*, startete 2005 die Reihe der Frankenkrimis und initiierte 2012 den zusammen mit den *Nürnberger Nachrichten* ausgelobten Fränkischen Krimipreis. Er ist Herausgeber mehrerer Anthologien, u. a. *Englische Erzähler des 20. Jahrhunderts* (Heyne Verlag), *Literarische Streifzüge durch Kneipen, Cafés und Bars, Best of Frankenkrimis,* der Reihe *Postcard Stories* sowie Mitherausgeber der »Edition moderne fränkische Klassiker« im *ars vivendi verlag.*

CHRIST KINDLES BLUES

Fränkische Geschichten
und Gedichte zum Fest

Herausgegeben von Norbert Treuheit

ars vivendi

Originalausgabe

Erste Auflage November 2016
© 2016 by ars vivendi verlag
GmbH & Co. KG, Bauhof 1,
90556 Cadolzburg
Alle Rechte vorbehalten
www.arsvivendi.com

Umschlaggestaltung: ars vivendi unter Verwendung
einer Illustration von © Marta Jonina / iStockphoto.com
Druck: Orthdruk
Printed in the EU

ISBN 978-3-86913-732-2

Inhalt

Christ

Karlheinz Deschner
Alternative für Weihnachten 10

Elisabeth Engelhardt
Stau am Credoja-Pass 13

Ludwig Fels
Wir werden es erleben 19

Eugen Gomringer
Ein Bericht über die Weihnachtsgeschichte nach Lukas 20

Nora Gomringer
Jesus kommt 23
Der Baum 24
Einseitiges Telefonat (belauscht) 25

Manfred Kern
Auf der Ofenbank 26

Tanja Kinkel
Nachtgespräch 27

Ulrich Kulp
Soulguard 33

Killen McNeill
Und weihnachtlich grüßt der Plumpudding 40

Christiane Neudecker
Vom Himmel hoch 50

Jean Paul
Lange Zaubernacht 56

Mia Pittroff
Im Walbauch durch den Heiligen Abend 60

Horst Prosch
Die Könige wandern 63

Kind

Nessa Altura
Christinas Welt 74

Helwig und Ewald Arenz
Trott & Schrödel 80

Sigrun Arenz
Das geheime Leben der Weihnachtsbäume 90

Max Dauthendey
Brief an die kleine Lore in Altona in Deutschland 98

Erika Dietrich-Kämpf
Weihnachtliche Gedanken 107

Matthias Egersdörfer
Kind Gottes in der Hutschachtel 110

Tommie Goerz
Behütuns an Weihnachten 115

Helmut Haberkamm
Helgaland, so nah am Wasser 126

Günther Hießleitner
Schdall 138

E.T.A. Hoffmann
Bescherung 141

Tessa Korber
An der Fuchsenkrippe 153

Matthias Kröner
Wann gemmern hamm? (odder: Dä Chrisdkindlersmarkd ass Kindersichd) 164
Bläymobil (odder: Ä Zwedschgermännlä werd debbressiv) 166

Friedrich Rückert
Zwei Kindertotenlieder 167

Elmar Tannert
Frau Wanitschek 169

Sabine Weigand
Das beste Butterzeug der Welt   173
Johannes Wilkes
Wenn Sie sich als Christkind bewerben möchten   181
Bernhard Windisch
Elias, der Bettler, Max und das Christkind   187

Blues

Anne Borel
Noël   200
Kevin Coyne
Weihnachtsbesuch   205
Herta Dietrich
Gedankengestöber   211
Nataša Dragnić
Der Heiligabend – ein Traum   215
Gerhard Falkner
Schneh pho haid / Schnee von heute (Übertragung ins Hochdeutsche) 224
Theobald Fuchs
Bewährungsprobe in Hersbruck   226
Klaus Gasseleder
Bescherung 2015   238
Joshua Groß
Die letzten Ruinen   239
Ralf Huwendiek
Schnapsneger   248
Maximilian Kerner
Advend-Bluus   251
Wolfgang Koeppen
Christkindlmarkt   252

Dirk Kruse

    Verwirrende Weihnachtsbräuche   255

Fitzgerald Kusz

    Christmas-Haiku   259

    weihnachtsblues   260

Root Leeb

    Karussell   261

Thomas Pigor

    Das schönste Geschenk   263

Klaus Schamberger

    Ein Weihnachtsgedicht oder: Patrona Franconiae   265

    Weise Weihnachten   266

Manfred Schwab

    Das Christkind lädt zu seinem Markte   270

Harald Weigand

    Weihnachtsurlaub   274

Natascha Wodin

    Heiligabend in Deutschland   283

Textnachweis   290

Christ

Karlheinz Deschner
Alternative für Weihnachten

Das christliche Weihnachtsmärchen ist uns allen so vertraut, dass viele meinen, es stünde in jedem Evangelium. Doch nur Lukas erzählt es, und er spann es fast gänzlich aus jüdischen und heidnischen Legenden heraus. Und da auch Markus, Matthäus, Johannes bloß fabelten, kommt selbst Albert Schweitzer zu dem Schluss: »Es gibt nichts Negativeres als das Ergebnis der Leben-Jesu-Forschung. Der Jesus von Nazareth, der als Messias auftrat, das Gottesreich verkündete und starb, um seinem Werk die Weihe zu geben, hat nie existiert.«

So ersetzte man denn Weihnachtsmetten, Festpredigten und weiß Gott welche schimärischen Glückseligkeiten durch ein wenig Besinnung auf die Geschichte.

Ich rate, den Christbaum wieder im Wald, die Kerzen im Kaufhaus zu lassen und lieber sich selbst ein Licht aufzustecken. Schon bei geringer Erleuchtung nämlich erhellt: So nichtig wie all das weihnachtliche Glänzen und Lügen ringsum ist wenig, und wichtiger als die Not des Nächsten fast nichts. Besser ist es, einen Hungernden zu nähren, als sich selber zu überfressen und der Industrie das Geld in den Rachen zu schmeißen. Statt jährlich dem Weihnachtsmann aus Rom zu lauschen, sollte man einmal das Kapital der Kirche kennenlernen, ihren noch immer ungeheuren Landbesitz und die Gehälter der Prälaten. Mancher würde mehr staunen als über alle Weihnachtsmirakel bei Lukas und begriffe vielleicht, warum schon bei der Geburt des Herrn Ochs und Esel zugegen waren. »Das Volk«, sagte Arno Holz,

»hat lange graue Ohren, und seine Treiber nennen sich Rabbiner, Pfarrer und Pastoren.« Kurz, statt *Am Weihnachtsbaum die Lichter brennen* zu singen, könnte man sich erinnern, wo's denn sonst noch brennt auf der Welt; könnte man das widerliche Spielchen fortan umgekehrt spielen: alle Tage quasi Weihnachten, und nur an Weihnachten Alltag. Ich schlage vor: am mysterienreichen Geburtstag des Herrn – von der ältesten Kirche, die es doch am besten wissen musste, am 19. April, 20. Mai und 17. November vermutet – ab sofort das berühmte Thema »Und Friede den Menschen auf Erden, die guten Willens sind« fahren, sämtliche Kinderchöre, Domglocken, Dompfaffen schweigen zu lassen. Jede aufkommende Sentimentalität ist verpönt, streng bestraft wird, wer einen Christbaum hat, *Ihr Kinderlein kommet* intoniert, ein frohes Fest wünscht, von Frieden salbadert oder sonst ein frommes Wort verliert.

Statt dessen werde es obligatorisch, just an diesem Tag all das verstärkt, konzentriert, nun eben mit dem ganzen christlichen *élan vital* und *d'amour* zu betreiben, was sich sonst gleichmäßig über das Jahr verteilt: die Verbreitung von Unkonzilianz, Geifer, Gift, Gewalt, die kaum getarnte Barbarei, Kampf aller gegen alle. Man intrigiere und betrüge jetzt auf Teufel komm raus an Weihnachten, man verleumde, hetze und mache den andern kaputt. Aut Caesar aut nihil, aut vincere aut mori. Wer das ganze Jahr über umbringt, begehe nun bloß noch an Weihnachten seine Raub-, Lust- oder Justizmorde, und auch alle Kriege finden künftig nur am Dies ater statt. Dafür herrsche an den übrigen 364 Tagen absolute Waffenruhe, schönster Friede, benehme sich jeder so, wie man glauben könnte, dass wir uns benähmen, gälte auch nur im Geringsten, was an Weihnachten hier aus dem Blätterwald schallt, aus der Glotze, den Kirchen. »Und Friede den Menschen auf Erden ...« – während die Menschheit in jeder Minute des Jahres fast eine Million Mark für Rüstung hinwirft und alle paar Sekunden ein Kind verhungert. *Stille Nacht, heilige Nacht, alles schläft ...* Wahrhaftig, so ist es.

Elisabeth Engelhardt
Stau am Credoja-Pass

Sie waren wieder im Finstern gesessen, 2000 Jahre oder
weniger. Sie bewachten diesmal nicht ihre Herden auf
dem Feld, diesmal hockten sie krumm und gerädert in den
Kraftfahrzeugen. Auf der Autobahn Feldmoching – Bethlehem staute sich die Herde bei Schneeglätte und Schneever-
wehungen. Sender *Bayern 3* verkündete 30 Kilometer Stau.
Fernlastzüge, die vor den kommenden Feiertagen am Ziel
sein mussten, Wohnwagengespanne, Personenwagen. Ge-
balltes Gastarbeiterheimweh rollte heimatwärts, die Straße
hatte den üblichen Kurzurlaubsverkehr zu bewältigen, und
nun zusätzlich den Anbetungstourismus.

Paul Aichinger und seine Familie, Frau Gisela, die
Kinder Lotti und Paulchen, Lotti schon in der ersten
Klasse, Paulchen noch nicht schulpflichtig, standen auf
der linken Spur. Ob rechts, ob links, es ging weder vor
noch zurück. Doch wie, wenn sie noch lange festgenagelt
sein würden am Pass Credoja, sollten sie Augen- und Oh-
renzeugen des Weltereignisses von Bethlehem werden?

»Da vorne muss irgendein Unfall passiert sein«,
mutmaßte Gisela, die auch im Schnee das Gras wachsen hörte, als die Familie am Pass festsaß, hinter ihnen
Scheinwerfer, hoffnungsvoll in Richtung Steiermark, Ju-
goslawien, Griechenland gerichtet.

»Sicher«, knurrte Paul verärgert, »sonst wären Sani
und Poli nicht los wie die wilde Sau.«

Es wurde kälter im Wagen. Paul hatte den Motor abgestellt, er wusste, was sich gehörte, andere produzierten
Qualm. Fröstelnd und gelangweilt quengelten die Kinder.

»Schlaft ein bisschen«, tröstete Gisela wohlmeinend, »ihr könnt euch schön ausstrecken, zudecken, wir haben Gott sei Dank nicht unter Platzmangel zu leiden.«

»Und überhaupt«, mischte Paul sich ein, »wer wollte denn unbedingt nach Bethlehem?«

»Nicht so lahm«, winselte Paulchen, »mitn Dschett, mitn Dschett!«

Ein geheimnisvoller König war da, der neue Messias. Allen voran die Regenbogenpresse hatte die Königsgeburt ausfindig gemacht: Farbenfroh prangten Wiegen, Kronen, Throne auf den Titelseiten. Die Leserschaft, mit gekrönten Häuptern überfüttert, nichtsdestotrotz unersättlich, verlangte frische Majestäten. Sämtliche Tages- und Wochenblätter griffen das Gerücht auf: NEUER KÖNIG IM EWIGEN KRISENHERD!

Aichingers ließen sich erst vom Nahostkorrespondenten des Fernsehens überzeugen, von zweitausendjährigen Archivbildern, Kommentaren der Sachverständigen und brandneuen Aufnahmen aus der Wüste Judäa: Tote, Verwundete, Flüchtlinge, weinende Mütter, verstörte Kinder, gesprengte Häuser, verlassene Dörfer, ausgebrannte Omnibusse, Flugzeugtrümmer.

Aichingers waren keine unfrommen Leute. Im Gegenteil, Paul gehörte in seiner Gemeinde dem Kirchenvorstand an. Jetzt im Stau gingen ihm allerlei zumeist ärgerliche Gedanken durch den Kopf. Kein Reiseveranstalter, der sich die Haare nicht raufte, die Hände nicht rieb. Alles, alles ausgebucht. Blieb nur die abenteuerliche Fahrt mit dem eigenen Pkw.

Die Schlange kroch zehn Meter weiter – zurückhaltender Jubel. Die Schlange verharrte – neue Niedergeschlagenheit.

Ein Messias soll es sein, der unsere Sprache spricht, unsere Probleme versteht, unsere Lebensqualität persönlich testet.

Blaues Licht. Martinshorn. Feuerwehrauto von hinten. »Mami, ich halte den Durst nicht aus! Ich will eine Limo!« »Ich ein Eis. Mami, ich will ein Eis!«

Sie zerrütteten Pauls Nerven. Sie schafften ihn.

»Still, du Fratz, oder ich werfe dich raus! Du kannst am Randstreifen massenhaft Eis und Schnee schlecken.«

Das Feuerwehrauto quetschte sich mittendurch, saß zwischen einem Gespann und einem Lastwagen in der Klemme. Müsste der letzte Idiot wissen, dass man sich in so einem Fall äußerst rechts und äußerst links einordnet. Ob wir jemals nach Piräus kommen? Sollte er kurzfristig umdisponieren? Vielleicht Triest? Vielleicht ein jugoslawischer Hafen? Paul schlüpfte in seine nagelneue, pelzgefütterte Wildlederjacke und stieg aus, um sich in der vorderen Linie zu informieren.

»Mami! Fahren die alle nach Bethlehem?«

»Toll«, staunte Gisela, ohne die Frage zu beantworten. Toll, wie der Feuerwehrartist sich millimetergenau durch die Röhre quälte. Sie hatte indessen die Thermosflasche aus einer Tasche gewurstelt. »Wer von euch Durst hat, kann Tee bekommen. Schön heiß, der wärmt von innen!«

»Ich mag deinen Tee nicht, ich mag nur Limonade!«

Paulchen traf Anstalten, die hintere Türe zu öffnen, um ein bisschen am Schnee zu naschen. »Lass das, mein Häslein.« Gisela kurbelte die Scheibe herunter.

»Paulll!« rief sie plötzlich scharf, »Paulll, wie kannst du mitten auf der Fahrbahn herumbummeln, und von hinten kommen die Rocker. Diesen Rockern ist es egal, ob sie dich totfahren oder was!«

Wirklich, diese Horde auf den schweren Maschinen, eingemummt, bebrillt, behelmt, behandschuht, bereift, verschneit, frostklamm, rauschte fast unhörbar durch den Nebel. Die Fahrbahnmitte gehörte ihnen ohne Rücksicht auf die Spaziergänger, die zur Unfallstelle und wieder zurück promenierten.

Paul klopfte gerade einem der Vorderleute energisch an die Gardinen. »Du hirnrissiger, hergelaufener Umweltverschmu...«, brüllte er hinein, indes der Verschmutzer höflich die Scheibe herunterkurbelte.

Hysterisches Jaulen, Urschrei aller wolfsstämmigen Köter. Mit einem Trampolinsatz schleuderte sich der winzige Dackelverschnitt aus dem Innern seiner vollbesetzten Familienkutsche zur Windschutzscheibe empor, mit der feuchten Schnauze direkt in Pauls Gesicht.

»Waldi! Sei lieb, sei brav.« Frauchen bemühte sich um das zappelnde Haarbündel.

Nichtsnutzige Bestie. In Paul kochte der Zorn, er fand's jetzt auch ziemlich heiß.

»Was wünschen Sie bitte?«

»Ich bitte Sie, verehrter Herr«, antwortete Paul entschieden, »um zwei Dinge. Erstens, nehmen Sie diesen Werwolf aus meinem Gesicht. Zweitens, stellen Sie bitte den Motor Ihrer Hämorrhoidenschaukel ab. Wenn das nämlich jeder so treibt wie Sie, sitzen morgen früh lauter Leichen in ihren Schmuckstücken.«

Auch der Vordermann ließ den Auspuff rauchen. Paul klopfte an die Scheibe, die halb heruntergelassen wurde. »Sagen Sie, wo leben Sie eigentlich, Mensch? Entweder stellen Sie den Motor ab, oder ich erstatte Anzeige wegen ...«

»Entschuldigung«, stammelte der junge Mann, »wir müssen es warm haben im Wagen. Wir erwarten ein Kind.« Das fehlte noch. Paul betrachtete die blasse Frau. »Wären Sie lieber daheim geblieben, hinterm Ofen, in der Klinik, wo Hebammen, Doktoren, Schwestern et cetera herumhüpfen, wenn so ein Baby unterwegs ist.« Der werdende Vater war glücklich, dass überhaupt jemand mit ihm redete. »Die Reise ist strapaziös. Aber es ging nicht anders. Und Sie? Fahren Sie alles über Land?«

»Bis Athen. Wir gehn in Piräus aufs Schiff.«

Die Schlange rührte und regte sich. Maria und Josef, dachte Paul. Der werdende Vater trat aufs Gaspedal, die Räder seines Vehikels drehten durch. Reifen hatte der drauf, o weh. Solche Schlappen und keine Schneeketten. Ein Hemd, Kleid, Pulli, irgendwas zum Unterlegen müsste man haben. Die Kollegen auf der anderen Spur zogen stolz vorbei, die Vorderleute rollten, hinter Maria und Josef tönten die Hupen. Auch Gisela hupte erbittert. Dieser Anfänger! Stieg voll aufs Gas. Mannomann, wo hatte der denn den Führerschein gemacht? »Nicht so. Ganz zart, sanft, verstehn Sie: sanft.«

Paul und ein anderer Spaziergänger stemmten sich gegen das Heck. Dreck flog ihnen um die Ohren. Die Räder hatten sich tiefe Kuhlen gewühlt. Nichts ging mehr ohne Unterlage. Pauls Blicke richteten sich auf den besudelten Kamelhaarmantel seines Helfers. Es musste etwas geschehen, bevor der Volkszorn sich gewalttätig gegen das Paar entlud. Sollte er, verrückter Gedanke, seine neue, pelzgefütterte Wildlederjacke, Giselas Weihnachtsgeschenk, unter die Räder legen? Die hatte hart verdientes Geld gekostet, und so dick haben wir's nicht.

Erstickter Atemzug, erbarmenswerter Seufzer eines Abschiednehmenden. Paul Aichinger hatte sich das gute Stück vom Herzen gerissen, um es vor den Rädern auszubreiten.

»Anfahren! Schön gemütlich – ganz langsam!«

Der ungeschickte Fahrer gewann Boden unter den Rädern. Winken hin und her, durch vereiste Scheiben. Paul warf seine ramponierte Jacke über die Schulter, trottete zurück. Gisela setzte die Familienkutsche in Betrieb. »Paul! Wo treibst du dich herum?«

»Denk dir«, witzelte er (hoffentlich sieht sie nicht, was mit der Jacke los ist), »Maria und Josef sind in derselben Schlange. Ich habe ...«

»Sind wir schon in Bethlehem?«, piepste Paulchen aus dem Hintergrund.

Umkehren, dachte Paul besorgt. Und verwirrt. Wer weiß, was uns noch blüht? Wie sollten die Leute mit heiler Haut davonkommen?

»Bethlehem«, sagte Paul, und schien mit seinen Gedanken abwesend zu sein, »Bethlehem ist noch weit.«

Kein strahlender Stern, keine Hirten, keine himmlischen Heerscharen. Ruinierte Jacke, frostklamme Hände, Schlusslichter, Bremslichter, so weit das Auge reichte. Zwei Reihen, die sich im Nebel verlieren, der sich vielleicht mal lichten wird, Gott weiß wann. Wir finden ihn wieder, den Stern von damals. Bethlehems Stern.

Ludwig Fels
Wir werden es erleben

Wir werden es erleben:
weißer Schnee fällt, fast
schon ein Wunder, und das Stroh in der Krippe
es glänzt wie Gold, das Haar der Engel
und Ochs und Esel singen
Jesus in den Schlaf. Träumt
nicht vom Kreuz, träumt
von Kamelen, von Lämmern
vom Frühling der Religion.
Wir werden es erleben:
dass wir uns lachend umarmen, heute
und jeden Tag.

Eugen Gomringer
Ein Bericht über die Weihnachtsgeschichte nach Lukas

Sie brechen auf in Nazareth ...

... und kommen an in Kulmbach am Tag o.

Josef und Maria sind in Nazareth aufgebrochen und haben eben die Gemeinde Kulmbach erreicht. Maria ist hochschwanger. Das Ehepaar sucht nach seiner Vorstellung auf dem Amt für Statistik, was der Grund der Reise ist, eine Bleibe zum Übernachten. Das wird schwierig. Sie sind auch schon abgewiesen worden. Schließlich finden sie dank der Hilfe einer Gemeindeschwester Unterschlupf in einem Gemäuer, das wie ein schützendes Zeltdach Notdürftige bergen kann.
Mittlerweile hat sich eine gute Botschaft in Kulmbach und im Landkreis herumgesprochen. Es scheint, dass ein Kind erwartet wird, dessen Geburt allgemein Freude auslösen soll. Ein Ereignis ist notwendig, denn die Zeiten sind anstrengend. So lebt der ganze Landkreis in Erwartung, Gemeindemitglieder, Handwerker, Einzelhändler, die netten Leute vom Tierheim, auch ein paar Fieranten, nicht wenige machen sich neugierig auf den Weg.

Es ist soweit. Die Geburt verläuft gut. Jesus, wie die Eltern ihren Sohn nennen wollen, scheint ein aufgeweckter Junge zu sein. Die nächsten Umstehenden, die der Geburt beiwohnten, sehen sich als Zeugen und erzählen mit freudigen Gesichtern, wie gut alles geschehen ist und verkünden es weiter. Viele wollen die Eltern und den neuen Weltbürger mit einer Gabe beehren. Das Dach, das die Gemeinde Kulmbach zur Verfügung stellt, erstrahlt geradezu überirdisch. Ein weiser Mann, der später einmal darüber berichten wird, sagt für sich:

Das ist das Jahr 01.

Nora Gomringer
Jesus kommt

Wir räumen auf
Kehren unter den Teppich
Stellen uns gerade hin
Mit geschnittenen Haaren
Sagen artig Danke und Bitte
Jesus, der schaut
So kennt der uns gar nicht
Fragt, ob er sich in der Tür geirrt ...
Und ich sag
Man wird doch
Den einen Abend im Jahr
Noch höflich sein dürfen.

Der Baum

Die Gans
Die Gabeln
Das Fest

Der Baum
Das Lametta
Der Rest

Die Mutter
Der Vater
Die Pest

Du blickst
Zurück
Und du weißt

So wird's
Nie wieder
Und doch

Auch anders
Ist's immer
Wie einst

Die Gans
Die Gabeln
Das Fest

Der Baum

Einseitiges Telefonat (belauscht)

Der wer?

Der?

Vor der Tür! Ja.

Ein E S E L und auch noch ein Ochse.

Doch, doch. Wenn ich's dir sage.

Ja wie und jetzt?

Jetzt Platz machen, einkaufen. Heu und so.

Vielleicht.

Ach, spinn net.

Was solln die denn mitgehen lassen?

Der magere Dyp und sei kugelrunda Fra.

Des ist mir wurscht.

Du, ich muss auflegen.

Dem Mädel ist die Fruchtblase.

Jap.

Oh Gott.

Na, ich muss jetzt.

(schreit:) Es ist gleißend hell auf einmal. Und ... Hörst du das? Hier singt einer ganz laut.

Man versteht sein eigenes Wort nicht.

Mach's gut.

Frohe Weihnachten!

Ich muss Stollen schneiden.

Manfred Kern
Auf der Ofenbank

Im Winter ist es schön wie im Sommer.
Die Schneeflocken werden immer größer,

und immer langsamer, so scheint es, fallen sie,
aber mehr als dass sie fallen, schweben sie.

Sie sind Schlafsand für meine Augen,
weißer Sand für das Traummeer in mir,

herbeigeschoben, Wolkenkarren für Wolkenkarren,
von den Engeln, den Heinzelmännchen des

Himmels, und ausgeschüttet als Rendite für mich
fürs vergangene Jahr. Zeit für ein Schläfchen.

Tanja Kinkel
Nachtgespräch

Die anderen Hirten waren schon nicht mehr in Umrissen erkennbar, als der Engel bemerkte, dass einer von ihnen zurückgeblieben war, ein junger Mann, der vor dem Feuer hockte, das die Hirten sich bereitet hatten, und in die Flammen starrte. Er machte ein unglückliches Gesicht, und seine Schultern waren hochgezogen.

»Willst du nicht auch das Kind sehen?«, fragte der Engel freundlich.

»Einer muss auf die Schafe aufpassen«, entgegnete der junge Hirte tonlos. »Wir haben im vergangenen Jahr schon zu viele Tiere an die Wölfe verloren, an die Steuern und an die Römer.«

Der Engel hatte eigentlich geplant, sich zu seinen Gefährten zu gesellen und über der Herberge zu frohlocken, zu der er die Hirten geschickt hatte, doch er wollte gerade in dieser Nacht keinen Sterblichen bekümmert zurücklassen, wenn es sich vermeiden ließ.

»Vertraue dem Herrn«, sagte er sanft. »Nichts wird deinen Schafen geschehen, während du fort bist.«

Der junge Mann schaute auf, und Groll lag in seinem Blick.

»Ich habe dem Herrn vertraut. Aber meinen Vater hat das nicht gerettet. Er ist tot. Und mein ältester Bruder ist zu den Wüstenmönchen gegangen. Hat uns verlassen, um in der Ödnis zu beten, mich und die Mutter und die Geschwister. Erscheine ihm, Engel, er ist derjenige, der auf Botschaften des Herrn wartet.«

Bis zu diesem Zeitpunkt hatte der Engel etwa zehn Fuß über dem Boden geschwebt. Jetzt ließ er sich neben dem Jungen herabsinken und faltete die Flügel ineinander. Wie alle seiner Art, wenn sie mit den Menschen sprachen, glich er den jüngeren Kindern Gottes an Aussehen und Gestalt, obwohl seine Wangen milchweiß waren und nie den Flaum eines Bartes kennenlernen würden, während der junge Mann neben ihm ein stoppeliges Kinn sein Eigen nannte.

»Wie lautet dein Name?«, fragte der Engel.

»Ephraim, Sohn des Manasse«, gab der Junge streitlustig zurück. »Solltest du das nicht wissen, oh Abgesandter des Herrn? Wo du doch weißt, welche Kinder in dieser Nacht geboren werden, und wo?«

»Nur einer ist allwissend«, entgegnete der Engel belehrend, »und das bin nicht ich.«

»Dann, oh Gesandter, weißt du auch nicht, ob meine Herde sicher ist in dieser Nacht.«

Allmählich erinnerte sich der Engel wieder daran, warum er sich während des letzten Jahrtausends auf das Beobachten der Menschheit und gelegentliche Botendienste beschränkt hatte. Sich mit Sterblichen auf ein Gespräch einzulassen, statt sie mit Glanz und Gloria zu überwältigen, bedeutete harte Arbeit. Dazu waren die himmlischen Heerscharen da, nicht die Erzengel, so jedenfalls lautete sein unwillkürlicher innerer Protest, was sofort Schuldgefühle nach sich zog. Er begann zu vermuten, dass er nicht zufällig für die heutige Botschaft ausgewählt worden war. Es sähe dem Höchsten ähnlich, ihm auf diese Weise eine Lehre zu erteilen.

»Ich werde auf die Herde achten«, bot er dem jungen Ephraim an, »und verspreche, dass ich nicht an die Seite des Herrn zurückkehre, bis du wieder hier bist. Geh nur, und freu dich des Kindes.«

Ephraim musterte ihn und rutschte an seiner Feuerstelle etwas zur Seite, wie um ihm Platz zu machen. Doch er zeigte keine Anzeichen, aufzustehen und seinen Kameraden zu folgen, die mittlerweile gewiss bereits bei der Herberge angelangt waren.

»Ich weiß, wie ein neugeborenes Kind aussieht«, sagte er, etwas weniger feindselig als bisher. »Der Mann meiner Schwester Schulamit hat uns allen Schande gemacht und ist mit ihr zu den Römern gegangen, nach Caesarea. Da lebt er jetzt mit irgendwelchen Griechinnen. Sie ist zu uns zurückgekehrt und hat ihr Kind bei uns zur Welt gebracht. Es trägt meinen Namen.«

Seine Miene verfinsterte sich wieder. »Warum hat der Herr meinen Schwager nicht gezüchtigt, Engel? Warum vertreibt er die dreimal verfluchten Römer nicht aus unserem Land?«

»Wenn dein Neffe älter wird, wirst du ihn dann lehren, wie man kämpft?«, fragte der Engel zurück.

Verwundert nickte Ephraim und fügte hinzu: »Anders kann er in dieser Welt nicht sicher sein.«

»Und wenn er so alt ist wie du jetzt und sich mit einem anderen Hirten prügelt, wirst du dich zwischen sie werfen und den anderen Hirten niederschlagen?«

Allmählich zeichnete sich Begreifen auf Ephraims Antlitz ab. »Nein«, sagte er. »Es wäre sein Kampf. Aber wenn eine ganze Schar Fremder mit eisernen Waffen käme, dann stünde ich an seiner Seite.«

Der Engel seufzte. »Der Herr ist an deiner Seite, Ephraim. Deswegen hat er das Kind geschickt, das du nicht sehen willst heute Nacht.«

»Wenn es nicht meinen treulosen Schwager zu seinem Weib und seiner Pflicht zurückführt und mir meinen Vater zurückgibt, wenn es nicht dafür sorgt, dass keiner aus meiner Familie je wieder hungert oder vor den Römern im Staub knien muss, dann nützt mir ein Kind mehr auf der Welt überhaupt nichts. Du bist frei von Sorgen und Trauer, Engel. Du wirst nie altern oder die verlieren, die du liebst. Du verstehst nicht, was es heißt, ein Mensch zu sein.«

Mit einem Ruck erhob sich der Engel. Seine jugendliche Gestalt verlor für einen Augenblick ihren Umriss, und er setzte an, zu gleißendem Licht zu werden, sammelte sich dann aber wieder.

»Menschenkind«, sagte er leise, »weißt du, was es heißt, seit Urbeginn der Zeit eins mit einem Wesen zu sein und es dann in Zorn und Hass stürzen zu sehen? Sprich mir nicht von Liebe und Verlust.«

Samael, Samael, dachte er, und benutzte dann den Namen in der Sprache, die von den Römern in dieses Land gebracht worden war: Lucifer. Der Lichtträger, der liebste Engel des Herrn, der sich gegen ihn gewandt und ihm den Krieg erklärt hatte. All die Engel, die nicht mit ihm gefallen waren, spürten seinen Sturz noch immer.

»Natürlich weißt du es nicht«, fuhr er ruhiger fort. »Meinesgleichen und deinesgleichen sind getrennt durch Zeit und Art, und doch sind wir beide eins vor dem Schöpfer. Das Kind ist der Knoten, der uns verbinden wird.«

»Wir werden sehen«, brummte Ephraim und machte immer noch keine Anstalten, sich vom Fleck zu rühren. Der Engel verschränkte die Arme ineinander, und Ephraim schüttelte den Kopf.

»Ich verlasse meine Herde nicht«, sagte er. »Wenn die Nacht heute wirklich ein neuer Anfang sein soll, dann mache ich ihn nicht, indem ich etwas im Stich lasse, das mir anvertraut ist.«

»Ihr Menschen seid in Wahrheit die stursten aller Geschöpfe«, entgegnete der Engel und setzte sich erneut. Ephraim warf ihm einen überraschten Blick zu.

»Hast du mich nicht verstanden? Ganz gleich, was du noch sagst, ich gehe hier nicht weg.«

Der Engel nickte.

»Willst du denn nicht selbst das Kind sehen, zu dem du alle meine Freunde geschickt hast? Oder an die Seite des Herrn eilen, zu dem Rest der himmlischen Heerscharen in der silbernen Stadt?«

»Nein«, sagte der Engel. »Ich werde die Nacht hier an deiner Seite verbringen, Hirte, bis deine Freunde zurückkehren.«

Ephraim zuckte die Achseln. Nach einer Weile legte er einen weiteren dürren Holzzweig in das Feuer und räusperte sich.

»Dann danke ich dir. Wegen der Schafe. Wenn irgend so ein Strauchdieb versuchen sollte, sie fortzulocken, wird er es sich zweimal überlegen, wenn er mehr als einen Mann bei ihnen sieht. Wegen der Schafe danke ich dir.«

»Auch ich danke dir«, gab der Engel zurück, und wenn das flackernde Licht, das die Flammen auf sein ewig schönes Gesicht warf, nicht so unzuverlässig gewesen wäre, hätte man vermuten können, er schmunzle.

»Weil ich dich um die Gegenwart des wundersamen Kindes bringe?«, fragte Ephraim trocken, und diesmal war es eindeutig: Der Engel lächelte.

»Aber das tust du nicht, Ephraim, Sohn des Manasse. Es ist bereits hier.«

Der Hirte sah aus, als wolle er eine spöttische Bemerkung machen, doch dann zuckte er erneut die Achseln und reichte dem Engel einen Schlauch mit Wasser. Obwohl der Engel dergleichen nicht benötigte, trank er, und er spürte, wie die Nacht sie umschloss, Mensch und Engel, und wie das Elend der Vergangenheit und Gegenwart vor ihrer Zweisamkeit ein wenig zurückwich.

Erst jetzt verstand er, warum er zu den Hirten geschickt worden war.

Ulrich Kulp
Soulguard

Der Mond hing tief wie nie über Nürnberg, so tief, dass man meinte, ihn mit einem Lasso vom Himmel holen zu können. Eine flache Schneedecke hatte sich übers Land gelegt. Selbst in der Stadt war genügend liegen geblieben, um den berühmten Christkindlesmarkt mit einem touristengerechten Puderzucker zu überziehen, der jetzt, am frühen Abend, im Mischlicht des Mondes und der Laternen und Girlanden, auch noch kitschig glitzerte. Auf der Bühne unterhalb der Frauenkirche hatte ein gemischter Chor gerade sein *Rockin' Around The Christmas Tree* zu Ende gebracht. Der Pulk vor der Bühne löste sich auf und schnell hing zwischen den Ständen wieder das übliche, fröhliche Stimmengewirr. Hier und da erklang ein Glöckchen, das an irgendeinem Stand aus Tuch und Holz zur geschäftigen Weihnachtsstimmung die nötige Akustik lieferte – etwas sanfter als es der gerockte *Christmas Tree* vermocht hatte. An manchem Stand kam die geschäftliche Seite der Weihnachtszeit ein wenig übertrieben daher. An einem, der Rauschgoldengel der besonders kitschigen Art ausgestellt hatte, gab es inmitten der Engelsschar eine hölzerne Krippe, deren Esel mit den Ohren wackelte und ein kräftiges »Iah« in den Nachthimmel rief.

Von dem Fluss, der mitten durch Nürnbergs Altstadt fließt, war naturgemäß nichts zu hören, außer dem für eine Stadt, die von der Nordsee genauso weit entfernt ist wie vom Mittelmeer, eigentlich fremd anmutenden Möwengeschrei. Seit Jahren schon tauchte immer mal wieder ein Schwarm dieser schwerelosen Flugkünstler über der Pegnitz auf, angefüttert von eben jenen Touristen, die jetzt ihr Geld in der Stadt ließen.

Und noch ein Flugkünstler war an diesem Abend in die Stadt gekommen. Von der Fleischbrücke herab hätte man ihn am Ufer sehen können, wenn man geahnt hätte, dass er da war. Aber so etwas ahnt ja niemand. Manchmal träumt jemand davon, dass es so einen wie ihn tatsächlich gibt, aber so richtig überzeugt von seiner Existenz ist dann wohl doch kaum jemand mit letzter Konsequenz. So also hockte er unbemerkt am Flussufer in der Dunkelheit, erschöpft, hatte seine großen Flügel ausgebreitet und stierte den Mann an, den er gerade vor dem Ertrinken aus der Pegnitz gefischt hatte, nachdem der sich, offensichtlich verzweifelt, kurz zuvor von der Fleischbrücke hinabgestürzt hatte. Wieder so ein Einsatz, für den er sich eigentlich viel zu alt und viel zu müde fühlte. Aber sein Antrag auf vorgezogenen Ruhestand war abgelehnt worden – wieder einmal. »Nein«, hatte der Chef geantwortet, bis zur Rente habe er doch nur noch hundertvierundfünfzig Jahre. Da könne er ihm keines von erlassen. Er wisse ja selber, dass die Ressourcen so gut wie aufgebraucht seien und man sparen müsse – auch an Weihnachten. Da beiße die Maus keinen Faden ab! Eine vom Chef gern und oft verwendete Redensart. Eine, die jeden seiner zahllosen Angestellten nervte, wenn der mal wieder die endlosen Belehrungen vom Oberboss über sich ergehen lassen musste.

»Ja, aber«, hatte er zaghaft einen Einwand versucht, er brauche doch nicht viel. Er lebe doch im Wesentlichen von Luft und Liebe, wie alle Engel. »Eben«, hatte der Chef geantwortet, davon sei einfach nicht mehr genug da. Da beiße die Maus ... Auf seinen nächsten Einwand hin, er als Schutzengel habe doch wohl immer mit weit höherem Einsatz seinen Dienst versehen als z. B. ein reiner Botenengel und sei deshalb vielleicht etwas früher dran mit den Ruhestandsbezügen, war der Chef dann laut und deutlich geworden. Und wenn der Chef laut und deutlich wird, gibt es kein »Ja, aber« mehr. »Rehael Seheia«, hatte der CEO durch seinen langen weißen Bart gedröhnt, »an die Arbeit! Die Menschen brauchen Schutz. Da beißt die Maus keinen Faden ab!«

Also war er wieder aufgebrochen zum nächsten Einsatz. Längst rächte es sich, dass er sich vor zweiunddreißig Jahren in die mobile Einsatztruppe hatte versetzen lassen. Damals war ihm das aufregend erschienen. Nach mehr als achthundert Jahren, in denen er im Grunde immer nur einen Menschen nach dem anderen begleitet hatte, jeden ein Leben lang, vom ersten bis zum letzten Tag, hatte er etwas Neues ausprobieren wollen. Da war es ihm gerade recht gekommen, dass kurz zuvor das neue Soulguard-Team aus der Taufe gehoben worden war. Wo immer, wann immer, wie immer jemand in Gefahr geriet, um den sich der eigentlich zuständige Schutzengel einmal nicht kümmern konnte, weil er vielleicht gerade Überstunden abfeierte oder im Urlaub war oder auf Reha, musste ein Soulguard ran, einer, der flink war und trainiert für alle denkbaren Spezialeinsätze – zu Lande, zu Wasser und in der Luft. Eine Weile war das auch ganz spaßig gewesen, aber dann waren die Freizeitbeschäftigungen der Schutzbedürftigen immer ausgefallener und gefährlicher geworden – zu Lande, zu Wasser und in der Luft. River-Rafting, Freeclimbing, Bungee-Jumping, Canyoning – bei all den »-ings« war das Life-Saving zu einer Tortur geworden. Er hatte begonnen, sich zurück-zusehnen nach dem guten, alten »Angeling«, als man oft wochenlang einfach auf seiner Wolke gesessen und dem Kleinen da unten zugesehen und dabei wie nebenbei ein wenig auf ihn aufgepasst hatte. Natürlich war das nicht der ganze Job gewesen. Hier und da hatte man auch Verwandten und Freunden seines Schützlings geholfen, wenn Not am Mann war. Aber das war nichts gewesen ge-gen die jüngere Vergangenheit und vor allem die Gegen-wart. Heute raste man von einem Einsatz zum nächsten. Hier war einer drauf und dran, beim Whale Watching von der Schwanzflosse eines Buckelwals erschlagen zu werden, bei dem Nächsten öffnete sich beim Tower-Jum-ping der Fallschirm nicht, und ein Übernächster stand bei seinem dritten Volksmarathoning innerhalb eines Jahres vor dem Herzinfarkt. Wenn er so einen dann bei Kilometer dreißig einfach mal stolpern ließ, sodass er hinfiel und sich den Fuß verdrehte und in der Folge dann nicht mehr in den Tod rennen konnte, schimpfte der höchstens noch auf seinen Schutzengel. Undank ist der Welten Lohn!

Auch damals war er schon mal zum Chef hoch und hatte zaghaft nachgefragt, ob er nicht vielleicht wenigs-tens nur Einsätze bei Kindern kriegen könnte. Kinder waren zwar in der Regel sogar noch etwas gefährdeter als diese erwachsenen Adrenalinjunkies, aber dafür war es wenigstens sinnvoll, ihnen beizustehen. Ihre Unbe-dachtheit war Unschuld. Die hirnlose Risikobereitschaft Erwachsener eine Sünde. »Da beißt die Maus keinen Faden ab«, hatte er noch hinzugesetzt. Eine sanfte Pro-vokation, die er sich nicht hatte verkneifen können und die er nach lockeren achthundertsechsundvierzig Jahren

Dienst meinte, sich auch einfach mal leisten zu können. »Ohne Ansehen der Person, Rehael«, hatte der Chef, humorlos wie immer, geantwortet, »ohne Ansehen der Person!« Und so saß er jetzt, den Rücken der Welt zugewandt, mit ausgebreiteten, pitschnassen Flügeln am Ufer der Pegnitz, weil er einen Lebensmüden aus dem Wasser geholt hatte, einen Geldverleiher, einen Hai. Wieder einmal hatte er eine eigentlich eindeutige Situation zu einen Unfall umdefiniert, um überhaupt eingreifen zu dürfen. Denn eigentlich stand das gar nicht in der Stellenbeschreibung für Soulguards, sondern war im Gegenteil sogar verboten. Wer seinem Leben selber ein Ende setzen wollte, sollte das ruhig tun. Dafür sind Schutzengel nämlich nicht zuständig. Nur er hatte diese Regel einfach nicht akzeptieren können und war in der Folge dann in den letzten Jahrzehnten wie ein Irrer durch die Lüfte gesegelt, um zu retten, was zu retten war. Wer zählt die Namen?

Während jedenfalls Haie verenden, wenn man sie aus dem Wasser zieht, lebte dieser hier unten an der Pegnitz also weiter – vorläufig. Hatte sich wohl verspekuliert. Oder tat er dem Fremden unrecht? Der Mann hatte einige kleine, nass gewordene Rosenblätter aus der Tasche seiner Hose gefischt und besah sie nun mit Tränen in den Augen. Ja, mein Freund, dachte Rehael, die Liebe bleibt. Da war genug von da. Da konnte der Chef meckern, wie er wollte, und seine Maus sich die Mäusezähnchen an allen Fäden der Welt ausbeißen.

Er sah dem Fremden noch eine Weile zu, wie der sich langsam berappelte und offensichtlich neuen Lebensmut fasste. Die Tränen waren jedenfalls aus seinen Augen verschwunden. Stattdessen war darin sogar so etwas wie ein Funkeln zu sehen. Irgendwie kam ihm der Mann mit einem Mal bekannt vor. Aber dann dachte er, dass er einfach schon so viele Menschen getroffen hatte, dass das kein Wunder war. Irgendwie waren sie sich doch alle viel ähnlicher, als sie selber meinten.

Er lauschte dem Rauschen des Flusses und war versucht, sich diesem Augenblick der Ruhe ein wenig länger hinzugeben, als ein Augenblick in der Regel währte. Aber das war natürlich sinnlos. Richtige Ruhe gab es für einen wie ihn nicht. Dafür hörten Soulguards viel zu gut. Und während die Menschen auf dem Weihnachtsmarkt nichts von hier unten mitbekamen, bekam er alles von da oben mit. Die Chöre und die Glöckchen. Die Menschen, die schwatzten und schmatzten. Das Quäken der Kinder, die an den Armen ihrer Eltern zogen und zerrten, weil sie was wollten. Das Klimpern der Münzen und das Rascheln der Scheine, die ihre Besitzer wechselten. Das unablässige Picken der Tauben, die mitten in diesem Überangebot an Brotkrumen und anderem Fresskram gar nicht zum Gurren kamen. Das alles hörte er, ohne allerdings zuzuhören. Wenn darin irgendeine Botschaft vorgekommen wäre, die seinen Einsatz verlangte, ein Verzweiflungsseufzer, ein Hilferuf gar, würde er sie heraushören aus dem Einerlei. Er war immer noch Soulguard, mit Leib und Seele, auch wenn er es so langsam müde geworden war und ab und zu mal eine etwas längere Pause brauchte als früher.

Diese hier ging jedenfalls abrupt zu Ende. Gerade, als er die Augen für einen Moment schließen wollte, drang plötzlich die ach so vertraute Stimme von oben in ihn ein, wie es nur diese eine Stimme konnte. »Rehael Seheia«, dröhnte der CEO, »hiermit versetze ich dich wegen erneuter Verletzung der Soulguard-Regeln in den vorgezogenen Ruhestand. Deine Bezüge«, merkte der Chef in buchhalterischem Ton noch an, »werden allerdings um ein Fünftel Luft und ein Siebtel Liebe gekürzt!« Wenigstens, dachte Rehael, hat er mir mal den Spruch mit der Maus erspart! Mit einem Mal fühlte er eine Wärme in sich aufkommen, die alle Sonnenstrahlen der Welt nicht hätten erreichen können. Gut, große Sprünge würde er mit der verbliebenen Rente nicht machen können. Aber wer wollte schon springen? Mit einem für sein Alter erstaunlich leichten Flügelschlag erhob er sich über den Fluss, drehte eine hohe Runde über dem Weihnachtsmarkt, blieb einmal kurz an einer Stelle in der Luft stehen wie ein Mäusebussard, der seine Beute erspäht hat und nun Maß nimmt, um der Maus den Garaus zu machen, flatterte zwei-, dreimal kräftig, sodass die letzten Tropfen des Flusswassers aus seinen Flügeln herabfielen, auf dem Weg nach unten vereisten und mit einem sanften Prasseln auf die Dächer der Stände fielen, und segelte davon. Jeder, der jetzt nach oben geschaut hätte, hätte gestaunt ob des riesigen vogelähnlichen Schattens vor dem hellen, runden Mond, der immer noch sehr tief am Himmel hing. Aber es schaute niemand nach oben.

Killen McNeill
Und weihnachtlich grüßt der Plumpudding

Als ich im August 1977 wieder mal zu Hause in Kilrea, Nordirland war und meinen Eltern mitteilte, dass ich zum ersten Mal in meinen vierundzwanzig Jahren Weihnachten nicht bei ihnen verbringen würde, sondern bei meiner deutschen Freundin in dem Dorf in Franken, in dem wir damals zusammengezogen waren, machte sich meine Mutter hektisch daran, einen Plumpudding zuzubereiten, der problemlos bis Weihnachten haltbar sein sollte.

Ein Plumpudding enthält weder Pflaumen, noch ist er im deutschen Sinne ein Pudding; da ähnelt er dem Leberkäse. Er hat das Aussehen und auch fast das Gewicht und die Konsistenz einer rostigen Kanonenkugel, und seine Herstellung ist irrsinnig aufwendig. Es vergehen Tage: Möhren werden gerieben, Mandeln geraspelt und geröstet, Datteln entsteint, Orangen geschält, getrocknete Aprikosen gehackt und Äpfel gewürfelt. Er wird acht Stunden gekocht und enthält üblicherweise oder vielleicht eher überlweise Rindernierenfett, und, ja, genau, der Export war eine Zeit lang wegen BSE verboten. Fast jede Familie hat ein eigenes Rezept, das von Generation zu Generation weitergegeben wird, obwohl sich Außenstehende oft mit der Frage schwertun, warum. Menschen, die nicht mit ihm aufgewachsen sind, ist die Daseinsberechtigung eines Plumpuddings ähnlich schwer zu vermitteln wie beispielsweise einem Nichtfranken der Sinn von rohen Kartoffelklößen. In beiden Fällen vermuten Fremde dahinter eher etwas wie Arbeitsbeschaffung als etwas Ergebnisorientiertes. Ich glaube, in diesem Falle sah meine Mutter den Plumpudding als Vertreter der Familie, als Wahrer unserer Weihnachtstraditionen im fremden Franken, fast als Anstandsdame, wenigstens bis zum Moment seines Verzehrs.

Am Tag meines Abflugs nach Deutschland war er fertig. Meine Mutter wickelte ihn in Alufolie ein und verstaute ihn in den Tiefen meines Koffers. Von dort aus löste er im August 1977 einen Bombenalarm im Flughafen Belfast aus, da Nordirland, gemeinsam mit Israel, aus gutem Grund damals schon Vorreiter in Sachen Sicherheitskontrollen war, sämtliches Gepäck durchleuchtet wurde und eine runde Kugel in Alufolie gepackt nichts Gutes verhieß. Also wurde, trotz meiner Beteuerungen, diese Kugel sei völlig ungefährlich, der designierte Abgesandte meiner Familie durch eine kontrollierte Sprengung entsorgt. Geriebene Möhren, geraspelte Mandeln, entsteinte Datteln, Rindernierenfett, alles.

Zwei Jahre später klappte es, dank der Post, zum Leidwesen meiner Frau, und seitdem ununterbrochen, außer während der BSE-Panik.

Aber zurück zum ersten gemeinsamen Weihnachten mit meiner späteren Frau 1977 im idyllischen Franken. Bei uns im angelsächsisch-irischen Raum spielt der Heiligabend keine Rolle, da wird eigentlich nur ferngesehen, und in der Nacht kommt Santa Claus und hinterlässt Geschenke, und dann geht es erst richtig los. In Deutschland hingegen ist der Heiligabend das Wichtigste überhaupt und danach ist das ganze Pulver verschossen, es kommt nicht mehr viel, höchstens Tommi Ohrner, da ist es wie abgerissen. Das war für mich ein weiterer Beweis dafür, dass Deutsche voreilig sind und nichts abwarten können.

Andere Belege: die Zahlen ab zwanzig – einundzwanzig statt zwanzigeins, wie sonst überall auf der Welt, die Uhrzeit – halb sechs statt halb nach fünf, dass der Sonntag damals schon am Samstagnachmittag anfing, als die Läden um 14 Uhr schlossen. Dass der nächste Freitag schon dieser Freitag ist. Dass »zeitnah« »jetzt gleich« heißt, wenn es nicht schon vorbei ist. Das Einzige, was Ausländer gerne früher hätten, und Deutsche perverserweise lässig hinausschieben, sind die Verben, die ihren verschachtelten Sätzen, wie zum Beispiel diesem hier, den lang überfälligen Sinn geben.

Also Bescherung bei den Schwiegerleuten um 18 Uhr, Bratwurstessen danach (meine bescheidene Frage: warum Bratwürste, die essen wir sonst auch immer? Und als Antwort der Weihnachtsklassiker: Das war bei uns schon immer so), dann heim und ferngesehen, nur kommt nichts Gescheites, nicht wie im britischen Fernsehen, wie ich nicht müde wurde, meiner Freundin zu erklären, also Heinz Rühmann in irgendeinem Film angeschaut. Heinz Rühmann ist der Plumpudding oder der rohe Kartoffelkloß der deutschen Filmindustrie, also nicht übertragbar auf andere Kulturkreise. Das umgekehrte Beispiel ist *Dinner for One*, dessen Bekanntschaft ich ebenfalls erstmals in den Weihnachtsferien 1977 machte. Es hat nur im deutschen Fernsehen überlebt, Briten kennen es nicht.

Am ersten Feiertag mittags ins Dorfwirtshaus, Gans mit rohen Klößen gegessen, den restlichen Tag auf dem Sofa im Halbkoma verbracht, abends rief meine Mutter an, fragte, ob der Plumpudding bei der fränkischen Verwandtschaft gut angekommen sei.

Der Sinn des zweiten Feiertags in Deutschland hat sich mir bis zum heutigen Tag nicht erschlossen, es ist wie zwei Sonntage hintereinander, oder wie ein zweiter Kloß, ohne Soße, nachdem man mit dem ersten mühsam fertiggeworden ist. Es ist mir schon klar, dass der zweite Feiertag nicht alleinig zur Unterbringung von *Stars in der Manege* im Fernsehprogramm erfunden worden sein kann, es gab ihn lange bevor es das Fernsehen überhaupt gab, wahrscheinlich ist daran Martin Luther schuld, aus ähnlich unerklärlichen Gründen wie beim Christkind.

Im nächsten Jahr dann die Revanche: Weihnachten in Irland, wir wollten meiner Familie unsere Hochzeit ankündigen. Es gab eine Zeit, Kinder, wo Flüge richtig teuer waren, und wir konnten uns die damals nicht leisten. Also Zug, Orientexpress Wien-London. Gerade heimgekommen mit einem schwelenden Kater von der Weihnachtsfeier bestiegen wir den Zug in Würzburg am 23.12. um 4 Uhr. In der Früh. Keine Sitzplätze in den Abteilen gehabt, draußen auf dem Gang auf den Koffern gesessen, eingeschlafen, die Tasche mit den selbst gebackenen Weihnachtsplätzchen meiner Frau fallen gelassen, zertrampelt und pulverisiert. Frankfurt, Köln, Aachen, Liege, Brüssel, Kater inzwischen voll ausgebrochen, in Ostende um 17 Uhr, Fähre Dover, London Victoria um 20 Uhr, U-Bahn Central Line, Euston Station, Zug Holyhead um 21 Uhr, an Holyhead 2 Uhr morgens, Fähre Dun Laoghaire, Ankunft Dublin 10 Uhr, Zug Belfast, Ankunft Belfast 17 Uhr. Am Heiligen Abend.

Von wegen die stade Zeit, wo ab 14 Uhr alles zum Erliegen kommt, Einkehr, Besinnung, Kirche. In Belfast waren alle Geschäfte offen, alle Menschen noch bei der Arbeit. Wir sind essen gegangen bei einem Chinesen ohne Lizenz. Also haben wir Wasser getrunken. Dann ging es nach Hause zu meinem Bruder. Damals war er noch ein presbyterianischer Abstinenzler, wie übrigens meine ganze Familie. Tee getrunken und ferngesehen. *Chitty-Chitty-Bang-Bang.* Auf Englisch. Hat mir gefallen, meiner Frau weniger. Mühsam von meiner presbyterianischen Schwägerin herbeigeschaffte getrennte Schlafzimmer, da noch nicht verheiratet und die presbyterianische Abstinenz sich nicht nur auf Alkohol beschränkte. Am ersten Feiertag zu meinen Eltern gefahren, Bescherung unterm Baum im noch nicht geheizten oberen Wohnzimmer. Dann Kirche, presbyterianisch, anschließend Einladung beim Pfarrer zum milk coffee. (Wird aus Kaffeepulver und gekochter Milch gemacht, Zucker kommt dazu. Hat aber genauso viel mit Cappuccino zu tun wie Donald Trump mit einem Präsidenten.)

Zu Hause trudelte so ab 13 Uhr die Verwandtschaft aus Belfast ein, Auntie Eva, Uncle Thompson, die Vettern Archy und John, die Cousinen Jane und Catherine. Bei uns ist die Verwandtschaft wirklich etwas Besonderes und Schönes, weil zwei Brüder, mein Vater und Uncle Thompson, zwei Schwestern geheiratet haben, meine Mutter und Auntie Eva. Gut, das Besondere und Schöne wird sich nicht auf Außenstehende übertragen. Alles sitzt im Wohnzimmer herum, die Pralinen von Santa Claus werden gereicht, mince pies, um 15 Uhr Gans mit gekochten Kartoffeln, Erbsen, grünen Bohnen, Karotten, den Rüben, die man in Deutschland an die Schweine verfüttert, alles authentisch britisch-irisch gekocht, also gewürzabstinent. Man zieht ein Knallbonbon mit seinem Nachbarn, setzt den Papierhut auf, der sich darin befindet, und liest den Witz vor, der zusammengerollt ebenfalls darin liegt, ist bemüht, die lustige Stelle mit ironischer Distanz zu betonen.

Beispiele:

> Woran leidet Santa, wenn er im Kamin stecken-
> bleibt? – Klaustrophobie!
> Was ist das beste Weihnachtsgeschenk? – Eine ka-
> putte Trommel, die ist unschlagbar!
> Warum sind Weihnachtsbäume so schlecht im Nä-
> hen? – Sie lassen dauernd ihre Nadeln fallen!
> Was sagt »Oh, oh, oh«? – Santa, wenn er rückwärts
> läuft!

Dann Plumpudding.

Als Getränk zu allem Schloer, das ist ein perlendes Getränk in einer exklusiven, schlanken Flasche, mit einem mit Metallfolie umwickelten Hals, das sonst keine Ähnlichkeit mit Sekt hat, aber dessen hoher Preis auch Presbyterianern das Gefühl vermittelt, sie lebten in Saus und Braus, ohne dafür Alkohol trinken zu müssen. Das Gesicht meiner Frau vermittelte mir ebenfalls etwas, nämlich die eindeutige Botschaft: das wird schwierig. Und zwar das mit der Abstinenz. Bisher war's wegen des Katers von der Weihnachtsfeier in Ordnung gewesen, aber das hätte schon lange gereicht.

Dann Wohnzimmer.

Tee (»Milch und Zucker sind schon drin!«), plaudern, der Fernseher lief, *The Sound of Music* (*Meine Lieder – meine Träume*), »Oh, you must watch this, it's from your home, Brigitte!«, rief meine Mutter. Das traf nur fast zu. Weil meine Freundin, jetzige Frau, waschechte Fränkin ist und keine Österreicherin. In Deutschland und in Österreich kennt den Film kein Schwein, in Großbritannien alle, zur Weihnachtszeit gibt es im Fernsehen kein Entkommen. Der Film hat das Bild von Österreich, das

Briten und Amerikaner haben, für alle Zeiten zementiert. Busse voller angelsächsischer Touristen werden nach Salzburg und zum Mondsee gekarrt, dort warten die Insassen vergeblich darauf, dass die Einheimischen mit weit ausgebreiteten Armen in Gesang ausbrechen und irgendwoher ein Orchester mit einstimmt. In dem Film spielen Julie Andrews und Christopher Plummer im wohlmodulierten (plummy) Queen's English ein österreichisches Kindermädchen und einen österreichischen Kapitän (?), und auch sonst ist das transportierte Bild von Österreich so authentisch wie das Bild von England in *Dinner for One*. Ein Beispiel muss reichen; nur um einen Reim mit apple strudel herzustellen, wird in einem Lied behauptet, Österreicher essen gerne Schnitzel mit Nudeln. Auntie Eva und Cousine Jane kannten alle Lieder auswendig, waren nebenbei auch Anhängerinnen des Tonfalls der englischen Upperclass, die sich sowieso an Arien orientiert, und trällerten mit.

Dazu Pralinen, christmas pies. Abends kam *Diamonds are forever* mit Sean Connery, das dann auch während des Abendessens weiterlief (kalte Gans). Später spielte Vetter Archy am Klavier Evergreens, alle sangen dazu.

Am zweiten Feiertag (Boxing Day) fuhren wir nach Belfast zur Verwandtschaft, trudelten so um 13 Uhr ein, saßen im Wohnzimmer herum, aßen Pralinen und mince pies. Um 15 Uhr, Sie ahnen es, Gans mit den gleichen Zutaten wie am Tag zuvor. Diesmal wagte meine Frau zu fragen, was mit der Haut der Gans passiert sei, sie müsste doch eigentlich knusprig und rösch sein. ›Als Einziges‹ hat sie nicht gesagt. Die Haut, da Abfall, hat der Hund bekommen, genauso wie bei uns am Tag zuvor.

Dann: Plumpudding, Schloer, Tee, plaudern, fernsehen, Klavier spielen, singen.

Dieser Boxing Day ist noch viel öder als bei uns der zweite Feiertag, meinte meine Freundin. Und warum wir alle an zwei Tagen hintereinander genau das Gleiche machen, wollte sie von mir wissen, das sei wie ein Albtraum, aus dem man nie erwacht. Das irische Weihnachten fiel ihr auch Jahre später ein, als wir den Film *Und täglich grüßt das Murmeltier* mit Bill Murray anschauten. Familiäre Sachen sind schwierig zu erklären. ›Man muss es halt direkt erlebt haben‹ ging nicht, weil sie es ja direkt erlebte. Was habe ich wohl geantwortet? Genau, ›das war bei uns schon immer so‹.

Ich war nie mehr Weihnachten in Irland.

Wie es sich bei Weihnachtsgeschichten gehört, endet diese versöhnlich. In späteren Jahren näherten sich die zwei Lager. Meine Eltern kamen über Weihnachten zu uns. Sie hatten schon bei früheren Besuchen, unter anderem im Bürgerspital in Würzburg, erfahren, dass man auch als rechtschaffener Mensch Wein trinken kann. Am Heiligen Abend ging ich mit ihnen in die Kirche, obwohl ich sonst nie in die Kirche gehe. Mangels presbyterianischer hier in die evangelisch-lutherische, die seit meiner Anmeldung im Einwohnermeldeamt Kirchensteuer von mir eingezogen hatte. Aber das ist eine andere Geschichte. Ach, was soll's, hier ein kurzer Ausschnitt daraus, Anruf beim evangelischen Kirchensteueramt Ansbach, ca. 1989:

Ich (unterwürfig): »Ich wollte fragen, warum ich als Mitglied der Presbyterianischen Kirche Irlands Kirchensteuer an die evangelisch-lutherische Kirche in Bayern bezahle.«

Kirchenbeamter (oberwürfig): »Die evangelisch-lutherische Kirche erkennt die presbyterianische Kirche als

Schwesterkirche in der lutheranisch-calvinistischen Tradition an.«

ICH: »Das ist nett. Aber die presbyterianische Kirche erhebt keine Kirchensteuer, schon gleich gar nicht durch den Staat. Die presbyterianische Kirche glaubt an eine totale Trennung von Kirche und Staat.«

KIRCHENBEAMTER: »Das war bei uns schon immer so.«

ICH: »Aha. Und was muss ich machen, damit ich keine Kirchensteuer bezahlen muss?«

KIRCHENBEAMTER: »Aus der Kirche austreten.«

ICH: »Aus welcher?«

KIRCHENBEAMTER: »Aus der evangelisch-lutherischen.«

ICH: »Muss ich nicht zuerst eintreten?«

Wir beschenkten uns am Heiligen Abend, am ersten Feiertag frühstückten wir spät und ausreichend, auch dies ein Kompromiss aus zwei Traditionen, also zum Beispiel poached eggs, aber mit gutem Kaffee, das Mittagessen fiel aus und am Abend kochte meine Frau ein achtgängiges Menü. Der letzte Gang war, Sie erraten es, der Plumpudding. Er fügte sich wunderbar ein und rutschte hinunter wie nix. Dazu Wein und Sekt.

Den zweiten Feiertag ignorierten wir komplett.

Ich muss inzwischen zugeben, dass ich von der morgendlichen Bescherung ganz weggekommen bin. Für Kinder mag es angehen, Kinder lieben den Morgen, sie leben ja im Morgen ihres Lebens, der Abend dagegen ist für sie nur doof, zu weit weg, und auch nicht erstrebenswert, denn wenn er da ist, müssen sie ins Bett. Ich aber bin kein Kind mehr. Ich ziehe den Abend vor. Ich befinde mich ja auch im Abend meines Lebens und die Vorteile sind klar zu erkennen, abends muss ich nicht arbeiten und kann Wein trinken. Ich will noch kein abschließendes Fazit über mein eigenes Leben ziehen, aber wenigstens das habe ich richtig gemacht: meine Kindheit in Nordirland verbracht und mein Erwachsenenleben in Franken. Wäre allen zu empfehlen, aber organisatorisch schwer zu stemmen, nach dem Brexit sowieso.

Christiane Neudecker
Vom Himmel hoch

Der Engel saß in der Mülltonne. Er stieg mir entgegen, als ich im Hof die tropfende Plastiktüte unter den Tonnendeckel schieben wollte. Mit der einen Hand wedelte ich gerade die aufschwärmende Wolke von Fruchtfliegen zur Seite, als ich feststellte, dass ich mit der anderen den Beutel voller Obstschalen, schimmelnder Joghurtbecher und verquollener Teebeutel gegen seinen Kopf presste. »Das fängt ja gut an«, sagte er vorwurfsvoll. Ich warf einen zweifelnden Blick in den flirrenden Sommerhimmel und half ihm heraus.

So ist das. Die kommen, wann sie wollen. Hätte einen ja mal einer warnen können. Auf dass man vorbereitet wäre. Sonst tut man so Dinge. Lässt sich Sätze entschlüpfen. Was der Engel da in der Tonne verloren habe, zum Beispiel. Dass er sich verpissen solle, man habe es eilig. Ob er also, bitte, ein Stückchen zur Seite flattern könne, man müsse sonst wohl durch ihn hindurchspazieren. Man könne auch anders. Nämlich. Und: Irgendwie sei einem jetzt schwummrig. Dann steht man da und zückt die Wodkaflasche, die man für das abendliche Picknick am See eingepackt hat, und bietet dem Engel ein Schlückchen an. Nachdem man selbst ein paar tiefe Züge und so weiter.

»Ich soll«, sagte der Engel und rülpste, »mit dir über Weihnachten sprechen.« Ich nahm ihm schnell die Wodkaflasche wieder weg. Vom Nachbarhof winkte uns der Briefträger. »Soso«, sagte ich, »aber ich gehe jetzt schwimmen.« Woraufhin er sich aufjaulend zu Boden warf und anhub zu lamentieren. Unfair sei das, rief er, warum immer er. Wieso könne man ihm nicht ein niedliches Kind zuteilen, das vor Freude in die Hände klatsche, wenn es ihn sehe. Stattdessen – Blick von schräg unten zu mir – müsse er immer die Drecksarbeit machen. Außerdem sei Hochsommer und er – nun spreizte er mir anklagend sein Gefieder unter die Nase – mitten in der Mauser. Ich befühlte vorsichtig seine Federn. Er sah in der Tat ein wenig zerrupft aus. »Na ja«, sagte ich, »dann komm halt mit.«

Im Auto kauerte er sich auf den Beifahrersitz und stierte selbstmitleidig vor sich hin. Bei jeder Kurve krallte er seine Hände in das Armaturenbrett. »Du solltest dir die Fingernägel mal schneiden«, sagte ich. Er schwieg und begann, in meiner Tasche nach dem Wodka zu wühlen. Als er wieder anfing zu sprechen, lallte er schon ein wenig. »Die sagen«, sagte er, »du steckss fess.« »Aha«, machte ich und verwechselte den vierten mit dem zweiten Gang. »Oh ja«, wiederholte er sinnend, »fess steckssu.« »Inwiefern jetzt?«, fragte ich.

Das wisse er auch nicht so genau. Er sei ja nur hier, weil er diese doofe Wette verloren habe. Aber irgendwie müsse ich über Weihnachten aus Berlin weg. Das sei wohl wichtig. Mit meinem Stillstand habe das zu tun. Festgefroren sei ich. Und wenn ich an Weihnachten in der Hauptstadt bliebe und einer bestimmten Person wiederbegegnete, dann könne man für nichts garantieren. Folglich müsse ich anderswohin. Außerdem sei da vorne eine Tankstelle und könnten wir nicht vielleicht noch so ein leckeres Fläschchen Moskovskaya.

Dass er auf dem Fußweg zum See hinter mir herschlingerte, fand ich ganz praktisch. So hatte ich Zeit, mich an ihn zu gewöhnen. Ab und zu kam er vom Weg ab und verhedderte sich mit seinen Flügeln im Gebüsch. Dann wartete er kichernd darauf, dass ich zurückkäme, um ihn zu befreien. Aber wenigstens brachte er mich nicht mehr mit seinem Geplapper durcheinander.

Weihnachten. Eine bestimmte Person wiedersehen. Ich versuchte, das Bild zu beschwören. Die letzte Begegnung. Den Blick vor dem Auseinandergehen. Und jetzt: ein Wiedersehen. Ein Neuanfang, vielleicht. Alles blieb kalt. Ich stapfte durch die tanzenden Schatten der Bäume, hinter mir grölte ein beschwipster Engel durchs Gehölz, die Luft stand still vor Hitze, der Schweiß sickerte in mein Sommerkleid, und in mir war etwas kalt und stumpf.

»Fidschi«, sagte der Engel. Ich hatte uns einen blickgeschützten Winkel in der Nähe des Bootsstegs gesucht. Jetzt saß er neben mir auf meinem Handtuch und hielt seine blassen Beine in die Sonne. »Wieso Fidschi«, sagte ich und musste niesen. »Und Samoa«, schlug er vor. »Dann könntest du Weihnachten zweimal feiern, Datumsgrenze und so.« »Tolle Idee«, sagte ich und begann, mir Sonnencreme auf den Bauch zu reiben, »aber ich bleib mal lieber hier.« Er seufzte bekümmert. Dabei schielte er mir auf mein Bikinioberteil. »Ich nehm's ab, wenn du mich unter deinen Rock gucken lässt«, bot ich ihm an. Wollte er aber nicht. Stattdessen cremte er mir den Rücken ein. Und fing an zu predigen. Dass er verstehen könne, dass ich noch an jener Person hängen würde. Aber manchmal müsse man eben begreifen, wann etwas vorüber sei. Keinen Sinn habe es da, sich in einem Trauerzustand zu verbeißen, der niemandem nütze. Schütteln müsse man sich – und weitergehen. Die menschliche Seele sei schließlich lernfähig, man dürfe nicht zweimal den gleichen Fehler et cetera. Fast wurde mir da ein wenig schwindelig. Seine Stimme war auf einmal so sanft und rein, ein glockenklarer Singsang. Ich war schon am Überlegen, ob Weihnachten in der Südsee nicht tatsächlich einer Wiederbegegnung mit besagter Person vorzuziehen sei, als er einen Schluckauf bekam. Ich rutschte von ihm weg und brummelte so was wie: Ich würde mir doch von einem besoffenen Federvieh nicht vorschreiben lassen, wo ich meinen Winter zu verbringen habe.

Wie hätte ich denn wissen können, dass er gleich anfangen würde zu heulen? Ob er mir denn völlig egal sei, schluchzte er, keine Ahnung hätte ich, was es ihn gekostet habe, trotz seiner Bodenangst hier herunterzukommen. Wie könne ich nur so undankbar sein. Und alles bloß, weil man mich vor mir selbst und meiner albernen Anhänglichkeit beschützen wolle. »Schau dich doch an«, rief er, »du lebst ja nur noch aus der Dose!« Und als ich verwirrt mit den Schultern zuckte: »Willst du denn wirklich das Gleiche noch mal durchmachen? Wenn ich dir hier und jetzt sagen kann, dass es wieder genauso enden wird?« Ich sah ihn an und schwieg. Dann griff ich mir die Wodkaflasche, starrte auf den See und trank.

Auf dem Bootssteg spielten zwei Kinder mit einem Ball. Das Mädchen war fast zwei Köpfe größer als der Junge, bei dem ich mir nicht sicher war, ob er Windeln trug oder eine Badehose. Eine Fähre fuhr vorüber, und weit oben am Himmel zog ein Flugzeug einen Kondensstreifen in das wolkenlose Blau.

»Weiß nicht«, sagte ich. »Irgendetwas muss da noch sein. Mit der Person. Vielleicht muss ich etwas

herausfinden. Sonst hätte ich doch sicher schon losge-
lassen.« Er schüttelte den Kopf. Dabei segelten ihm ein
paar Federn aus den Flügelspitzen. »Du weißt längst alles, was du wissen musst«, sagte er.

In dem Moment fiel der Junge ins Wasser. »Ich glaube, du wirst gebraucht«, sagte ich und deutete auf den
kleinen Körper, der zappelnd und kreischend in den
Wellen versank. Der Engel schüttelte angeekelt den Kopf.
»Mag kein Wasser«, sagte er. »Aber du bist doch Engel«,
sagte ich erstaunt und beobachtete, wie das Mädchen
schreiend davonrannte. »Jaja«, sagte er und winkte gäh-
nend ab, »aber heute bin ich wegen dir hier. Bis du überzeugt bist, muss ich bleiben.« Ich reckte meinen Hals
und sah gerade noch, wie sich die Wasseroberfläche über
dem sinkenden Körper zu schließen begann. Da riss ich
mich hoch. Ich rannte.

Vielleicht bin ich auch geflogen. Etwas ist merkwürdig
an diesem Moment. Wenn ich mich jetzt erinnere, könnte ich schwören, dass ich durch Schnee gelaufen bin. Ich
rannte mit nackten Fußsohlen über die knirschenden
Schneekristalle auf dem Bootssteg. Vor mir eine weite,
weiße Fläche aus Eis. Einen kurzen Augenblick habe ich
gezögert, als ich am Rand stand. Dann atmete ich die
eisige, klirrend kalte Luft ein und sprang.

Als wir auftauchten, schlug über unseren Köpfen
die Hitze zusammen. Ein Gewirr aus Stimmen, Farben, Gerüchen. Bunte Badeanzüge, durcheinander we-
delnde Hände. Jemand griff nach mir, zog uns an Land.
Der kleine Junge fing an zu wimmern und spuckte eine
Menge Wasser auf den Ufersand. »Oh mein Gott«, weinte eine Frau, die nach Sonnencreme roch, nach Blumen,
nach Eis, »oh mein Gott. Sie muss der Himmel geschickt

haben!« Sie drückte mich an ihr sonnengebräuntes Dekolleté, bevor sie sich auf den kleinen Jungen warf und ihn mit Küssen bedeckte. Ich drehte mich um und suchte mit den Augen nach dem Engel.

Hinter einem Busch leuchtete mir mein grünes Handtuch entgegen. Es war leer. Als ich näher kam, sah ich, dass die ausgetrunkene Wodkaflasche auf dem Stoff hin und herkollerte. So, als habe ihr gerade jemand einen leichten Stups versetzt. Ein paar weiche, flaumige Federn stoben auf, fast wie bei Wellensittichen in der Mauser. Wieder musste ich niesen.

Am Abend rief ich meine Mutter daheim in Nürnberg an. Ihre Stimme waberte durch die süddeutsche Hitze zu mir herüber. »Was gibt's?«, murmelte sie träge. »Wegen Weihnachten«, sagte ich. Kurze Stille. Im Hintergrund zirpten Zikaden. »Hmmm«, machte meine Mutter. Anscheinend wollte sie ihre Lippen in der Schwüle nicht unnötig bewegen. »Ich dachte«, sagte ich, »vielleicht kommst du dieses Jahr nicht zu mir nach Berlin. Vielleicht fahren wir mal weg.« »Wohin denn?«, fragte meine Mutter und ließ ein paar Eiswürfel in einem Glas klirren. »Fidschi?«, schlug ich vor. »Hmmm«, machte meine Mutter. Und dann wusste ich es.

»Oder«, sagte ich, »ich komme einfach mal wieder nach Hause.«

Jean Paul
Lange Zaubernacht

Der freudige Narr hatte unter dem Schreiben den Kopf geschaukelt, die Hände gerieben, mit dem Steiße gehüpfet, das Gesicht gebohnt und an dem Zopfe gesogen.

Jetzt konnt' er abends um fünf Uhr aufspringen, um sich zu erholen, und durch den magischen Dampf der Pfeife in seinem Bauer wie ein frischgefangener Vogel auf- und niederfahren. In den warmen Rauch leuchtete die lange Milchstraße der Straßenlaternen, und an seinem Bettvorhang hinauf lag rötend der bewegliche Widerschein der brennenden Fenster und illuminierten Bäume in der Nachbarschaft. Nun nahm er den Schnee der Zeit von dem Wintergrün der Erinnerung hinweg und sah die schönen Jahre seiner Kindheit aufgedeckt, frisch, grün und duftend vor sich darunter stehen. O es ist schön, dass der Rauch, der über unserem verpuffenden Leben aufsteigt, sich wie bei dem vergehenden Spießglas in neuen, obwohl poetischen Freuden-Blumen anlegt! Er schauete aus seiner Ferne von zwanzig Jahren in die stille Stube seiner Eltern hinein, wo sein Vater und sein Bruder noch nicht auf dem Welkboden und Darrofen des Todes einschwanden. Er sagte: »Ich will den heiligen Weihnachtsabend gleich von früh an durchnehmen.« Schon beim Aufstehen traf er auf dem Tische heilige Flitter von der Gold- und Silberfolie an, mit der das Christuskind seine Äpfel und Nüsse des Nachts blasonieret und beschlagen hatte. – Auf der Münzprobationswaage der Freude ziehet dieser metallische Schaum mehr als die goldnen Kälber, die goldnen

Pythagoras-Hüften und die güldnen Philister-Ärse der Kapitalisten. – Dann brachte ihm seine Mutter zugleich das Christentum und die Kleider bei: indem sie ihm die Hosen anzog, rekapitulierte sie leicht die Gebote, und unter dem Binden der Strümpfe die Hauptstücke. Wenn man kein Talglicht mehr brauchte: so maß er, auf dem Arm des Großvaterstuhles stehend, den nächtlichen Schuss des gelben, klebrigen Laubes der Weihnachts-birke ab und wandte viel weniger Aufmerksamkeit als sonst auf den kleinen weißen Winterflor, den die Hanf-körner, die die oben hängende Voliere verzettelte, aus den nassen Fensterfugen auftrieben. – Ich verdenke dem J.J. Rousseau seine flora petrinsularis* gar nicht; aber er nehme auch dem Quintus seine Fenster-Flora nicht übel. – Da den ganzen Tag keine Schule war: so war Zeit genug übrig, den Metzger (seinen Bruder) zu bestellen und das Hausschlachten (wenn war besseres Frostwet-ter dazu?) vorzunehmen. Der Bruder hatte einige Tage vorher mit Lebens- und Prügelgefahr das Maststück in dem Luftloch eines Schlossfensters gefangen, indem er, auf der Fensterbrüstung stehend, die hinausgebogene Hand auf das Nachtlager des darin hockenden Mastoch-sen – so nannten sie den Spatzen – deckte. Es fehlte der Schlachterei weder an einem hölzernen Beile, noch an Würsten, Pökelfleisch u. dgl. – Um drei Uhr setzte sich der alte Gärtner, den die Leute den Kunstgärtner nen-nen mussten, mit einer kölnischen Pfeife in seinen gro-ßen Stuhl, und dann durfte kein Mensch mehr arbeiten. Er erzählte bloß Lügen vom äronautischen Christuskind und vom rauschenden Ruprecht mit Schellen. In der Dämmerung nahm der kleine Quintus einen Apfel, zer-fällte ihn in alle Figuren der Stereometrie und breitete sie in zwei Abteilungen auf dem Tische auf; wurde nachher das Licht eingetragen: so fing er an zu erstaunen über den Fund und sagte zum Bruder: »Sieh nur, wie das fromme Christkindlein mir und dir bescheret hat, und ich habe einen Flügel von ihm schimmern sehen.« Und auf dieses Schimmern lauerte er selber den ganzen Abend auf.

Schon um acht Uhr – er steifet sich hier meistens auf die Chronik seiner Zettel-Kommode – wurden beide mit wundgeriebenem Halse und in frischer Wäsche und der allgemeinen Besorgnis, dass der heilige Christ sie noch außer den Betten erblicke, in diese geschafft. Welche lange Zaubernacht! – Welches Getümmel der träumenden Hoffnungen! – Die gestaltenvolle, schimmernde Baumannshöhle der Phantasie zieht sich in der Länge der Nacht und in der Ermattung des träumerischen Abarbeitens immer dunkler und voller und grotesker hin – aber das Erwachen gibt dem dürstenden Herzen seine Hoffnungen wieder. – Alle Töne des Zufalls, der Tiere, des Nachtwächters sind der furchtsam-andächtigen Fantasie Klänge aus dem Himmel, Singstimmen der Engel in den Lüften, Kirchenmusik des morgendlichen Gottesdienstes.

Ach, das bloße Schlaraffenland von Ess- und Spielwaren war es nicht, was damals mit seiner Perspektive wie ein Freudenstrom gegen die Kammern unsers Herzens stürmte und was ja noch jetzt im Mondlicht der Erinnerung mit seinen dämmernden Landschaften unsere Herzen süß auflöset. – Ach, das war es, das ists, dass es damals für unsere grenzenlosen Wünsche noch grenzenlose Hoffnungen gab; aber jetzt hat uns die Wirklichkeit nichts gelassen als die Wünsche!

Endlich liefen schnelle Lichter der Nachbarschaft über die Wand, und das Weihnachts-Trommeten und Hahnengeschrei vom Turm riss beide Kinder aus den Betten. Mit den Kleidern in den Händen – ohne Bangigkeit vor dem Dunkel – ohne Gefühl des Morgenfrostes – rauschend – trunken – schreiend stürzen sie von der Treppe in die dunkle Stube. – Die Fantasie wühlet im Back- und Obstgerüche der verfinsterten Schätze und malet ihre Luftschlösser beim Glimmen der Hesperidenfrüchte am Baume. – Unter dem Feuerschlagen der Mutter decken die fallenden Funken das Lustlager auf dem Tisch und den bunten Lusthain an der Wand spielend auf und zu, und ein einziges Glutatom trägt den hängenden Garten von Eden.

---

* Die er von seiner Peterinsel im Bielersee liefern wollte.

Mia Pittroff
Im Walbauch durch den Heiligen Abend

Die Heiligabende meiner Bayreuther Kindheit begannen immer mit dem Gottesdienst in der Ordenskirche in
St. Georgen. Während der Grundschulzeit war ich Mitglied eines Kinderkirchenchores. Ein unschlagbarer Vor-
teil der Mitgliedschaft in einem Kirchenchor war und ist:
Man muss an Heiligabend nicht bereits eine Stunde vor
Gottesdienstbeginn in der Kirche sein, um einen Platz in
den ohnehin schon überfüllten Sitzreihen zu bekommen.
Stattdessen trifft man sich eine Stunde vorher im Gemein-
dehaus neben der Kirche, singt sich ein und bezieht dann
den eigens für den Chor reservierten Platz. Im Fall unseres kleinen Kinderchors war das die zweite Empore, direkt
unter der Decke der Ordenskirche. Ich gebe zu, dass ich
nicht ohne ein gewisses Gefühl der Erhabenheit auf die
Menschen runterblickte, die in den engen Kirchenbänken
zusammenrücken mussten, während wir kleinen Sänger
auf unserer Empore noch schön viel Platz hatten.
   Die Ordenskirche in Bayreuth ist nicht irgendeine Kirche, sie ist eine wunderschöne Barockkirche aus
dem Jahr 1711. Von außen für barocke Verhältnisse eher
schlicht gestaltet, erwartet den Besucher im Inneren eine
architektonische Hochzeitstorte. An den Wänden und auf
der Decke finden sich Gemälde mit biblischen Szenen,
die Flächen zwischen den Bildern sind rosa gehalten und
mit Stuck verziert. Im gedämpften Licht des Abends, der
Raum nur durch einen Kandelaber und die Kerzen zwei-
er Weihnachtsbäume zu beiden Seiten des Altars erhellt,
begannen diese Bilder für mich zu leben. Mein Platz an

Heiligabend war lange Jahre direkt unter dem Bild vom träumenden Jakob. Die Geschichte von Jakob und der Himmelsleiter war mir damals nicht bekannt, aber das Bild war mir von allen das liebste. Ein Mann mit halblangem blondem Haar, schlafend, den Kopf nach hinten geneigt, über ihm die Sterne. Und inmitten der Sterne und des Mondes: die Engel, die an einer Leiter auf und ab laufen. Und über allem: Gott, in einer Art Lendenschurz, der vom oberen Ende der Leiter herabschaut. Ich weiß nicht mehr genau, was mir an dem Bild am besten gefallen hat, ich glaube, es waren die schönen Engel und die Sterne. Gleichzeitig ärgerte ich mich auch immer ein bisschen über den jungen Mann, der die ganze Sache mit den Engeln und der Leiter anscheinend vollkommen verschlief und auch keine Anstalten machen wollte, aufzuwachen. Und während unter mir gerade Maria und Josef auszogen, um eine Herberge zu finden, machte ich mir Gedanken, ob der schöne Mann nicht doch einfach mal aufwachen und sich in einen der schönen blonden Engel verlieben könnte. Und der Engel sich natürlich auch in ihn. Wie so eine Liaison mit so einem Engel in der Praxis aussehen sollte, da hatte ich nicht die leiseste Idee. Aber irgendwie war mir auch bewusst, dass der grimmig dreinblickende ältere Herr in seinem Lendenschurz, der ja immer noch oben auf der Leiter saß, jede Liaison zwischen dem schlafenden Jüngling und einem der Engel zunichtemachen würde. Vielleicht war es wirklich besser, dass Jakob entgegen meinem Wunsch einfach liegen blieb und weiterschlief, während unter uns der Weihnachtsgottesdienst vor sich ging.

Wenn ich mich an Jakob sattgesehen hatte, ging mein Blick rüber zu Jona im Walbauch auf einem der kleineren Bilder an der seitlichen Kirchenwand. Es zeigt, wie Jona gerade dem Wal entsteigt. Dankbar dreht er sich noch einmal zum Wal um, aber man sieht ihm auch eine gewisse Erleichterung an, endlich aus dem Ungetüm herauszukönnen. Und während unter mir das Kind in die Krippe gelegt und mit Heu und Stroh versorgt wurde, stieg ich in Gedanken an Jonas Stelle in den dunklen Walbauch. Auf seiner Zunge rutschte ich durch den Hals des Wales bis runter in den Magen. Ich sah mir alle Gedärme und Innereien ganz genau an, und so schön warm und gemütlich war es, so tief im dunklen Walbauch. Zwischen den langen Haaren, die seitlich am großen Maul des Wales herauswuchsen, spielte ich in Gedanken Verstecken. Und während weiter unten die Hirten anbetend die Knie beugten, legte ich mich auf der großen, weichen Walzunge zum Schlafen nieder und ließ mir vom Wal einen Walschlafgesang vorsingen. Ja, so eine Fahrt in so einem Walbauch, die hätte was, dachte ich mir. Bei *O du fröhliche* wurde ich dann abrupt aus meinen Träumereien gerissen. Bis zum Ende des Gottesdienstes versuchte ich, mich auf das Geschehen im Altarraum zu konzentrieren. Doch spätestens beim Vaterunser wanderten die Gedanken dann allmählich zur später bevorstehenden Bescherung zu Hause und der Frage, ob dieses Jahr mehr Playmobil oder mehr Lego unterm Weihnachtsbaum liegen würde. Beim Hinausgehen dann noch ein kurzer Blick zu Jakob, der immer noch schlief, und ein leises: »Tschüss, bis Ostern.«

Dieses Jahr gehe ich zum ersten Mal mit meiner kleinen Tochter am Heiligabend in die Bayreuther Ordenskirche. Mal sehen, vielleicht findet sich unterm träumenden Jakob ja noch ein Plätzchen für uns.

Horst Prosch
Die Könige wandern

Die Frage kam nebenbei, wie ein vorüberflatternder Schmetterling.

Es war Samstag, der 09. Juli. Ein sonniger Nachmittag, 16:08 Uhr. Die deutsche Fußballnationalmannschaft hatte sich in alle Winde zerstreut und versuchte, die Ereignisse in Frankreich hinter sich zu lassen. Manchmal bewegte der Wind eine schwarz-rot-goldene Fahne, die ein Nachbar ans Gartenhaus geklemmt und dort vergessen hatte. Im Reihenhaus nebenan wurde Holzkohle in den Grill geschüttet, von der anderen Seite ertönte die Stimme der Nachbarin: »Ja, ihr dürft ins Planschbecken, aber spritzt nicht so viel herum.«

Auf dem Terrassentisch der Ehegatten Halbig stand eine Glasplatte mit Erdbeerkuchen, der Kaffee duftete, und Berta zog ihr Sommerkleid über die gebräunten Oberschenkel. Eine Amsel planschte in der Vogeltränke, in der Ferne wurde ein Rasenmäher angeworfen. In diese Reihenhausidylle hinein sagte Berta ganz nebenbei, als ginge es um die Angebote der Discounter für nächste Woche: »Sag mal, Hubert, was machen wir eigentlich an Weihnachten?«

Der Schmetterling mutierte zu einem Wespenschwarm, die Amsel flog schimpfend davon. Hubert stocherte irritiert in seinem Erdbeerkuchen und sagte: Nichts.

Seine Gedanken schickten ihn auf eine wilde Reise durch die Weihnachtsereignisse der letzten Jahre. Christkindlesmarkt-Marathon. Stau vor den Kaufhauskassen.

Plastiktütenengpass. Dann das aussichtslose Unterfangen, über die Feiertage noch schnell einen Platz auf einem Schiff zu ergattern, weil Berta der Nachbarschaft erzählt hatte, sie würden sich so etwas leisten können. Leider war nicht einmal auf der MS Brombachsee ein Weihnachtsbrunch zu bekommen. Das Traumschiff des fränkischen Seenlands döste im Winterschlaf.

»Hubert ...?«

»Lass mich.«

Er stocherte weiter im Erdbeerkuchen herum, die Brösel verteilten sich inzwischen über den ganzen Teller. In Gedanken wühlte er sich durch drei Dutzend Rollen ungeöffnetes Weihnachtsgeschenkpapier, die Berta in den letzten Jahren angesammelt hatte, erinnerte sich an dazu passende Schleifen und Verzierungsbänder, Sticker und Klebeetiketten mit weihnachtlichen Motiven. Um alles zu verbrauchen, würden sie ein ganzes Waisenhaus beschenken können. Eigene Kinder hatten sie nicht, nur eine entfernte Tante, die in Berlin wohnte und immer zu Weihnachten den Rest der Welt mit Grußkarten von den mund- und fußmalenden Künstlern beglückte.

Es war, als sei in Hubert eine alte Wunde wieder aufgebrochen. Sein Wintertrauma. Seit Dreikönig war das Thema für ihn vorübergehend erledigt. Und als nach Lichtmess auch der letzte nadelnde Baum aus den Kirchen verschwunden war, hatte er sich in tiefer Entspannung zurückgelehnt, obwohl er wusste, was spätestens nach den großen Ferien wieder langsam, aber unaufhaltsam auf ihn zukommen würde. Er wagte es nicht, dieses Ereignis in voller Länge als Wort zuzulassen. In seinen Gedanken kursierte nur die abgekürzte Version: das Weih...fest.

»Hubert, was überlegst du denn Schönes? Ich sehe es dir doch an, dass du bereits an einem Plan arbeitest.«

Einen Plan. Den hatte er auch in den vergangenen Jahren gehabt, um dem Schlimmsten auszuweichen, aber es war meist anders gekommen. Die Reise nach Madeira über Weihnachten und Neujahr hinaus – im Grunde genommen eine Flucht – hatte sich als Fehlgriff erwiesen. Neben dem Eingang des Hotels war zwischen riesigen Kakteen ein Weihnachtsbaum aufgebaut, rote Girlanden hatten den Speisesaal geschmückt, die Speisekarte zierten Christbaumkugeln. Und vor ein paar Jahren waren am Heiligen Abend auf Mauritius beim Galadinner einheimische Mädchen in Schuluniform aufmarschiert und hatten *Oh, Tannenbaum* gesungen. Berta hatte begeistert in die Hände geklatscht.

»Du hast immer so tolle Ideen, mein Lieber.«

Seine Frau nippte von der Kaffeetasse. Unter dem Tisch spürte er ihren nackten Zeh an seinem Unterschenkel. In diesem Jahr musste es anders laufen. Ganz anders.

Am gleichen Abend begannen die Könige zu wandern. Die quietschende Tür im Keller verriet alles. Berta hatte es wieder getan, noch früher als in den vergangenen Jahren. Die Weihnachtsdekoration der Halbigs versammelte sich in einem alten Küchenschrank, den Berta von ihrer Mutter geerbt hatte. Hinter klappernden Bleiglasscheiben wartete die vermutlich größte Sammlung an Weihnachtsdekoration sämtlicher Reihenhauszeilen in Langwasser auf ihre Befreiung. Und ganz vorne, direkt hinter dem Glas harrten sie: die Könige.

Sie würden langsam vom Keller die Stufen hinauf den Weg ins Wohnzimmer finden, einen Umweg über den ersten Stock und das Badezimmer nehmen, in jeden Winkel schauen und dabei immer mehr Gefolge um sich scharen: Rot glitzernde Herzen. Silberne Schleifen. Vergammelte Tannenzapfen aus dem letzten Jahrtausend. Schafe, Ziegen und Kamele, dazu ein altertümlicher Karren mit den Geschenken. Wenn sie im Gäste-WC ankamen, tanzten sie einen wilden Reigen um die Ersatzrolle Klopapier, die zu diesem Zweck einen dunkelroten, gehäkelten Hut erhielt.

Hubert sah die Könige am nächsten Morgen beim Frühstück, sie lümmelten auf dem Fußboden. Es wirkte, als seien sie über Nacht durch die gekippte Terrassentür ins Wohnzimmer geschlüpft, nun aber von der ungewohnten Aktion müde.

»Ich richte sie schon noch her«, beeilte sich Berta zu sagen. »Du magst das doch immer so, wenn sie wandern.«

Mochte er das? Er hatte sich nie dazu geäußert, vielleicht war das sein Fehler gewesen. So begannen die Vorbereitungen auf Weihnachten bereits im Juli. Eine stete Erinnerung an die für ihn grausamste Zeit im Jahr.

Die ersten Wochen verharrten die Könige reglos auf dem Fußboden im Wohnzimmer. Gestrandete Gesellen, die nichts mit sich anzufangen wussten. Im August kündigte sich eines Abends ein Gewitter an. Es war schwül und drückend, die Luft stand. Wolkenberge quollen in den Himmel, Donnergrollen erfüllte die hereinbrechende Nacht und ließ Gläser aneinanderklirren. Hektisch räumten sie alles Zerbrechliche von der Terrasse ins Haus und stellten Pflanzkübel an geschützte Orte.

Als Hubert im Bett lag, rollte sich Berta zu ihm hinüber und legte seine Hand auf ihren Bauch. »Komm, mein Caspar«, hauchte sie in einen Donnerschlag hinein, der die Fensterscheiben erzittern ließ. »Mach mir den Balthasar.« Er riss die Augen auf und starrte auf das Kopfende des Ehebettes. Da standen sie plötzlich und glotzten auf ihn herab. Alle drei. Caspar, Melchior und Balthasar. Er sagte, er müsse aufs Klo. Dort sperrte er sich ein, mindestens eine halbe Stunde, hörte dem Prasseln des Regens zu und hoffte, Berta sei in dieser Zeit eingeschlafen.

Den Schrei, den Berta Ende August ausstieß, hörten vermutlich nicht nur die direkten Nachbarn, sondern auch die halbe Reihenhaussiedlung. Es war jene Zeit, in der erste Kartons mit Lebkuchen in den Supermärkten ausgepackt wurden, um den braun gebrannten Urlaubsheimkehrern deutlich zu machen, dass es neben Vanilleeis und Stracciatella noch andere Verlockungen gab. Berta kam die Treppe vom ersten Stock herunter in die Küche. In ihren Händen ruhte ein kleines Etwas, das sie zusätzlich in ein Handtuch gewickelt hatte.

Es war Melchior. Aus unerklärlichen Gründen hatte sein Gesicht an der Stirn, gleich unterhalb des Turbans, Farbe verloren. Es wirkte, als sei er von der Zahnpastatube geküsst worden, nachdem er mehrere Tage lang im Bad auf der Ablage umhergewandert war.

»Schau doch ...«, stammelte Berta und drückte eine Träne hervor, die ihr langsam über die Wange sickerte.

»Alterserscheinungen«, sagte Hubert nur. »Da platzt schon mal was vom Kopf ab. Ist doch nur Gips. Vielleicht hat er sich mit den anderen beiden Typen darüber gestritten, wer in den nächsten Tagen vorne sein darf.«

»Du bist unmöglich.«

Berta schwirrte ab. Später kramte sie im Keller, stundenlang sah er sie nicht. Sie hatte ihre Könige eingesammelt, vielleicht erhielten nun alle die gleiche Beule.

Er irrte sich.

Es war Ende September. Ein Sonntag. Von den Bäumen tanzten die ersten Blätter durch die Straßen und raschelten die Herbstmelodie. Auf dem Frühstückstisch tanzten die Könige. Ihre Gesichter hatten einen neuen Anstrich erhalten, dazu Gewänder aus Stoffresten, die an Puppenkleider erinnerten. Der Turban von Melchior glich einem gestrickten Fingerhut, die Beule an seinem Kopf war verschwunden.

»Sind sie nicht schön?« Berta strahlte ihn an. »Ich habe mir überlegt, ich könnte ihnen kleine Bettchen besorgen. Nachts könnten sie darin schlafen. Und vielleicht baust du so etwas wie ein Puppenhaus, ich meine, ein Dreikönigshaus. Was sagst du dazu?«

Hubert sagte nichts. Er überlegte, ob es mit den Kindern zusammenhing, die sie nicht hatten. Vielleicht musste Berta die fehlende Fürsorge nun an Krippenfiguren ausleben.

Tage später besorgte er in einem Baumarkt Sperrholzplatten. Daraus baute er drei kleine Bettchen. Jenes für Melchior erhielt einen schwarzen Anstrich, die anderen beiden wurden weiß. Berta war entzückt. Sie wähnte sich fast im siebten Vorweihnachtshimmel und fragte in einem günstigen Augenblick nach kleinen Schränken. Könige müssten doch auch eine Einrichtung haben.

»Und wenn du schon dabei bist, vielleicht könntest du auch noch einen Stall bauen.«

»Einen Stall? Warum keine orientalische Burg?«

»Das wäre natürlich noch viel schöner. Ach, mein Hubert.«

Hubert tat, wie es seine Gattin wünschte. Noch niemals hatte er sie so glücklich gesehen. Selbst die drei Könige schienen in ihren neuen Gewändern fröhlich dreinzublicken. Sie wanderten weiter durchs Haus. Schliefen auch mal in ihren kleinen Bettchen unter dem Ehebett, begrüßten Besucher im Flur, und das in der dritten Oktoberwoche, weil Berta meinte, sie hätte kürzlich in Prospekten gelesen, bereits jetzt solle man ans Schenken denken.

Hubert dachte nur noch. Er hatte das Denken an dieses von ihm so verhasste Weih...fest so sehr verinnerlicht, dass es ihm schon besondere Mühe machte, nicht daran zu denken. Noch elf Wochen. Noch zehn. Wieder drei Tage weniger. Und Berta hatte neue Pläne. Sie könnten ein Theaterstück für die Könige einstudieren, mit einer Bühne und kleinen Scheinwerfern. Titel: *Was die Könige auf der Reise nach Bethlehem alles erleben*. Oder so ähnlich. Da gibt es bestimmt finstere Wälder ...

»Wüsten, liebe Berta. Dort gibt es Wüsten.«

»Hubert, mein Schatz. Das ist die Idee. Wir haben noch keine Wüste. Kannst du nicht feinen Sand besorgen? Dann könnten die Könige mit ihren Kamelen ...«

Sie brach ab und machte eine seltsame, leicht hüpfende Handbewegung, die im Flur begann, am Treppenhaus vorbeiführte, sich durch das gesamte Wohnzimmer zog und erst in jener Ecke endete, in der gewöhnlich der Christbaum stand.

»Oder hast du noch bessere Ideen?«, fügte sie nach einer Weile hinzu und zauberte ihr schönstes Lächeln hervor.

Hubert kam kaum dazu, an etwas anderes zu denken. Das Weih…fest bestimmte seit dem 09. Juli das Tagesgeschehen. Als hätte jemand an diesem Tag ein Maßband ausgelegt, dessen Ziel der 24. Dezember war.

Die Idee, von der Berta immer wieder sprach, hatte er an einem Samstagvormittag, als er Getränke besorgte. Vielleicht lag es an den 24 Glühweinsorten, die sich vor der Kasse aufreihten.

Was wäre wenn, überlegte Hubert und schob seinen Wagen ein paar Zentimeter weiter. Auf original deutschen Weihnachtsglühwein folgte original spanischer Glühpunsch, mit echtem spanischen Rotwein!

Ja, was wäre wenn …

Berta stand im weißen Rüschen-Unterhemd im Bad und föhnte sich die Haare, als er nach Hause kam. Er trat hinter sie, umfasste ihre Hüften und hauchte »Wir haben noch keinen Stern« in ihr linkes Ohr.

Der Lärm des Föhns brach abrupt ab.

»Du hast mich gern? … Was soll denn das jetzt heißen? Ich dachte, du liebst mich?«

»Ja, mein Engel, ich liebe dich. Aber wir haben noch keinen Stern für die Könige. Wenn wir sie auf Wüstensand durch unser Wohnzimmer reiten lassen, dann irren sie womöglich auf immer und ewig ziellos umher, denn sie haben keine Orientierung. Das Jesuskind finden sie nie.«

Die Augen von Berta begannen zu leuchten.

»Mein Hubert«, stammelte sie nur. Dann senkten sich zahllose Küsse auf ihn hernieder, die durch Satzfetzen unterbrochen wurden. »Welch wunderbare … oh, wie schön … wie weihnachtlich … das größte Fest … die Könige … mein Hubert.«

Er wollte nicht verraten, wie er den Stern durchs Wohnzimmer gleiten lassen würde. Vielleicht auf dünnen Nylonfäden, darüber ein blauer Sternenhimmel, umgeben von tausend LED-Birnen; und während die drei Könige auf ihren Kamelen über das sandbestreute Eichenholzparkett ritten, würde der Stern, diese magische Erscheinung, immer größer werden und immer strahlender leuchten, bis er endlich am Weih...fest ...

Am Samstag vor dem ersten Advent zog Hubert los. Er würde nun den Stern besorgen gehen, sagte er und setzte sich ins Auto. Berta rief ihm hinterher, er möge auch Milch mitbringen und drei Päckchen Vanillezucker, sie wolle noch eine Sorte Plätzchen backen.

Hubert fuhr den ganzen Vormittag durch die Gegend und beobachtete die Tankanzeige. An einem Wanderparkplatz im Oettinger Forst stellte er den Wagen ab und ließ den Motor so lange laufen, bis er von selbst ausging. Er öffnete den Kofferraum, hob die Abdeckung zum Reserverad an und entnahm der Mulde, aus der er das Rad entfernt hatte, seinen großen Wanderrucksack. Als er ihn schulterte spürte er eine große Erleichterung. Den Autoschlüssel deponierte er im Handschuhfach und legte einen handgeschriebenen Zettel auf den Fahrersitz: Ich muss den Stern suchen.

Dann stapfte er in den Wald hinein. Gleichmäßige Schritte knirschten auf dem Kiesweg, sein Atem wehte als neblige Fahne hinter ihm her. Als der Weg eine Biegung machte, verschwand Hubert zwischen den Bäumen. Manchmal knackte ein Ast, später begann es zu schneien.

Kind

Nessa Altura
Christinas Welt

Kennt ihr das Bild, das der Amerikaner Andrew Wyeth 1949 von einem Bauernmädchen gemalt hat? Es hängt im Museum of Modern Art in New York, wo ich es vor Jahren einmal gesehen habe. Christina Olson war die Tochter einer norwegischen Familie, die nach Amerika ausgewandert war und fortan im kühlen Bundesstaat Maine ihre Felder bestellte. Andrew Wyeth war der Maler, der ein Haus in der Nähe gemietet hatte und seine Motive immer öfter in den ihn umgebenden Schuppen, Scheunen, Landschaften und Menschen fand. Die junge Christina also: Man sieht ihr Gesicht nicht, sie sitzt mit dem Rücken zum Betrachter auf einer Wiese und blickt hinauf zum Haus ihrer Eltern am Horizont.

Ich weiß nicht, weshalb mich dieses Bild vom ersten Augenblick angerührt hat. Vielleicht wegen der kurzgrasigen, gelbgrünen Wiese, auf der dieses Mädchen sitzt? Sie ähnelt in Farbe und Licht einer Heuwiese im Zenngrund, im März oder April, wenn der Himmel hoch und hell ist. Oder wegen des Holzhauses der Olsons an der Trennlinie zwischen Himmel und Erde? Es ist dunkel und morsch wie die alten Holzhütten in den höher gelegenen Mischwäldern. Häuser aus Holz – in Neuengland gewiss ein typischer Anblick, aber eben auch manchmal bei uns in Franken! Wegen des lang schwingenden Wiesenbuckels, der in der Form dem vor meinem Fenster ähnelt? Oder liegt es an Christina? An der Art, wie ihr dunkles Haar über ihre Schultern fällt? Liebe ich dieses Gemälde, weil die Frau darauf meiner Christina gleicht?

Ich stehe am Fenster in unserem Haus in Langenzenn und blicke auf jenen runden Wiesenbuckel, der jetzt von einer dünnen Schicht Schnee überzogen ist; morgen ist Heiligabend. Der Holzschuppen auf seinem Rücken hat schon ein Schneehäubchen, der Himmel dahinter hat genau dasselbe unbestimmte Blau wie auf dem Wyeth-Bild.

Christina ist meine Tochter. Sie ist jetzt siebzehn und ich habe nie daran gezweifelt, dass sie ganz meine Tochter ist: Sie hat mein weiches Herz, meine braunen Augen, sie hat meine Fantasie, sie hat die Liebe zur Malerei und zur Natur von mir geerbt. Wir sind ein Paar: Vater und Tochter, einander zugetan, vom gleichen Blut, vom gleichen Stamm. Schon als ganz kleines Mädchen hat sie mich hinausbegleitet auf die Wiesen, im Frühjahr, im Sommer, im Herbst. Hat mir geholfen, die Staffelei aufzustellen, hat mir Blätter gebracht wegen ihrer unbeschreiblichen Farben, Gräser wegen ihrer unbeschreiblichen Zartheit, Borken wegen ihrer unbeschreiblichen Struktur, Feuersalamander wegen ihrer unbeschreiblichen Schönheit. Christina und ich – wir haben immer eine Welt geteilt.

Mein Verhältnis zu Christina ist so ganz anders, als es das zu ihrer Mutter war, von der ich schon seit vielen Jahren geschieden bin. Sie war eine egoistische, besitzergreifende Frau, die meine Liebe zu den immateriellen Dingen des Lebens nie verstanden hat. Sie verließ mich, als Christina noch nicht einmal ein Jahr alt war. Damals hatte sie sich in einen amerikanischen Geschäftsmann verliebt, der in Nürnberg Messebesucher war und in dem Hotel, in dem sie kellnerte, logierte. Er hatte alles, was von mir niemals zu erwarten sein würde: Biss,

Tatkraft, geschäftlichen Erfolg, gesellschaftlichen Glanz. Während ich meinen Lebensunterhalt als Grundschullehrer bestritt, handelte er mit elektronischen Leiterplatten. Während er ein Apartment im funkelnden East End von Manhattan besaß, lebten wir im Haus meiner Eltern in der Bachstraße. Während ich die Milch für Christina aufkochte, stieß er mit meiner Mirja in der Hotelbar auf einen lukrativen Geschäftsabschluss an. Er ließ sich von ihr das Skifahren im Fichtelgebirge beibringen. Er war der Überzeugung, dass man alles lernen konnte, wenn man es nur wollte. Mir war solcher Optimismus fremd. Mirja erzählte mir nichts von ihrer Eroberung, aber es blieb mir nicht verborgen, dass sie englische Vokabeln büffelte, während ich die Buntstiftbilder meiner Klasse zu bewerten versuchte und Tini in ihrem Körbchen schlief. Als ich unfreiwillig Zeuge wurde, wie Mirja einmal auf dem Langenzenner Marktplatz stand, dicht neben Bill, ihre wunderschönen braunen Haare zurückwerfend und in ihren Augen jenes blitzende Strahlen, das einmal mir gegolten hatte, da wusste ich, dass es vorbei war. Ich war ihr nicht böse; ich verstand sie sogar. Das Einzige, was mir Herzrasen verursachte, war der Gedanke an Christina. Ich konnte sie nicht hergeben. Es war undenkbar, dass sie nach New York verschwinden würde. Sie war meine Tochter.

Ich hätte mich nicht zu sorgen brauchen, Bill Tablewood sah das genauso. Er wollte Mirja mit nach drüben nehmen, machte aber zur Bedingung, dass ihr Kind bei dessen Vater bleiben würde. Und nun überraschte mich Mirja doch: Sie verzichtete klaglos auf das kleine Wesen, das sie geboren hatte. Wir ließen uns scheiden, ich erhielt das alleinige Sorgerecht, Mirja entschwand.

Seither – kein Wort von ihr, kein Gruß an ihre Tochter, kein Geschenk, keine Nachfrage – ist sie abgetaucht in den Schluchten amerikanischer Großstädte? Wenn sie bei dem Angriff auf die Twin Towers ums Leben gekommen sein sollte – wir hier in Langenzenn wüssten es nicht. Nein, das stimmt natürlich nicht, aber es beschreibt, wie fern uns ihre Welt geworden ist. Mir war es ganz recht so, hatte ich doch das geliebte Kind nun ganz für mich allein. So war das bis vor zwei Jahren. Mag sein, dass ich unklug handelte, indem ich mich mit Haut und Haar meinem Kinde verschrieb. Keine neue Lebenspartnerin, keinen anderen Job suchte. Einen Freundeskreis verschmähte. Jetzt ist Christina siebzehn. Sie hat mich verlassen.

Nicht wirklich, sie lebt weiterhin bei mir in Langenzenn. Aber innerlich – innerlich ist Christinas Welt eine ganz andere als meine geworden. Für die Malerei hat sie kein Herz mehr, für meine Bilder keinen Blick mehr übrig. Meine Meinung schätzt sie gering, die Natur findet sie blöd. Fragen schmettert sie ab. Ich sei alt, sagt sie, und verstünde die Welt nicht mehr. Ihre Welt, Christinas Welt. Ich schaue hinaus. Christina trifft sich mit Freunden auf dem Christkindlesmarkt in Nürnberg, sagt sie. Ich halte einen Brief in der Hand.

In meiner Ratlosigkeit sprach ich mit Pater Johannes, einem guten Bekannten aus gemeinsamen Zeiten. Er war damals viel mit Mirja und mir zusammen, als wir jung waren, als ich studierte, Mirja die Hotelfachschule besuchte und er das Priesterseminar.

Nimm es nicht so schwer, sagte er, das ist normal, das ist die Pubertät. Das vergeht. Christina ist dir nicht so ähnlich, wie du denkst ... ist dir nie aufgefallen, dass sie ganz nach ihrer Mutter kommt? Sie ist ganz anders als du ... sie ist temperamentvoll und dunkelhaarig, während du doch blond und träumerisch veranlagt bist, vielleicht hat sie weniger von deinen Genen, als du glaubst. Oft lieben wir das Bild, das wir von einem Menschen haben und weniger die Realität dahinter. Er sah mich nachdenklich an und zog die Augenbrauen auf eine Weise zusammen, die mir seltsam vertraut vorkam. Dann zuckte er die Achseln und lächelte ganz kurz, mit dem Mund, nicht mit den Augen. Ich kannte ihn: Er hatte noch etwas sagen wollen, sich dann aber dagegen entschieden. Was wussten katholische Kirchenmänner schon von Kindern? Johannes war immer ein Heißsporn gewesen, wie viele Witze hatten Mirja und ich über seine Berufswahl gemacht. So mild und beherrscht war er wohl erst in den letzten Jahren geworden.

Johannes' Worte hatten mich nicht beruhigt, sondern aufgewühlt. Zum ersten Mal dachte ich darüber nach, ob Christina mir wirklich ähnlich war. Ich fing an, sie zu beobachten: Warf sie die Haare so über den Rücken wie Mirja damals? Waren ihre Augen vom gleichen Braun wie meine? Zuckte sie nicht immer die Achseln wie ... wie ... ja, wie Johannes? War sie überhaupt meine Tochter? Waren Johannes und Mirja damals nicht häufig miteinander in der Fränkischen Schweiz wandern gewesen, während ich für meine pädagogischen Prüfungen lernte? Das Misstrauen war da; Mirja konnte ich nicht fragen. Christina auch nicht, und Johannes zu fragen, wagte ich nicht. Vielleicht wusste er es auch gar nicht. Ich konnte nicht mehr schlafen. Zweifel nagten an mir wie die Mäuse in den Fehlböden unseres alten Hauses. Ich brauchte Gewissheit. Es gab doch da diese Vaterschaftstests ... Ich informierte mich. Es war nicht billig, aber erschwinglich. Ich musste nur etwas von ihren und meinen Körperzellen zum Abgleich an ein Genlabor senden. Und auf das Ergebnis warten. Es war nicht schwer: Ich zog zehn braune lange Haare aus ihrer und fünf von meinen dünnen blonden aus meiner Bürste und schickte sie weg. Danach goss ich mir einen Schnaps ein.

Dass ich das Ergebnis des Gentests ausgerechnet an Heiligabend erhalten musste, war ein Zynismus der Deutschen Post. Ich drehte den Brief zwischen meinen Fingern. Und wenn sie nun nicht meine Tochter war? Was änderte das? Würde ich sie weniger lieben, wenn sie das Kind von Johannes oder von irgendeinem anderen wäre? Sollte das Kind nun Mutter und Vater verlieren? War ich, der liebevolle Erzieher und treu sorgende Vater tatsächlich so ichbezogen, dass es mir lieber war, kein Kind zu haben als eines, das mir unähnlich war? Das mir schnippisch Widerpart gab? Szenen vom Zaun brach? Warum konnte ich nicht akzeptieren, dass sie sich von mir entfernen musste, um mir später aus freien Stücken und als Erwachsene wieder entgegenzukommen? Musste Christina nicht ihre Welt – so wie auf dem Wyeth-Bild – aus der Distanz betrachten, um zu begreifen, was sie an ihr hatte?

Die Haustür ging. Ich sah zuerst das braune Haar voller Schneekristalle, dann ihr Gesicht. Christina. Sie sandte mir Mirjas strahlenden Blick ins Wohnzimmer.

Ich warf den Brief ungeöffnet ins Kaminfeuer. Wir würden gleich mit der Bescherung beginnen.

Das Christkind war da.

Helwig und Ewald Arenz
Trott & Schrödel

Der Hof lag einsam zwischen weißen Feldern. Nach Norden hin ging es bergauf; ein Stoppelfeld, dann der Waldrand, der wie eine hohe Mauer aussehen konnte. Wenn Wind ging und sich die Bäume bewegten, konnte man meinen, es sei eine riesige Welle. Ein Tsunami, der gleich auf das Haus zurollen würde, um es ins Tal zu spülen. Es war der Einsiedlerhof eines Freundes, der im Urlaub war. Dort wollten wir über die Feiertage bleiben.

Vor vier Tagen hatten wir das Auto den gewundenen Schotterpfad hochgezwungen und es seitdem nicht mehr bewegt. Mein dreizehnjähriger Neffe Otto, meine dreizehnjährige Tochter, mein Bruder Heinrich und ich. Jetzt war der Wagen nur noch ein weißer Buckel auf dem Parkplatz.

Wir saßen in der Stube, dem einzigen Raum, der wirklich warm wurde, und schlürften Kaffee und Kakao.

»Wann fahren wir wieder heim?«, fragte meine Tochter mich vorwurfsvoll.

»Also, erst müssen wir Weihnachten feiern«, antwortete ich knapp.

»Das wird großartig, ihr werdet schon sehen!«, versuchte uns Heinrich aufzumuntern. Die Kinder warfen ihm einen vernichtenden Blick zu.

»Die müssen sich nur an den Gedanken einer alternativen Weihnacht gewöhnen«, meinte mein Bruder, »Kinder sind manchmal etwas konservativ.«

Am 23. quälte ich mich den halbmeterhoch verschneiten Weg in das Dorf im Tal hinunter, um die Weihnachtsgeschenke nachzukaufen, die in der Tasche lagen, die auf keinen Fall vergessen werden durfte, deshalb auf dem Autodach abgestellt worden war und jetzt vermutlich auf der Autobahnauffahrt Frauenaurach täglich ein Stück tiefer in den Schlamm des Abzugsgrabens einsank. Als Heinrich und ich das festgestellt hatten, waren wir in eine kurze, aber sehr heftige Diskussion darüber geraten, wer von uns beiden daran schuld war und wer unseren Kindern die Mitteilung machen sollte, dass dieses Weihnachten vermutlich nicht als eines der zehn besten Feste in die Geschichte unserer Familie eingehen würde. Deshalb also wanderte ich durch das finstere Tal und fürchtete eine Menge Unglück, als ich feststellte, dass in der Fränkischen Schweiz am 23. Dezember anscheinend eine Art Vorweihnacht gefeiert wurde, weil alle Läden so dunkel und geschlossen aussahen, als hätte, von uns in der Einöde unbemerkt, der Dritte Weltkrieg begonnen.

»Aber der steht uns wohl eher noch bevor«, grummelte ich düster und dachte an den morgigen Abend und die Beschwerde-SMS unserer Kinder an ihre Freunde und vor allem auch an ihre Mütter.

Kinder sind nachtragend, was die Untaten ihrer Eltern angeht. *Bei Restaurantbesuch mit Vater vor Scham im Erdboden versunken* würden sie wohl ihre Biografien übertiteln oder *Drei Tage ohne Internet in der fränkischen Einöde – erschütternde Enthüllungen misshandelter Teenager.*

Meine Gedanken wurden von einem buckligen Mann unterbrochen, der vor seinem Haus Schnee räumte.

»Suchen Sie was?«, fragte er. »Am Samstag macht hier alles um zwölf dicht.«

Ich blieb wie vom Blitz getroffen stehen.

»Heute ist Samstag?«

»Ja, und morgen ist Sonntag!«, sagte der Mann nur kurz. »Frohe Weihnachten.« Dann beugte er sich wieder über seine Schaufel und schippte weiter Schnee.

Für den Rückweg brauchte ich nicht so lang, weil mich die Panik antrieb.

»Willst du Kaffee?«, begrüßte mich mein Bruder. Ich winkte erschöpft ab.

»Aber er ist mit Schlagsahne und Cointreau!«

Ich sah mich hastig um: »Wo sind die Kinder? Können wir ungestört reden?«

Mein Bruder sah mich ernst an, schloss die Küchentür und drückte mich auf die Ofenbank.

»Okay, sprich! Aber danach kümmern wir uns um die Einkäufe, damit die Eier und die Milch nicht wieder gefrieren.«

»Das ist es ja gerade«, sagte ich. »Es gibt keine Einkäufe.«

»Was?«, mein Bruder sah mich entgeistert an.

»Es ist Samstag!«

»Na und?« Er zuckte die Schultern.

»Da hat alles ab zwölf zu!«, rief ich. »Und morgen ist Sonntag und Heiligabend, und wir haben die Geschenke vergessen, und Sandra und Juliane werden uns grillen und uns die Kinder nie wieder anvertrauen, auch wenn sie noch mal eine Kreuzfahrt gewinnen!«

Ein paar Minuten später. Der Ofen war ausgegangen. Ein eisiger Hauch zog unter der Tür hindurch. Mein Bruder starrte mich böse an.

»*Du* hast die Geschenke vergessen. Und *Du* sagst es den Kindern!«, zischte er. »Und gib mir meinen Maria Theresia zurück, der Kaffee wird knapp!« Damit nahm er mir die Tasse aus der Hand und kniete sich vor den Ofen.

Ich seufzte, stand auf und ging mit dem Feuerholzkorb nach draußen. Mein Atem dampfte in der Kälte, unter meinen Sohlen knirschte der Schnee. Wo nur die Kinder waren? Ob sie den Fernseher auf dem Dachboden wohl zum Laufen gebracht hatten? Aber wussten sie, was VHS-Videokassetten und ein Videorekorder waren? Da hörte ich plötzlich lautes Lachen.

»Sechzehn Euro für diesen alten Topf? Sie haben ja wohl den Arsch offen, Sie Pavian!«

Das war doch Klaras Stimme. Ich stellte den Korb ab und ging über den Hof hinter die Scheune.

»Was habt ihr denn hier aufstellt?«, fragte ich Heinrichs Sohn Otto.

Auf der Terrasse hinter dem alten Fachwerkgemäuer hatten die beiden Halbwüchsigen einen Kaufladen eingerichtet.

»Diese alten Regale waren in der Scheune«, rief Otto. »Wir haben sie abgebürstet.«

»Und schau, was wir für Sachen gefunden haben«, rief Klara.

Anscheinend gefiel ihnen dieses fast kindliche Spiel wirklich, und ich überlegte kurz, ob das an der Einsamkeit lag, in der sich keiner ihrer Freunde über ihren Rückfall in Kinderzeiten lustig machen konnte.

Stolz präsentierten sie mir ihre Waren. Ausgediente Stücke aus halbvergessenen Pappkartons. Einen Messingleuchter, einen alten Aquarellfarbkasten, ein paar

Rollschuhe, die noch erstaunlich gut aussahen, ein altes Gemälde mit Katzen drauf und ein Campingkochset.

»Schön, schön«, sagte ich zerstreut, »schön, dass ihr – äh, hier beschäftigt seid. Macht weiter.«

»Du musst etwas kaufen!«, riefen sie mir noch nach, aber da war ich schon fast wieder im Haus verschwunden.

»Schnell, Heinrich!«, rief ich und stieß die Küchentür auf, »wir haben sturmfrei. Zuerst müssen wir uns und die Kinder von der Außenwelt abschneiden! Dann kümmern wir uns um die anderen Probleme!«

Die nächste halbe Stunde verbrachten Heinrich und ich damit, das Internet abzuschalten (dann konnten sie uns schon mal nicht über WhatsApp verraten), die Ladekabel zu verstecken (bei diesen Temperaturen schafften die Akkus es nie bis morgen um sechs) und eine Inventur in der Vorratskammer wegen des Abendessens durchzuführen.

»Okay«, sagte Heinrich und sah mich sorgenvoll an. »Wir haben Bohnen, eingelegte Pfirsiche und Champignons in der Dose. Gesalzene Erdnüsse, alte Äpfel und ein Glas mit – was ist das? Ist das Fett?«

»Ja«, nickte ich. »Nicht zu vergessen das verschimmelte Toastbrot und die Diätmarmelade.«

»Hey!«, rief Heinrich plötzlich mit neuem Elan, »hier sind Pralinen! Das ist doch ein guter Anfang!«

»Die sind von vor dem Mauerfall«, meinte ich trocken.

»Woher weißt du das? Man kann das Verfallsdatum nicht lesen«, rügte Heinrich meinen Pessimismus.

Wir sahen uns an, dann mussten wir lachen.

»Ja, wir finden es witzig«, sagte mein Bruder, »aber die Kinder dürfte das nicht so beeindrucken.«

»Wir haben nicht mal einen Baum!«, murmelte ich mit wieder wachsender Panik, weil wir Väter uns augenscheinlich auf der rasch sinkenden MS Sorgerecht befanden, die eben den Eisberg Zerstörtes Weihnachten gerammt hatte.

»Wir können die Pfirsiche mit den Bohnen füllen«, dachte Heinrich verzweifelt nach. »Und Pizza mit den Champignons machen ...«

»Was nimmst du als Boden?«, fragte ich mit Hohn, »das verschimmelte Toastbrot? O Gott. Wenn uns die Kinder nicht vor Enttäuschung töten, dann ihre Mütter.«

»Alte Ware! Alte Ware!«, tönte es von draußen gedämpft durch den Schnee, »Schrott und Trödel!«

»Trott und Schrödel!«, kam es fröhlich zurück. Die beiden Kinder hatten Spaß. Noch.

Ich sah die Regale mit trüben Augen an. Trott und Schrödel. Das waren von jetzt an unsere Namen als Väter. Die Dose Pfirsiche glotzte mit unnatürlich orangefarbenen Pfirsichaugen zurück. Und da wuchs in mir ein wahnwitziger, tollkühner Gedanke, der natürlich niemals funktionieren würde. Langsam hob ich den löchrigen Weidekorb auf und begann, all die abgelaufenen Konserven, die Einmachgläser und die gekeimten Kartoffeln hineinzusammeln.

»Was genau tust du da?«, fragte Heinrich, »fliehen wir, bevor die Kinder wieder im Haus sind?«

»Hilf mir!«, befahl ich knapp. »Rasch, so lange sie noch spielen.«

Den bis zum Rand gefüllten Korb stellte ich in den Eingang und legte mir dann einen alten, mottenzerfressenen Pelz um, der wohl früher einmal dem Hausbesitzer gehört hatte.

Heinrich warf ich einen wagenradgroßen Strohhut zu, den vermutlich eine Dame in glücklicheren Zeiten hier vergessen hatte.

»Äh, versuchen wir die Kinder glauben zu machen, dass wir wahnsinnig geworden sind?«, fragte Heinrich. »Das wird nicht funktionieren. Sie kennen uns.«

»Wir sind Händler«, erklärte ich, »bettelarme, verlauste Händler, die am Abend vor Weihnachten von Hof zu Hof ziehen müssen. Komm!«

Die Tür des Trödelladens von Otto und Klara schwang auf und zwei seltsame Gestalten traten in den kleinen Raum.

»Schrödel mein Name«, keuchte der Kleinere von beiden und rieb sich die kalten Hände.

»Und ich bin Taddäus Trott«, stellte sich der andere vor, der einen riesigen Strohhut trug, der sein finsteres Gesicht überschattete.

Die Kinder sahen sich an.

»Okay«, kicherte Klara. »Und was ...«, sie unterbrach sich, weil sie lachen musste. Sofort sprang Otto in die Bresche:

»Und was können wir für Sie tun? Suchen Sie Antiquitäten oder ein ausgefallenes Geschenk?«

»Ja, zwei Geschenke!«, keuchte der Größere von beiden mit tiefer Stimme.

»Wir sind arme Händler und haben leider vergessen, dass morgen Weihnachten ist. Wir brauchen dringend ein ganz ausgefallenes Geschenk für zwei arme Kinder ...«

»... die wir entführt haben«, ergänzte der andere. »Und Kekse, einen Baum und Nahrungsmittel.«

Die Kinder wandten einander skeptisch die Gesichter zu. Dann begannen sie, unser verblümtes Geständnis zu begreifen. Klaras Miene verfinsterte sich erst, dann aber wandte sie sich herausfordernd zu uns und meinte: »Geschenke braucht ihr? Und wer sagt, dass die entführten Kinder Geschenke für euch haben?«

Jetzt wechselten die beiden Händler verblüffte Blicke.

»Sie brauchen einen Baum und Essen?«, fragte Otto in leicht alarmiertem Ton. Es schien, als würde es ein wenig mehr brauchen, um die Kinder milde zu stimmen. Rasch verbeugte sich Taddäus Trott und sagte: »Also, wir hätten da eine Idee, was dieses kleine Problem angeht. Wenn die beiden Herrschaften sich darauf einlassen würden ...«

Eine Stunde später sah das Dorf eine seltsame Prozession durch die Straßen ziehen. Auf einem Bollerwagen standen Maria und Josef. Maria trug Lippenstift und Wimperntusche und eine blaue Polyesterdecke. Josef sah ganz klassisch aus, außer dass er mit einem Spielzeuggewehr bewaffnet war. Gezogen wurde der Wagen von einem buckligen Mann mit riesigem Strohhut, vorneweg schritt ein zerlumpter Kerl, der mit einem Holzlöffel rhythmisch auf einen Topfdeckel schlug.

Der Zug blieb vor einem Haus stehen, dessen Fenster festlich erleuchtet waren. Ein Baum mit blinkenden Eiszapfen im Vorgarten, an der Tür hing ein immergrüner Kranz mit roten Kugeln.

»Na los, Schrödel«, stieß Heinrich mich an. »Geh hin und klingle!«

Ich sah ihn unsicher an, dann aber betrat ich die blank gefegte Einfahrt.

Es gab Misserfolge. Sofort wieder zugeschlagene Türen, ein Betretungsverbot von Haus und Hof mitsamt Garage (die etwas freudlos wirkende Frau muss Juristin gewesen sein). Es gab einen Anruf bei der Polizei und einmal sogar wildes Gefuchtel mit einer Luftpistole, was Josef mit dem Anlegen des Spielzeuggewehrs beantwortete, während wir uns hastig zurückzogen. Aber die überwältigende Mehrheit der Männer, die tannennadelbedeckt mit der Stichsäge in der Hand die Tür öffneten, der Frauen mit bemehlten Händen, der aufgeregten, ungeduldigen Kinder mit von der Dusche nassen Haaren waren so völlig überrascht von unserem Anblick, dass sie fast ohne Zögern auf unser Spiel eingingen. Der Topf, die Rollschuhe, die alten Bocciakugeln, all der Schrott, der in unserem Wagen lag, fand seinen Weg unter die Christbäume des Dorfes. Und unser Wagen füllte sich mit übrig gebliebenen Tannenzweigen, frisch gebackenen Keksen, einem Topf warmen Rotkrauts, versehentlich doppelt gekauften Büchern, CDs, Orangen, Äpfeln, Nüssen ...

Trott und Schrödel zogen den immer schwerer werdenden Wagen in sprachloser Verwunderung, weil es so absurd war, dass dieses Notfallmanöver so funktionierte, als sei es mit den Dorfbewohnern abgesprochen; und auch Josef und Maria wurden immer stiller vor Staunen.

Das Läuten der Glocken klang ganz leise durch den Schnee zum Hof hoch. Die Tannenzweige waren zu einem Christbusch zusammengebunden. Bunt baumelten mit Aquarellfarben auf Pappe gemalte Sterne an den Ästen. Das Rotkraut stand dampfend auf dem Tisch; die gekeimten Kartoffeln sahen neben einer geschenkten halben Gans einfach perfekt aus. Und die Dosenpfirsiche ruhten auf einem Bett aus reinem, weißem Schnee.

»Schlag die Posaune, Trott!«, wies ich meinen Bruder fröhlich an.

»Zu Befehl, Schrödel!«, salutierte Heinrich und schlug mit dem Holzgewehr auf einen Topfdeckel. Und als die Kinder nach einem perfekten Weihnachtsmahl Geschenke auspackten, von denen jedes einzelne wirklich und wahrhaftig eine Überraschung war, sahen wir beide uns an.

»Da ist noch eine Flasche ohne Etikett in der Speisekammer. Vielleicht ist es Wein«, sagte Heinrich.

Hastig griff ich nach der halb vollen Flasche Cointreau.

»Auf keinen Fall!«, sagte ich, »auch ein fränkisches Weihnachtswunder sollte man nicht überstrapazieren. Wir trinken das hier.«

Und deshalb ist dieses Weihnachten mit Schrott und Trödel für mich bis heute untrennbar mit dem Geschmack von Orangenlikör verbunden. Es war eines der schönsten, das ich je erlebt habe.

Sigrun Arenz
Das geheime Leben der Weihnachtsbäume

Plötzlich waren wir wieder klein, mein Bruder und ich, wie wir da vor der geschlossenen Wohnzimmertür standen. Das Geflüster. Die Aufregung. »Hörst du was? Schau doch mal durchs Schlüsselloch!« Die Spannung, die aufkam, sobald am Tag vor Heiligabend die Tür zugemacht wurde, die sich erst mit dem Klingen des Weihnachtsglöckchens wieder auftat und dann in einen verzauberten Raum führte, voll Lichtern und Musik und Feierlichkeit. Das war natürlich Jahre her, Jahrzehnte eigentlich, aber wir waren heute extra zu den Eltern herausgefahren, um der Sache mit den Weihnachtsbäumen auf den Grund zu gehen. Wir beide hatten noch keine eigene Weihnachtsbaumtradition etabliert, aber wir waren uns sicher, dass wir im Wohnzimmer unseres Elternhauses Erfolg haben würden. Der Raum hatte so viele Bäume gesehen, so viele Weihnachtsfeste, Weihnachtslieder und Berge von Geschenkpapier! Hier würde sich unsere These über das geheime Leben der Weihnachtsbäume bestätigen. Lachen Sie nicht, wenn Sie hören, dass unser Verdacht an einem Adventsabend nach zwei Bechern Glühwein geweckt wurde: Das heißt noch lange nicht, dass unsere Theorie nicht stimmt. Es war jedenfalls die perfekte Zeit, um es herauszufinden: der Tag vor Heiligabend.

»Hörst du was?«, fragte ich, meine Stimme unwillkürlich verschwörerisch gesenkt, so wie früher, als wir klein waren. Wir hätten das Wohnzimmer, in dem unsere Mutter und die älteren Schwestern den Baum schmückten, die süßen Teller herrichteten und Geschenke verpackten, natürlich nie heimlich betreten, aber wir waren uns nicht zu schade gewesen, gelegentlich an der Tür zu lauschen, und genau das taten wir jetzt wieder. Ja, da waren Geräusche auf der anderen Seite. Gelächter, das Rascheln des Packpapiers, in das die Weihnachtskugeln eingeschlagen waren, ein kurzes Fluchen – irgendwer fluchte immer: weil der Glasvogel nicht aus der Verpackung wollte oder die Nadeln stachen oder einfach, weil die Nerven am Tag vor Heiligabend blank lagen. In die Geräusche mischten sich Fetzen von Musik. Es klang wie die Weihnachts-CD von Heintje, die meine Schwester in einem Jahr immer und immer wieder gehört hatte. Jörg neben mir zog die Brauen hoch, und ich musste ein Kichern unterdrücken. Dann öffnete ich die Tür. Schatten flohen aus dem Zentrum des leeren Wohnzimmers in die Ecken, und die Geräusche verstummten abrupt. In der Mitte des Raums stand der geschmückte Weihnachtsbaum, eine Nordmanntanne mit dunklen, grünen Nadeln. Sie war allein, nicht einmal der Kater unserer Mutter war im Zimmer. »Siehst du?«, sagte ich triumphierend.

Ein paar Tage zuvor waren wir auf dem Sofa im Haus meiner Cousine gesessen, hatten Glühwein getrunken und Plätzchen gegessen, während aus dem Kinderzimmer im ersten Stock in Endlosschleife *In der Weihnachtsbäckerei* zu uns heruntergedrungen war. Becky hatte alte Fotoalben herausgekramt, aus der Zeit, in der wir alle an Weihnachten noch gemeinsam im Pfarrhaus gefeiert hatten, weil die ganze Familie an der Vigil in der Kirche meines Vaters beteiligt war. Da war uns dann irgendwann die Sache mit den Bäumen klar geworden. Machen Sie die Probe aufs Exempel: Denken Sie an das letzte Weihnachtsfest zurück, an dem irgendwer festgestellt hat, dass der Baum dieses Jahr besonders schön ist (oder besonders krumm oder besonders dicht). Dann hat jemand seine digitale Spiegelreflexkamera oder sein Handy gezückt und ein Bild gemacht. Haben Sie diese Bilder aus unterschiedlichen Jahren schon mal miteinander verglichen? Sie sehen alle gleich aus, und am Schluss versuchen Sie, anhand der Katze oder der Größe der Kinder zu entscheiden, wann das Foto entstanden ist. Die Christbäume verraten nichts darüber, nicht einmal, wenn Sie in einem Jahr von der Tradition abgewichen sind und sich für eine Koreatanne anstatt der üblichen Fichte entschieden oder Omas alten Weihnachtsschmuck aus dem Fichtelgebirge durch modernes Grau und Purpur ersetzt haben. Auf dem Bild sehen die Bäume immer gleich aus. Das ist auch kein Wunder, denn es ist immer derselbe Baum. Von der Seelenwanderung der Tannenbäume haben Sie noch nie gehört? Nein, das ist auch ein wohlgehütetes Geheimnis. Ihr Baum kommt immer wieder. Er zieht sich einen anderen Stamm und andere Nadeln über und kann ziemlich sicher sein, dass niemand ihm auf die Schliche kommt, denn schließlich ist nur einmal im Jahr Weihnachten. Aber der Baum weiß Bescheid. Er erinnert sich. An alles.

Die Tanne war spektakulär in Silber und Gold geschmückt und versuchte, unschuldig auszusehen, aber Jörg und ich ließen uns jetzt nicht mehr täuschen. »Wir haben dich gehört«, murmelte ich, weil man in Anwesenheit eines Christbaums nicht wirklich laut reden kann. Der Baum antwortete nicht, doch wir hatten auch nicht erwartet, dass es so leicht werden würde. Wie hätten die sonst ihr Geheimnis so lange bewahren können? Aber ich hatte eine Idee, wie man ihn zum Reden bringen könnte. »Weißt du noch, wie wir immer oben in Melis Zimmer *Der kleine Lord* angeschaut haben, während die andern das Essen vorbereiteten?«, fragte ich niemand Bestimmten. Plötzlich war der gesamte Raum voller Erinnerungen. Und in den Nadeln der Tanne begann es leise zu wispern: »Weißt du noch, wie deine Schwester dich damals einen rosa Lackaffen genannt hat?«, flüsterte es, und mir fiel wieder ein, dass wir Geschwister uns vor der Bescherung unweigerlich gestritten hatten. Aus der Küche waren Dämpfe, Gerüche und Gelächter gekommen. Hunde und Katzen waren vor meiner Mutter geflohen, die in Lichtgeschwindigkeit zwischen Küche, Wohnzimmer und Keller hin- und hergelaufen war. Der Baum erinnerte uns an das Jahr, in dem der Hund die Weihnachtsgans gefressen hatte. (Der vegetarische Braten, der in späteren Jahren Tradition geworden war, fiel komischerweise nie einem Hund zum Opfer. Wahrscheinlich hatten wir aus dem Desaster gelernt.) Jörg lachte auf, als der Baum weiterwisperte. »Ach ja, und die Anrufe! Einmal bin ich ans Telefon gegangen und habe gesagt ›Pfarramt St. Martin‹, und die Frau sagte: ›Ehrlich, Mann?‹ Und ich: ›Ja, schon.‹ Dabei war das ihr Name: Ehrlichmann.« – »Und, was wollte sie? Wissen, wann die Gottesdienste sind?« Das war die Standardfrage aller Gemeindemitglieder gewesen, die an Heiligabend beim Pfarrer anriefen, und wir alle hatten sie herzlich sattgehabt. Jörg zog die Brauen hoch: »Sie wollte wissen, ob es die Pfarrerskinder waren, die am Sonntag im Garten heidnische Opfer gebracht und dabei Wagner gesungen hatten.« »Hast du ihr gesagt, dass du die Katze nur geopfert hast, um sicherzugehen, dass alle deine Wünsche bei der Bescherung in Erfüllung gehen würden?«, fragte ich grinsend zurück. Ich konnte mich noch gut an die altersschwache Armbrust erinnern, die Jörg an einem denkwürdigen Weihnachtsfest von meinem Vater geschenkt bekommen hatte und mit der man – egal, was die Nachbarn behaupteten – ganz sicher keine Pekinesen erlegen konnte. Nach der Bescherung waren wir dann jedes Jahr losgezogen in die nächtliche Kirche, hatten Kerzen verteilt und uns dann vorne im Altarraum hingesetzt: Jörg und mein Vater mit Geigen, meine Mutter, ich und meine Tante mit Flöten, mein Onkel am Kontrabass. Mit den Jahren war unser Hausorchester besser geworden – meine Schwester war mit der Querflöte dazugekommen, und wir hatten irgendwann die schreckliche Anfangsphase hinter uns –, aber die Proben davor! Entspannt ist was anderes. Und dann wisperte der Baum auf einmal von einem Kindergottesdienst, bei dem unser Vater uns spontan eingespannt hatte. »Kannst du das Kind mal wiegen?«, hatte ich zu Jörg alias Josef gesagt, und er hatte – zum Glück flüsternd – zurückgegeben: »Wieso, ist doch nicht von mir.« Der Baum erinnerte sich offenbar noch gut an unsere verzweifelten Bemühungen, das Lachen zu unterdrücken ... »Moment mal«, meinte Jörg mit einem irritierten Stirnrunzeln. »Aber das war in der Kirche, nicht hier! Woher kann er das wissen?« Die Tanne verstummte abrupt und versuchte, unschuldig auszusehen.

Und so kam es, dass wir ein weiteres Weihnachtsbaumgeheimnis entdeckten. Wenn Sie sich im Folgenden fragen, warum die von uns aufgezeichneten Unterhaltungen thematisch recht einseitig wirken, denken Sie daran, dass Christbäume nicht einfach irgendwelche Tannen und Fichten sind. Sie sind hoch spezialisiert, eine ganz eigene Gattung Baum, und, ja, ihre Interessen sind in den meisten Fällen ein bisschen begrenzt. Falls Sie es selbst ausprobieren wollen: Es ist verhältnismäßig leicht, Weihnachtsbäume zum Flüstern über ihre Erinnerungen zu bringen. Sie bei ihren Gesprächen untereinander zu ertappen, ist eine viel größere Herausforderung, die Geduld und Stille erfordert. Aber das ist vielleicht auch kein Wunder, wenn man bedenkt, dass Bäume nur flüstern können. Wirklich erstaunlich ist die Tatsache, dass Weihnachtsbäume sich überhaupt untereinander verständigen können, wenn man überlegt, dass sich so gut wie nie mehr als ein Baum in einem Raum befindet und dass sie nicht einmal mehr ein Wurzelwerk haben, über das sie sich untereinander austauschen können. WhatsApp scheidet für Bäume ja als Medium auch aus. Das Ganze wird also der Wissenschaft bis auf Weiteres Rätsel aufgeben. Aber die Tatsache bleibt, dass Weihnachtsbäume sich über ein geheimes Netzwerk miteinander unterhalten können. Probieren Sie es aus, wenn Sie mir nicht glauben. Versuchen Sie es besser nicht mit den Bäumen auf Weihnachtsmärkten: Man kann dort unmöglich in Ruhe zuhören, und außerdem neigen sie dazu, über die Touristen zu schimpfen und nehmen dabei nicht immer ein Blatt vor den Mund. Ein später Vormittag bei Ihnen daheim, wenn niemand sonst im Haus ist und die Wintersonne matt durch die Fensterscheiben scheint, oder die tiefsten Nachtstunden, zwischen drei und vier, sind die vielversprechendsten Zeiten, wenn Sie Weihnachtsbäume im ungezwungenen Gespräch belauschen wollen.

»Lila Kugeln? Das ist soo 2015!«, war der erste Satz, den wir ganz deutlich hören konnten. Ja, wir waren auch überrascht. Offensichtlich ist Mode ein großes Thema unter Weihnachtsbäumen. Wenn man es recht bedenkt, auch wieder nicht so verwunderlich. »Also ich finde, es muss nicht jedes Jahr was Neues sein.« Es war ein Flüstern – Bäume reden nie sehr laut –, aber ein etwas volleres, dunkleres. Ich musste an die Nordmanntanne und ihr dichtes Grün denken. »Aber echte Kerzen – ist das eine gute Idee?« Eine nervösere, dünnere Stimme, lichter, ein bisschen krumm. Und dann begannen sie alle zu reden, ein Kaffeeklatsch unter Weihnachtsbäumen, die alle in unterschiedlichen Wohnzimmern und an unterschiedlichen Plätzen standen, und wir konnten nur noch einzelne Gesprächsfetzen verstehen. »... diese schrecklich geschmacklose Kugel, ich hab sie einfach abgeworfen; sie haben der Katze die Schuld gegeben ...« – »Bitte lass uns nicht von Katzen reden, fürchterliche Geschöpfe!« – »... und er erinnert sich an nichts mehr; beinahe hätten sie mich in der Garage vergessen, eingepackt in dieses furchtbare Netz ...« – »... hatte Tränen in den Augen, als sie die Glasvögel gesehen hat ...« – »... dieser neue Plastikständer ist echt viel bequemer ...« – »... sitzt ganz alleine neben mir, und niemand kommt zu Besuch, seit ihr Mann gestorben ist ...« – »Nein, du möchtest diese Version von *O Tannenbaum* ganz sicher nicht hören, zutiefst kränkend für einen Baum!« – »... meine Nadeln kokelten schon, was für ein Schock!« – »Sie haben mich in den Laufstall gestellt, damit die Kinder meinen Schmuck nicht abreißen!« – »Bist du sicher, dass dieses Lametta mir steht?«

Und dann hörten wir Glocken. Nicht das winzige Weihnachtsglöckchen, das uns früher zur Bescherung ins Wohnzimmer voller Lichterglanz und Geschenke gerufen hatte, sondern mächtige, tiefe, bronzene Glocken in der Dunkelheit, und eine andere Stimme, tiefer und voller als die, die wir bisher vernommen hatten, die Stimme eines mächtigen, majestätischen Baumes: »Schsch, ruhig, Kinder! Sie kommen. Es ist Zeit.« Einen Moment lang sahen wir sie, Menschen, die durch das Kirchenportal zum Weihnachtsgottesdienst strömten, Kerzen in der Hand, hinein in den schattigen Raum, auf die beiden hohen, gerade gewachsenen Bäume zu, die den Altar flankierten und warteten. Die Orgel begann einen Choral aus Bachs Weihnachtsoratorium zu spielen. Und alle Bäume schwiegen.

Max Dauthendey
Brief an die kleine Lore in Altona in Deutschland

Geschrieben in Garoet im Javanerland
am Weihnachtsabend 1915

Liebe Lore,

Du hast etwas Schreckliches angestellt, und Du weißt es gar nicht. Erinnerst Du Dich noch, wie Du vor Weihnachten 1913 mich mit Mutter vom Bahnhof in Altona abholtest? Weißt Du noch, was Du da gewünscht hast, als ich Dich fragte, was Du Dir zu Weihnachten bestellt hättest. Du sagtest: »Ich habe mir ein selbstgeschriebenes Märchenbuch von Ihnen bestellt.« – »Ja«, sagte Deine liebe Mutter, »Lore hat sich ausgedacht, von Ihnen ein eigens für sie geschriebenes Märchenbuch zu bekommen.« Ich fand das ein bisschen viel. Aber weil ich Besuchsonkel war, und weil Du so schöne braune, wilde Locken hast, und weil und weil und weil ich Deine lieben Eltern so gern habe wie Du, sagte ich: »Ja, Lore soll das Märchenbuch bekommen.« Du freutest Dich und sagtest, als ich abreiste, mit Deinen lustigen Augen, die mich süß und dunkel wie zwei Stückchen Schokolade ansahen: »Vergiss mein Märchenbuch nicht!«

Es war leichtsinnig von mir, einem kleinen hartnäckigen Mädchen, wie Du bist, ein ganzes dickes Märchenbuch so schnell zu versprechen. Denn ich wußte ja gar nicht, wo ich Märchen herholen sollte. Nun sitze ich in der Patsche, und es ist nun das dritte Weihnachtsfest, dass Du auf Dein Märchenbuch wartest, und ich armer Mann habe

Deines Märchenbuches wegen Heimat, Frau und Haus verlassen und habe ein Schiff genommen und bin drei Jahre lang draußen in Asien, in Indien gereist, dort, wo ganze Menschen wie aus Schokolade herumlaufen, und wo sie nicht nur Schokoladenaugen haben. Jeden Kaufmann habe ich gefragt hier draußen: »Sagen Sie mal, wo kauft man denn für Lore hier in Indien die Märchen, die berühmten? Es ist da ein kleines Mädchen mit wilden Locken in Altona zu Hause, dem hab ich törichterweise ein ganzes Märchenbuch versprochen. Wo bezieht man denn die? Allein deshalb bin ich doch mit dem großen Schiff, das so viele Wochen lang zwischen Wasser und Himmel auf und ab schaukelte, hierher zu den Schokoladeleuten gereist, um der kleinen braunen Lore Märchen, frische, gut ausgewachsene, aus den Palmenwäldern zu holen.«

»Ach was«, knurrten die Kaufleute, »Gummi von den Gummibäumen, Kakao vom Kakaobaum, Reis von den Reisähren, Bananen, Ananas und Zucker vom Zuckerrohr können Sie hier haben. Aber Märchen haben wir nicht auf Lager. Denn jetzt gibt es Eisenbahnen hier draußen, so wie zu Hause um Altona herum, und wo es Eisenbahnen gibt, da gibt es keine Märchen mehr. In der Kohlenluft und beim lauten Lärm der Räder und bei dem ewigen eiligen Wind, den die Bahnzüge machen, wachsen die Märchen nicht mehr gut. Und deshalb bekommt man sie nicht mehr. Sie kommen zu schlecht fort.« »Aber«, sagte ich erschrocken, »ich bin doch nun auf dem Schiff, das mit den beiden großen Schornsteinen so viel rauchte, so weit gereist! Ich muss Märchen heimbringen.«

»Ja«, sagte da ein Kaufmann nachdenklich und strich sein glatt rasiertes Kinn, »reisen Sie mal ins Menschenfresserland da hinten!« Und er schlug in die Luft, dorthin, wo die Sonne morgens aufgeht.

»Ach, Gott, soll ich noch weiterreisen?«, seufzte ich müde und trocknete mir den Schweiß von der Stirn. Denn im Javanerland war es schon so heiß wie zu Hause im Badezimmer, wenn heiß Wasser aus der Wanne dampft und die Sonne am Fenster brennt und der Badeofen außerdem noch dick heiß ist.

»Ja«, meinte der glatt rasierte Kaufmann, »wenn man kleinen deutschen Mädchen etwas versprochen hat, muss man es auch halten. Und wenn man es gar noch zur Zeit des Weihnachtsfestes versprochen hat, dann geht es einem ganz schlecht, wenn man es nicht hält.«

»Du lieber Gott«, seufzte ich, »so muss ich also ins Menschenfresserland reisen und der Lore dort Märchen holen! Aber wissen Sie auch gewiss, dass es dort Märchen gibt?«

»Nee«, gähnte der Kaufmann, den mein unvorteilhaftes Märchenverlangen langweilte, »nee; gewiss ist nur der Tod. Aber da es im Menschenfresserlande keine einzige Eisenbahn gibt, so werden wohl noch Märchen da sein!« Ich dankte und reiste also nach dem Lande der Menschenfresser.

Liebe Lore, weißt Du, was das heißen will, wenn man in ein Land reist, wo die bösen Menschen ihren Vater und ihre Mutter schlachten, wenn sie beide ganz mürbe geärgert haben? – Und sie schlachten morgens zum Kaffee kleine Kinder, die stippen sie in den Kaffee oder in die Schokolade, – das hatte der Herr gesagt, den ich eben gesprochen hatte, der mit dem glatt rasierten Kinn. Und des Mittags schlachten sie Herren und des Abends zarte Damen, weil diese beim Nachtmahl verzehrt, nicht so schwer im Magen liegen. Da ich also ein Herr bin, konnte ich nur des Mittags geschlachtet werden. Ich war aber schlau und dachte: Dann gehe ich mittags nie aus und schlafe im Menschenfresserland immer über Mittag, denn morgens und abends, wenn ich ausgehe, tun sie mir nichts. Denn dann schlachten sie kleine Kinder und zarte Damen. Es war aber alles Schwindel. Denn die Leute machen einem gar zu gern bang, wenn sie sehen, dass man allein reist und im fremden Lande nicht bekannt ist. Im Menschenfresserland frisst man gar keine weißen Menschen mehr, wie Du und ich es sind, liebe Lore; Du kannst ruhig schlafen und sollst heute Nacht nicht vom Menschenfressen träumen. Die Menschenfresser aßen nur Obst und Gemüse und Kartoffeln und taten keinem Menschen mehr was zuleide. Denn überall, wo ich hinkam, schämten sie sich bereits, dass sie einmal Menschenfresser gewesen sind, und sie wollten nicht mehr daran erinnert sein.

Nun habe ich großes Glück, dachte ich bei mir. Nun kann ich auch abends und morgens dort spazieren gehen, da man gar nicht gefressen wird, und nun kann ich den ganzen Tag Märchen für Lore suchen, so wie man Schmetterlingen nachläuft. Die Märchen stehen nämlich dort auf den großen grünen Blättern geschrieben, die am Palmenwaldrand wachsen, hatte man mir erzählt. Denn in den Wäldern dort wohnen Paradiesvögel; wenn die eine ihrer schönen hellgelben Schweiffedern verlieren und diese Feder dann auf ein Baumblatt fällt, so beginnt sie ganz von selbst Märchen zu schreiben, – weil es Paradiesfedern sind. Und die Ameisen bestreichen das Blatt mit Ameisensäure, und dann erscheint die Schrift der Paradiesvogelfeder tief eingeätzt im Blatt. Man pflückt das Blatt ab und liest das Märchen herunter. So hatte ich immer gehört, dass es die schokoladefarbenen Indier machen. Ich wollte es auch so machen. Die Blätter wollte ich pressen, bis ich ein ganzes Märchenbuch für Dich, liebe Lore, beisammen hätte.

Ach, ich dachte es mir so leicht. Und zu Weihnachten 1914 wollte ich schon wieder bei Dir in Altona ankommen und das Märchenbuch Deinen lieben Eltern geben, damit sie es Dir am Heiligen Abend unter dem Weihnachtsbaum mit allen Geschenken schön aufbauten. Aber nie wird es im Leben, wie man es sich lebhaft vorstellt. Denn das Leben ist ja auch ein Märchen voll Zauberei, voll Verwandelungen, voll Wundern überall. Man weiß nie, wie das Leben einem sein Märchen weitererzählen will. Wenn man abends ermüdet das Ohr aufs Kissen legt, denkt sich das Leben in der Nacht eine neue Überraschung aus. Denn es weiß ganz genau, was man denkt; und damit es nicht langweilig wirkt, tut das Leben am nächsten Tag nie ganz genau so, wie man es sich am Abend beim Niederlegen vorausgedacht hat. Es tut immer was anderes, und das ist die große Kunst des Lebens, immer tags mehr Leben zu erfinden, als sich der Mensch abends ausdenken kann.

Seit ich aber von Altona und Deutschland abreiste, bist Du inzwischen drei Jahre älter geworden. Das macht mir den meisten Kummer. Denn nun, wenn ich Dir wirkliche Märchen heimbringe, liest Du sie vielleicht gar nicht mehr gern. Und dann liegt mein so schwer errungenes Märchenbuch bei der Katze im Winkel, und der Bücherwurm baut seine Gänge hinein, und das Buch zerfällt ungelesen in lauter kleine Schnitzel, vom Bücherwurm zerfressen. Aber ich habe es versprochen und muss halten, was ich versprochen habe, – mehr muss ich nicht tun. Liest Du meine Märchen gar nicht mehr, und willst vielleicht lieber dann einen Roman von mir geschrieben haben, so ist das Deine Sache und nicht meine. Dass Du dann einen Roman bekommst, will ich nicht wieder voreilig versprechen. Denn heute, wo ich diesen Brief an Dich schreibe, habe ich noch nicht mal das Märchenbuch angefangen.

Ja, stelle Dir vor: auch im Menschenfresserland gab es keine Märchen mehr vorrätig an den Bäumen. Und warum? [...] Weil alle Paradiesvögel an der Küste weggeschossen waren und dort also keine Paradiesvogelfedern zwischen den Palmen herumfliegen konnten. Denn die Damen in Europa brauchten in Berlin, in Paris und in London so viel Paradiesvogelfedern für ihre Hüte und für ihre Abendfrisuren, dass keine einzige Feder im Land geblieben war, die ein Märchen hätte schreiben können. So erklärte mir mein Kapitän, dem ich bei Rückkehr an Bord des Dampfers mein Leid geklagt hatte.

Sehr niedergestimmt wollte ich von der Neu-Guineaküste durch die Südsee in westlicher Richtung nach Hause. Ich sagte mir, dass die teure, gefährliche und unendlich weite Reise nun für die Katz gewesen sei. Nichts, liebe Lore, war dabei für ein Märchenbuch herauszubekommen. Ich war ganz schwermütig. [...]

Aber wie durfte ich vor Dich, liebe Lore, und Deinen Weihnachtsbaum in Altona mit leeren Händen hintreten, ohne das versprochene Märchenbuch! Da kam ein Unglück, das mir aber Glück brachte.

Der Krieg brach aus und traf mich noch unterwegs in der Südsee, und ich musste im Javanerland aussteigen und bleiben. Denn die Engländer stellten allen Schiffen nach und führten die deutschen Reisenden von dort fort und setzten sie gefangen.

Ich blieb also im Javanerlande, wo ich nun zum zweiten Mal das Weihnachtsfest im Grünen feiern könnte, wenn mir das Spaß machen würde. Denn hier im Javanerland gibt es keinen Schnee und keinen Winter. Es ist, wie im warmen Treibhaus, immer alles grün hier, das ganze Jahr hindurch.

Dass ich Dein Märchenbuch nicht vergessen habe, liebe Lore, das sollte Dir dieser meilenlange Brief auseinandersetzen. Und ich hoffe, dass ich, bis ich heimkommen darf, doch noch die Märchen erzählt bekommen habe, die ich Dir so gern mitbringen möchte.

Denn sieh, es ist mir gute Hoffnung in diesen Tagen geworden. In der Sankt-Nikolaus-Nacht ist mir Sankt Nikolaus im scharlachroten Gewand erschienen, und hinter ihm ging sein Knecht Ruprecht. Der hielt ein dickes Buch auf einem silbernen Teller. Dieses Buch schlug der Heilige Nikolaus vor mir auf. Und denke Dir, es war ein mit roter Tinte geschriebenes dickes Märchenbuch, das er mir zeigte. Der Heilige Nikolaus strich seinen langen weißen Bart und sagte sehr freundlich zu mir:

»Ich habe dich von zwölf deiner Freunde zu grüßen. Die zwölf haben dir vor einem Jahr deinen Kummer aus dem Gesicht abgelesen, als du nach Neu-Guinea gekommen warst, um Märchenblätter zu suchen, ohne sie aber an den Palmenbäumen zu finden. Und da du zu allen zwölf gastfreundlich, höflich und freundlich gewesen bist, wollen sie dir gern etwas Gutes erweisen.

Denn Gutsein bringt Früchte. Dir bringt es zwölf Märchen.« »Ach«, seufzte ich erleichtert im Schlaf, »lieber Sankt Nikolaus, darf ich das Buch für Lore gleich behalten?« Und ich griff voreilig nach dem mit roter Tinte geschriebenen Märchenbuch, das da vor mir auf der silbernen Platte lag, die der Knecht Ruprecht in den Händen hielt. Aber der Nikolaus klopfte mir mit seinem goldenen Bischofsstab auf die Hand und sagte: »Finger weg! Es ist noch nicht Weihnachten. Bis zu den zwölf heiligen Nächten, die vom vierundzwanzigsten Dezember bis zum sechsten Januar, dem heiligen Dreikönigsfest, dauern, – bis dahin sollst du warten. Deine zwölf Freunde wollen in den heiligen Nächten, jeder einzeln, in jeder Nacht einer von ihnen, dich abholen, und dann sollst du mit jedem durch ein Märchen wandern.

Du musst aber am Tage selbst niederschreiben, was du nachts erlebt hast. Denn Lore will es von dir geschrieben haben, das Buch, und von keinem andern. Dieses Märchenbuch hier aber bleibt im Himmel, im Bücherschrank der Kinder dort. Dieses Buch kommt nur durch dich auf die Erde, dadurch, dass dich deine zwölf Freunde in den zwölf heiligen Nächten in diese Märchen einweihen. Also rüste dich und mache dich klug, dass du alles gut behältst, was du erleben wirst, damit du es Lore zu Weihnachten 1916 unter den Weihnachtsbaum legen kannst, das neue Märchenbuch. Das Buch aber sollst du benennen: *Das Märchenbriefbuch der heiligen Nächte im Javanerlande.* So soll es heißen.«

Da dankte ich in heller Freude dem alten, silberhaarigen lieben Sankt Nikolaus, und in der Eile meiner Freude erwischte ich statt des Zipfels seines roten Ärmels den Zipfel seines weißen Bartes, den ich dankbar an die Lippen führte und ehrfürchtig küsste. Er nahm es mir nicht übel und schlug das rotgeschriebene Buch zu, bestieg mit dem Knecht Ruprecht sein schön lackiertes schwarzes Auto und fuhr unter den Alleebäumen von Garoet davon, nachdem er mir nochmals zugewinkt hatte. Ich sah noch eine Weile in der Ferne den goldenen Bischofsstab blitzen, – dann war ich allein.

Also, heute Abend beginnt nun die erste der heiligen Nächte, liebe Lore, und morgen will ich Dir genau das Märchen erzählen und niederschreiben, das ich heute Nacht erleben werde! [...]

Dein reisender Dichteronkel

Max

Erika Dietrich-Kämpf
Weihnachtliche Gedanken

»*Schreiben ist leicht, man muss nur die falschen Wörter weglassen*«,

denkt sich die junge Volontärin. Bald ist Redaktionsschluss, ihren Bericht für die *NN* über das Treiben auf dem Hauptmarkt sollte sie so schnell wie möglich fertig haben. Sie vergisst die Wörter aufzusammeln und verfängt sich in ihren Gedanken. Diese kreisen vor allem um ihre Familie.

»Lächeln ist leicht, man darf nur nicht an den Ernst des Lebens denken«,

sagt sich Herbert und hält den *Straßenkreuzer* weiterhin gut sichtbar in den Händen. Heute scheint er irgendwie niedergeschlagen zu sein. Die Weihnachtsstände stehen enger, die Leute drängen sich um die Glühweinbuden, er friert und niemand scheint ihn zu beachten.

»Lieben ist leicht, man darf nur die gemeinsam verbrachten Jahre nicht vergessen.«

Das alte Ehepaar erinnert sich, dass es sich genau hier vor 45 Jahren kennengelernt hat. Sie verkaufte damals Strohsterne, er stand stundenlang vor dem Stand ihr gegenüber und wartete auf seinen Kumpel. Nachdem dieser nicht mehr auftauchte, kamen sie endlich ins Gespräch, und später wurden sie ein Paar. Seitdem gibt es ein jährliches Treffen mit Kindern und Kindeskindern.

»Gehen ist leicht, man muss nur all seinen Mut zusammennehmen«,

flüstert die gestresste Frau. Nur noch dieses Weihnachten hinter sich bringen. Den heutigen Abend überstehen, noch einmal mit den Schwiegereltern in Erinnerungen schwelgen, auf deren geliebtem Christkindlesmarkt zusammen sein. Dann ist sie weg, endgültig weg. Der ganze Ehezirkus kann ihr gestohlen bleiben.

»Verzeihen ist leicht, man muss es nur irgendwie übers Herz bringen.«

Und gerade das hat er sich offensichtlich verspielt. Die Körpersprache seiner Frau kann er nicht anders deuten. Diesmal ist er doch zu weit gegangen. Sein Versprechen hat er nicht gehalten. Ein »Tut mir leid« wird nicht mehr reichen, das merkt er jetzt, denn schöne Worte sind für sie nur noch tote Worte.

»Gesund werden ist leicht, man darf nur nicht an die Diagnose denken«,

ermutigt die gehetzte Frau sich selbst. Sie wird von ihrem Bruder und seiner Frau begrüßt. Wie immer gibt es zu dieser Jahreszeit dieses Wiedersehen und wie immer mimt sie die große, starke Schwester. Sich den anderen offenbaren, das wird sie vielleicht erst nach Silvester, glaubt sie.

»Schneien ist doch leicht, es müsste sich nur endlich der Himmel öffnen«,

singt die Kleine. Ihre Tante nimmt sie an die Hand, damit sie im Gedränge nicht verloren geht. Und auf ihre wiederholte Frage, wann endlich die Mama da ist, erklärt sie ihr geduldig, dass diese noch ihren Bericht für die Zeitung beenden muss. Ganz hinten in der Menge sehe ich sie schon, beschwichtigt sie das Kind.

»Glück kommt scheinbar nur zu den anderen«,

denkt Herbert, als die große Familie lautstark an ihm vorbeigeht. Heute Abend ist das Glück anderswo. In dem alten Herrn meint er, seinen Kumpel von einst zu erkennen. Er macht einen Schritt auf ihn zu, hält dann aber inne und wendet sich schließlich ab.

Matthias Egersdörfer
Kind Gottes in der Hutschachtel

In der Vorweihnachtszeit kam es häufig vor, dass sich meine Mutter und meine Schwestern auf Englisch unterhielten. Diese kleinen Gespräche begannen meist mit einer Frage. Meine Schwester wollte von meiner Mutter wissen, was ich denn zu Weihnachten bekäme. Dieser Satz wurde noch in mir verständlichem Deutsch formuliert. Allerdings antwortete meine Mutter darauf in Englisch. »He will get a little railway.« Ich verstand kein einziges Wort. Sie sprachen offensichtlich über meine Geschenke. Ich war noch in der Grundschule. Dort wurden zu dieser Zeit keine Fremdsprachen unterrichtet.

Es dauerte immer unanständig lang, bis der Heilige Abend losging. Es war dunkel und kalt und das drückte offensichtlich auch schwer auf die Zeit, sodass Minuten und Stunden bestimmt mehr als doppelt so lange zum Vergehen brauchten. Ein paar Tage vor Weihnachten wurde das Wohnzimmer dann immer für den normalen Publikumsverkehr geschlossen. Das heißt, ich durfte das Wohnzimmer nicht mehr betreten. Also saß ich vor der Wohnzimmertür und schaute auf die Wohnzimmertür und überlegte, was wohl hinter der Wohnzimmertür sei. Manchmal schaute ich auch durch das Schlüsselloch. Ich konnte aber nichts erkennen. Ab und an ging einer von der Familie ins Wohnzimmer, und noch bevor ich irgendetwas sehen konnte, hatte derjenige die Tür ganz schnell hinter sich geschlossen. Einen Großteil der Vorweihnachtszeit verbrachte ich vor dem Wohnzimmer.

Wenn meine Großmutter vorbeikam, gab sie mir immer den Ratschlag, ich solle doch nicht die ganze Zeit vor der Tür sitzen. Womöglich würde ich mich im kalten Gang noch verkühlen. Außerdem sei es doch langweilig, die ganze Zeit eine weiße Tür anzuschauen. Ab und zu kamen auch meine Schwestern vorbei. Die durften auch in das Zimmer, und ich versuchte, von ihnen etwas zu erfahren. Sie setzten sich dann eine kleine Weile neben mich und sagten entweder, dass sie mir nichts verraten dürften, weil ihnen dann die Haare ausfallen würden, oder sie erzählten mir ganz abenteuerliche Geschichten über eine Horde Piraten, die ins Weihnachtszimmer eingefallen wäre. Mutter und Vater müssten ständig Unmengen von Schnaps und Berge von Schnitzeln herbeischaffen, um die Seeräuber zu besänftigen. So wie es ausschaue, würden die Piraten bis mindestens Mai im Weihnachtszimmer bleiben. Ich solle mir keine größeren Hoffnungen machen, aber nach dem derzeitigen Stand der Dinge falle das Weihnachfest wohl aus. Nach so einer Geschichte lachten sie kurz und verschwanden. Ich saß wieder alleine da und wartete auf Weihnachten.

Ein paar Tage vor Heiligabend holte mein Vater immer den Weihnachtsbaum. Aber er kaufte ihn nicht bei dem Christbaumhändler am Marktplatz, der Bäume in allen möglichen Größen anbot und wo das Gewächs dann durch ein Rohr geschoben wird und an der anderen Seite netzverpackt wieder herauskommt. Mein Vater holte unseren Weihnachtsbaum mit seinem Freund Fritz immer direkt aus dem Wald. Fritz kannte sich da gut aus, weil er regelmäßig im Trainingsanzug durch den Forst rannte und wusste, wo sich die Stellen befanden, an denen die Bäume wegen des Schnees umgefallen waren.

Einer davon wurde immer unser Weihnachtsbaum. Er war jedes Jahr etwas Besonderes. Die netzverpackten Einheitsbäume sahen ja von jeder Seite gleich aus. Unser Lichterbaum hatte Charakter. Mit dem Aufstellen allein war es da nicht getan. Der Baum musste unzählige Male in alle Richtungen gedreht werden, bis seine schönste Seite nach vorne stand.

Spätestens am 24. Dezember, wenn meine Eltern am frühen Abend zu diskutieren begannen, konnte es wirklich nicht mehr lange bis zur Bescherung dauern. Oft lamentierte meine Mutter: »Was, dieses lumpige Hemd willst du am Heiligen Abend anziehen? Das kannst du mir nicht antun an Weihnachten. Du hast einen ganzen Schrank mit guten und teuren Hemden und bringst es tatsächlich fertig, ausgerechnet dieses kaputte Ding da herauszuziehen. Das machst du doch mit Absicht. Und die schlabbrige Hose. Die ist ja vollkommen zerfetzt. Das kann doch nicht dein Ernst sein. Die Hose schmeiß ich auf der Stelle weg. Kind Gottes in der Hutschachtel.«

Irgendwann einmal waren dann alle passend gekleidet und es konnte losgehen. Meine Oma kam aus dem Erdgeschoss zu uns, und wir warteten gemeinsam. Dann klingelte ein Glöckchen und ein Mann kam zur Tür herein. Er trug den Bademantel meines Vaters und hatte auch die Hosen und Schuhe meines Vaters an. Er sprach auch so, wie mein Vater sprach, und wollte von mir wissen, ob ich auch im letzten Jahr stets brav gewesen wäre. Aber ich konnte nur lachen und lachen. Offensichtlich hatte sich mein Vater verkleidet. Er sagte mir schließlich, dass ich nicht immer brav gewesen sei und konnte sich selbst dabei ein leichtes Lachen nicht verkneifen.

Dann kam die Bescherung. Ich hatte rote Backen vor Freude und Aufregung. Danach wurde gegessen. An Weihnachten gab es oft Fondue. Das Fleisch am Spieß köchelte vor sich hin, und ich selber köchelte in dieser ganzen Weihnachtsfreude. Am Heiligen Abend durfte ich immer bis Ultimo aufbleiben. Meine Geschenke mussten auf meinem Nachttisch stehen und jederzeit griffbereit sein. Am nächsten Morgen war immer noch Weihnachten. In der Frühe rannte ich als Erstes im Schlafanzug zum Weihnachtsbaum und überzeugte mich, dass das kein Traum gewesen war.

Am 6. Januar wurden die Kerzen am Baum noch einmal angezündet. Anschließend wurde der Schmuck abgemacht, und der Weihnachtsbaum stand nackt auf unserem Balkon. Manchmal konnte das auch bis zum 10. Januar dauern.

Ein Jahr verging. Meine Schwestern und meine Mutter sprachen wieder Englisch. Ich saß vor der Wohnzimmertür. Mein Vater holte mit Fritz wieder einen individuellen Baum. Wieder besprachen meine Eltern kurz vor der Bescherung den Sachverhalt, wie unpassend mein Vater sich angezogen habe. Oma kam wieder vom Erdgeschoss zu uns hoch, und wir warteten. Aber in diesem Jahr wartete auch mein Vater mit uns. Ich wartete, dass mein Vater sich seinen Bademantel anziehen würde. Aber er ging nicht aus dem Zimmer. Dann klingelte es an unserer Haustüre. Mein Vater ging zur Tür und öffnete. Als er zurückkam, hatte er zwei Männer mitgebracht. Einer von denen war der Weihnachtsmann. Außerdem hatte er einen düsteren Gesellen dabei. Ein rußschwarzer, brummender Grobling. Ich lachte kein bisschen. Der Weihnachtsmann kam gleich zur Sache.

Er fragte mich, ob ich dieses Jahr brav gewesen sei. Es war eine rhetorische Frage. Der Mann las aus einem goldenen Buch meine gesamten Schandtaten im Detail vor. Er wusste Bescheid. Damit nicht genug, hatte ich es wohl in diesem Jahr zu weit getrieben und jetzt wurde ich über die Konsequenzen meines Tuns aufgeklärt. Es war ganz einfach: Die beiden Herren würden mich mitnehmen. Ich hatte den Bogen überspannt. Das war der Tätigkeitsbereich des Finsterlings. Er hatte einen Sack dabei. Aus dem Sack schaute bereits der Haarschopf eines frechen Kindes heraus. Ich war das nächste freche Kind, das der erbarmungslose Gehilfe in den Sack stecken würde. Er kam auf mich zu und wollte mich packen. Ich rannte davon. Er rannte mir grunzend hinterher. Wir rannten um den Weihnachtsbaum herum. Ich rannte um mein Leben. Das Schlimmste war, dass meine ganze Familie dabei zusah und lachte. Nach etwa zehn Runden beendete mein Vater schließlich die Hetzjagd und bat den Verfolger, mir gegenüber Gnade walten zu lassen. Der Grobian ließ von mir ab. Mit meinen Eltern wurde ein Kompromiss vereinbart. Sie einigten sich darauf, dass ich erst einmal bleiben dürfe, ich müsse aber versprechen, mich zu bessern. Außerdem sei ja nicht alles schlecht, was ich im letzten Jahr gemacht hätte. Der schlimme Weihnachtsmann und sein finsterer Helfer gingen dann. Ich war sehr froh darüber.

Tommie Goerz
Behütuns an Weihnachten

Am 24. Dezember ist die Anspannung von Kindern ins Unerträgliche gewachsen. Sie grenzt schon beinahe an Folter. 24 Tage lang haben sie Tag für Tag nur ein einziges Türchen ihres Adventskalenders öffnen dürfen, heimlich aber haben sie schon immer die nachfolgenden Türchen geöffnet, hineingespitzt und sie dann wieder mit ihren unbeholfenen Fingerchen zu verschließen versucht, so, dass die Erwachsenen es nicht merken. Tun sie aber – lassen die kleinen Geschöpfe aber mit ihrer Angst, entdeckt zu werden, allein. Tun so, als hätten sie nichts bemerkt, selbst wenn hinter dem einen oder anderen Türchen einmal das ein oder andere Stückchen Schokolade fehlt. Von den Erwachsenen ist das ja gut gemeint, man lächelt darüber und blinzelt sich verständnisvoll zu – für die Kinder aber macht es das alles noch schlimmer.

Im Kindergarten ist Weihnachten seit Wochen das Thema Nummer eins, man bastelt Sterne und überflüssige Geschenke für die Mamas und die Papas, zu denen diese dann am Heiligen Abend gute Miene machen müssen, oh wie süß!, wie ädli!, wie schön!, malt Bildchen für Oma, Onkel und Tanten, der ganze Kladderadatsch. Nichts als Sondermüll, den man dann Jahrzehnte aufhebt und den Kindern vielleicht zur Hochzeit wieder schenkt. Weißt du noch, damals? Ach, war das schön! Dann ist es an den Kindern, gute Miene zum blöden Spiel zu machen, und sie denken sich ihren Teil über die langsam verblödenden Alten. Man nimmt sich dann vor, später einmal alles anders zu machen – und was tut man dann? Alles ganz anders, als man es sich vorgenommen und geschworen hatte? Man macht genau den gleichen Scheiß und zieht es durch und findet es am Ende sogar noch gut. So dumm ist der Mensch. Lernt einfach nicht dazu und macht sich die Welt schön. Mit lauter blödem Zeug.

Weihnachten. Man zündet Kerzen an und sagt Lichtlein dazu, erst eins, dann zwei, dann drei, dann vier, in Abständen von Monaten für Kinder – und dann ist in den meisten Fällen immer noch nicht Weihnachten. Dazu erzählt man ihnen eine hanebüchene (weiß eigentlich jemand, was das ist, hanebüchen? Das kommt vom knorrigen Holz der Hagebuche, kennt aber eh keiner. Das wirft immer Spreißel. Wenn man das bearbeiten muss, stehen einem die Haare zu Berge, das ist hanebüchen.) Geschichte von einem armen, kleinen, nackenden Kindlein in einem Stall mitten im Winter, singt Lieder und lässt sie Flöten blasen, dass es jedem halbwegs vernünftigen und musikalischen Menschen das Blut in den Adern gerinnen und an nichts anderes als an Flucht denken lässt; man foltert sich also auch noch selbst.

Weihnachten. Die Kindlein malen Bildchen oder schreiben unbeholfen kleine Zettelchen mit ihren Wünschen, die sie dann am Abend, wenn es dunkel wird, draußen aufs Fensterbrett legen sollen. Und dann nicht mehr hinschauen dürfen. Denn dann, so lügt man sie an – und komisch, niemand empfindet das als Lüge; die einen meinen das ernst, oh arme Kinderlein, und die anderen nennen es höchstens Flunkern und meinen, dann wäre es erlaubt –, käme das kleine liebe Christkindlein vorbei und hole sie ab, die Wunschzettelchen. Wie das

Ganze aber in Wirklichkeit, also »in Echt« geschehen solle? Schweigen. Erwachsene lügen zwar gern, lassen sich der Lüge aber nur äußerst ungern überführen. In der Politik begegnet einem das dann später ein Leben lang, aber man hat sich schon so daran gewöhnt, dass es ein völlig normaler und fester Bestandteil des Lebens zu sein scheint. Und das kommt noch hinzu: Eine Garantie für die Erfüllung der Wünsche übernimmt auch keiner der Erwachsenen. Nicht ein einziger, sonst machte dieses perfide Spiel ja keinen Spaß. Man quält die Kleinen nur.

Weihnachten ... so viel fiel Kommissar Friedo Behüt-uns dazu ein! Er räkelte sich auf seinem Sofa, starrte an die Decke und ließ seinen Gedanken freien Lauf. Es war noch früher Nachmittag, doch draußen wurde es schon wieder dunkel. Er genoss für sich die Zeit im Dämmerlicht.

Nein, die Weihnachtszeit ist eine wunderschöne Zeit für die Erwachsenen. Die Kinder aber quält das alles nur. Sie warten auf ihre Geschenke, können es kaum mehr erwarten.

Am 24. 12. dann ist der Druck bei den Kleinen kaum mehr auszuhalten, sie platzen förmlich und wissen mit sich selbst nicht mehr wohin. Erwachsene bezeichnen diese Qual als Vorfreude – dabei ist es die größte Freude der Eltern, wenn die Plagen endlich im Bett liegen und schlafen. Ruhe geben. Damit man sich endlich in Ruhe zuleuchten kann. Die wohlverdiente Kante geben.

Auch dem kleinen Timo ging es nicht anders. Schon lange vor seinen Eltern war er am Morgen des 24.12. wach gewesen und hatte sich in seinem Bettchen gewälzt. Warum eigentlich verging die Zeit heute nicht?

Nur noch einmal schlafen, hatte die Mama gesagt, dann wäre es endlich so weit: Dann kommt das Christkind.

Aber erst abends!

Bis dahin war es ja noch ein ganzes Jahr!

So quält man sich als Kind durch den Tag. Wenn das kein Terror ist – und das im Namen des Christentums, der Nächstenliebe und der Menschlichkeit.

Bedenklich.

Weihnachten. Irgendwann im Lauf des frühen Nachmittags. Mama sollte noch den Baum schmücken, und Timo sollte das nicht sehen – die Überraschung!, hatte Papa sich den kleinen Timo geschnappt, hatte ihn dick eingepackt und gesagt:

Komm, wir gehen noch ein wenig raus.

Und hatte sich gedacht: Ich muss den kleinen Timo ablenken. Und mich natürlich auch, denn hier wartet nur Arbeit, und die Frau ist ohnehin gestresst. Also, Timo, nichts wie weg und raus!

Und wenn wir dann zurückkommen, dann kommt das Christkind bald.

So waren sie in der Kälte losgezogen, ein wenig durch die Pegnitzwiesen stromern, schauen, wo das Hochwasser ist.

Das Hochwasser aber war schon wieder weg und die Wiesen oberflächlich gefroren. Überall standen kleine und größere Pfützen und Wasserlachen mit schönen dünnen Eisschichten darauf. Ideal für Kinder. Da konnte man leicht darauftreten und die Luftblasen unter dem Eis sich bewegen lassen, da konnte man mit der Hacke oder einem Stöckchen die Eisschicht zerbrechen und das Wasser daraus hervorquellen lassen und man konnte viel entdecken in den kleinen Eisflächen. Gefrorene

Gesichter und Landschaften, Tiere und alles Mögliche. Die Fantasie der Kinder kennt da keine Grenzen. So war es dem Papa leichtgefallen, den Timo abzulenken. Der dachte überhaupt nicht mehr an Weihnachten, hatte alles vergessen und machte sich nur dreckig und nass. Was für ein Spaß!

So kamen sie immer näher an den Fluss heran. Kickten Eisstückchen über die kleinen Eisflächen, sahen unter dem Eis einmal einen toten Fisch und fanden sogar ein Stückchen, auf dem Timo hätscheln konnte, schliddern, rutschen. Ein herrliches Vergnügen, solange es einen nicht auf den Hintern haute. Tat es den kleinen Timo auch nicht. Eisflecken für Eisflecken kamen sie näher ans Ufer.

Papa, fragte dann irgendwann der Kleine, wo ist denn das ganze Hochwasser hin?

Das ist wieder zurückgekrochen, sagte der.

Wohin denn?, fragte der Kleine.

In den Fluss, sagte der Papa.

Passt das da alles rein?, wollte der Kleine wissen. Denn irgendwie schien ihm das nicht ganz logisch. Das Wasser hatte doch vorher nicht hineingepasst, das hatte er doch ganz genau gesehen! Die ganzen Wiesen waren doch voll gewesen von dem Hochwasser.

Na, sagte der Papa, dann schauen wir doch mal nach!

So waren sie neben einer alten, schrägen Weide ans Ufer getreten und wollten nachsehen, wie sich das mit dem Hochwasser verhielt.

Da isses alles drin, schau nach!, sagte der Papa, allwissend.

Der kleine Timo guckte ungläubig. Es stimmte, was der Papa sagte! Das ganze Wasser war da drin.

Wo fließt das alles hin?, fragte ihn Timo. Und kommt das auch wieder zurück?

Nein, das kommt nicht mehr, das fließt alles ins Meer, sagte der Papa, der sich auskannte in der Welt.

Und diese Hand da, fragte Timo, schwimmt die mit ins Meer?

Hand? Welche Hand?, fragte der Papa.

Jetzt ist sie wieder weg!, sagte der Timo.

Der Papa sah aufs Wasser und sah nichts.

Da ist sie wieder, Papa!, rief der Timo aufgeregt. Die schwimmt nicht weg, die will nicht in das Meer!

Jetzt sah's der Papa auch.

Dann war sie wieder weg, die Hand. Es war ganz eindeutig eine Hand gewesen.

Komm Timo, sagte der Papa und sah auf seine Uhr. Es wird schon dunkel. Wenn wir jetzt nicht heimgehen, ist das Christkind vielleicht schon weg.

Stimmt, dachte sich der kleine Timo, Weihnachten! Das habe ich ja ganz komplett vergessen!

Aber der Mann?, fragte er den Papa.

Das ist kein Mann, Timo, das war nur so ein Ast. Und er ist auch schon wieder weg.

Er war tatsächlich wieder weg.

Als sich der Papa wenige Schritte später aber noch einmal umdrehte, war die Hand wieder da. Eindeutig eine Hand. Sie tauchte auf und verschwand wieder.

Komm, lass uns rennen, damit wir nicht zu spät zum Christkind kommen, sagte der Papa und rannte los.

Der kleine Timo hinterher.

So kamen sie nass, dreckig und ziemlich außer Atem wieder zu Hause an. Das Christkind war Gott sei Dank noch da.

In den Labors hatten schon am Tag zuvor ganz offensichtlich die Weihnachtsferien Einzug gehalten, die Feiertage lagen auch sehr günstig dieses Jahr, sehr arbeitnehmerfreundlich: Mittwoch war Heiliger Abend, Donnerstag und Freitag die Feiertage und dann das Wochenende. Da nahmen viele frei, auch in der Folgewoche noch mit Silvester und Neujahr. Nur eine Woche Urlaub nehmen müssen für zwei ganze Wochen frei, das war ein guter Deal. So hatten Kommissar Behütuns und sein Team aus den Labors keine Ergebnisse mehr bekommen. Damit war frühestens, wenn man es realistisch sah, mit übernächster Woche zu rechnen, wahrscheinlich sogar erst später. Denn erst am Mittwoch in zwei Wochen, nach den Heiligen Drei Königen, würde wieder mit einigermaßen normalem Dienst zu rechnen sein.

Auch das mit den Heiligen Drei Königen ist so eine Geschichte, dachte sich Kommissar Behütuns. Gelogen von hinten bis vorn. Die waren nicht heilig – und was soll das überhaupt sein: heilig? –, dann waren es keine Könige *und* es war ja nicht einmal erwiesen, dass es drei waren! Neugierig waren die allenfalls, sonst nichts. Und dumm vielleicht. Dachten, wenn sie einem Stern entgegenlaufen, dass sie näher rankommen und ihn besser sehen. Aber das ist die Kirche. Vollgepackt mit lauter solchen Geschichten, dass sich die Balken biegen. So voll, dass dir am Ende Hören und Sehen und jede Lust vergeht und du nur noch Ja und Amen sagst. Nur damit endlich einmal Ruhe ist.

Jaja, die Kirche. In jedem Klassenzimmer und an jedem Feldweg einen ans Kreuz genagelt und hängen lassen. Das verschmutzt die Seele der Kinder nicht, das ist völlig normal. Der Struwwelpeter, ja, der ist brutal! Hänsel und Gretel, die die Hexe verbrennen und was es nicht alles gibt! *Das* schädigt die Kinderseele. Der Genagelte mit dem hängenden Kopf und dem Loch im Bauch, oft noch in Lebensgröße – das ist nicht grauselig. Der ist für uns gestorben, ihr lieben Kinderlein ... stopp jetzt, Behütuns, brems dich! Lass Weihnachten sein, lass Frieden einkehren!

Kommissar Friedo Behütuns frohlockte! Auch ohne Bier und Rauch, und jetzt schon seit vierzehn Tagen, hatte er nichts von seiner Lust an der Wut verloren. Und das war gut.

Bier aber war ein wichtiges Stichwort.

Kommissar Friedo Behütuns hatte sich für den heutigen Heiligen Abend ein ganz besonderes Bier gekauft. Zur Feier wollte er doch endlich wieder eine Flasche trinken, das hatte er sich vorgenommen. Nothelfer-Bier, aus der Klosterbrauerei von Vierzehnheiligen bei Staffelstein. Das Bier der vierzehn Nothelfer, die irgendwelchen Halluzinierenden dort irgendwann – und das gleich mehrfach! – aus heiterem Himmel erschienen waren. Geschichten gab es im Fränkischen, die gingen an die Grundfesten des menschlichen Verstands. Nein, er hatte zwar schon viel getrunken in seinem langen Leben, so viel aber noch nie! Zumindest nicht auf einmal. Wie viel musste man eigentlich trinken, damit einem Heilige erscheinen? Und dann gleich vierzehn auf einen Streich – und das auch noch mehrmals hintereinander?

Friedo Behütuns hatte sich inzwischen ein paar Bücher bereitgelegt, einen Tee gekocht und sich auf sein Sofa zurückgezogen. Das mit dem Bier wollte er erst später in Angriff nehmen. Zuvor wollte er noch ein wenig diese sonderbare und für den Nachmittag vor dem Heiligen Abend so bezeichnende Ruhe genießen. Plötzlich, und das geschah nur an diesem einen Tag im Jahr und war deshalb immer wieder etwas ganz Besonderes, war es in der gesamten Stadt ganz still. Nürnberg lag ruhig da. Fast feierlich. Niemand hektikte mehr herum, kaum Verkehrsgeräusche von draußen, kaum jemand war mehr unterwegs – es kam einem manchmal so vor, als läge die Stadt wie unter einer Glocke. Aber es war nicht gedämpft, sondern es war einfach nichts. Nur Ruhe.

Behütuns saß in der späten Dämmerung. In der nächsten halben Stunde würde der Abend kommen und mit ihm die Weihnachtsbäume in den Fenstern, dann die Glocken in der ganzen Stadt läuten, und man hörte sie dann bis hier herüber. Sankt Lorenz, Sankt Sebald, die Frauenkirche und wie sie alle hießen. Sie legten sich über die Ruhe, durchwirkten sie, so kam es ihm vor, und brachten sie zum Schwingen.

Das war Weihnachten für Kommissar Friedo Behütuns, und er wollte es genießen. Und später dann ein oder zwei Nothelfer. Dabei hatte er gar keine Not, ganz im Gegenteil.

Überhaupt die Dämmerung, in der er jetzt saß. Gibt es die eigentlich noch?, dachte er. Draußen, ja. Aber für die Menschen? Kennen die das überhaupt noch? Heute macht man doch alles bei Licht. Kaum wird es ein wenig dämmerig, macht man das Licht an – und das bleibt dann, bis einem im Bett die Augen zufallen, erst dann macht man es aus. Licht und Machen und den Kopf mit Sachen von außen zuballern bis zum Anschlag. Aber Sitzen in der Dämmerung? Es langsam dunkel werden lassen? Oder im Dunkeln im Bett liegen und auf den Schlaf warten, womöglich bei geöffneten Augen? Nein, das Licht blieb an bis zum Schluss. Oder der Fernseher. Nur keine Ruhe, nur keine Besinnlichkeit. Sich immer nur bedröhnen mit irgendeinem Scheiß. Ablenken. Weg von sich, nur ganz weit weg.

Kommissar Behütuns legte sich zurück und ließ die Dämmerung kommen. Einen geeigneteren Abend als heute konnte er sich dafür gar nicht vorstellen. Der Tee dampfte, ein Stückchen Mandel aus dem Lebkuchen hing in seinen Zähnen ... Er schnaufte sehr zufrieden. Heute würde niemand mehr kommen. Und morgen nicht und übermorgen auch nicht. Das Leben konnte so schön sein!

Da summte das Telefon und ruckelte auf dem Tisch. Die Vibration, zweimal.

Das Display leuchtete auf und tauchte das Zimmer in leichtes Blau.

Dann klingelte das Telefon.

Und wieder.

Und wieder.

Scheiße.

Und klingelte.

Wer ruft denn jetzt an?

Und klingelte.

Verwandtschaft?

Und klingelte.

Die würde sich das nicht trauen.

Und klingelte.

Also verwählt.

Behütuns ließ es klingeln.

Das Klingeln hörte auf, das Display leuchtete weiter.

Dann ging es aus, die Dämmerung kam zurück.

Dann klingelte es wieder.

Das Zimmer lag wieder im Blau.

»Behütuns an Weihnachten?«

–

»Wo?«

Das mit der Weihnachtsruhe konnte der Kommissar jetzt erst einmal vergessen.

Helmut Haberkamm
Helgaland, so nah am Wasser

Du bist den ganzen Tag gut drauf, alles läuft nach Plan, kein Problem, und dann kommt so ein komischer Moment und ratzfatz ist alles anders, obwohl sich nichts groß geändert hat. Helga kennt so was eigentlich nicht. Als Krankenschwester ist sie einiges gewohnt. Sie ist eine gestandene Frau Ende vierzig, hat eine Ehe und eine Scheidung hinter sich. Ihre Tochter Marie ist bei ihr, seit fast fünf Jahren kommen sie zu zweit prima über die Runden. Sie haben die harte Zeit ziemlich gut weggesteckt, findet Helga. Die Streiterei und das Schweigen, und die Stille danach.

Es ist einer dieser milden Dezembertage, die grau und lichtlos sind, ohne Anzeichen einer bestimmten Jahreszeit. Helga will zum Weihnachtskonzert von Maries Gymnasium. Marie singt mit im Chor. Die schöne Stimme hat sie von ihr. Von ihrem Vater hat sie die nicht. Der alte Brummbär. Der singt, wie er tanzt. Zum Davonlaufen. »Ich bin Ingenieur und kein Hampelmann«, sagte Jochen. Obwohl er bloß Fahrlehrer war, weiter nichts.

Helgas neuer Lebensgefährte ist auch dabei. Reinhold ist ein bisschen älter als sie, Physiotherapeut, er ist sehr fürsorglich und hat die Ruhe weg. Seine Ehe ist schon ewig auseinander, seine zwei Söhne längst erwachsen, sie leben weit weg. Helga kennt beide nur von Fotos und vom Telefon. Mit Reinhold und Marie ist es noch etwas schwierig, sie schaut ihn so komisch über die Schulter an, macht ein lätschiges Gesicht, wenn er kommt, und verzieht sich gleich. Umso mehr freut sich Helga, dass

Reinhold mitgeht zum Weihnachtskonzert. Sie musste ihn erst überreden, denn er spreizte sich lange. Zweimal hat sie mit ihm telefoniert, von der Klinik aus und von zu Hause. »Weihnachten ist nicht so mein Ding«, sagte Reinhold, »zu viel Gedudel und Gesülze. Deine Marie vermisst mich dort ganz bestimmt nicht.«

Aber Helga zuliebe geht Reinhold mit, vor allem nach der Sache mit der Katze. Er lächelt Helga an und drückt ihre Hand. Helga ist so froh, ihn zu haben, ihren Fels in der Brandung. Endlich ein Mann, auf den man sich verlassen kann, der verständnisvoll ist, einfühlsam, ehrlich. Da spürt sie, dass ihr ein paar Tränen in die Augen schießen, und sie schaut schnell nach vorne zur Bühne und strahlt.

Der Musiklehrer begrüßt die Zuhörer. Irgendetwas stört sie an ihm. Auf einmal weiß sie, was es ist. Diese abgewetzten Jeans, Turnschuhe, zu denen er bestimmt Sneakers sagt, dazu über dem T-Shirt ein Jackett, das Ernsthaftigkeit vortäuschen soll. Dass ich nicht lache, denkt Helga, alles Pseudo, von wegen Feierlichkeit. Er erinnert sie an Jochen, ihren geschiedenen Mann. Wie der sich immer Johnny nannte und doch immer bloß ein Jochen war! Der Lehrer macht auf jung, mit strubbelig hingeföhnten Haaren, unrasiertem Gesicht, klobigem Ring am Daumen, einem Glitzerstein im Ohr. Er will locker und cool wirken, aber für Helga ist das aufgesetzt, schlampig und albern. Wahrscheinlich hat er so grässliche Schmierbilder am Leib. Das sieht ihm ähnlich.

Marie will sich jetzt auch so Tätowierungen stechen lassen. »Nur über meine Leiche«, hat Helga ihr gesagt, »solange du bei mir wohnst, kommt das nicht in die Tüte. Sich das Gift in die Haut spritzen, damit man so brutal geschmacklos aussieht wie all diese Promis? Jeden Tag seh ich in der Klinik, was die Leute mit ihrem Körper anrichten, wie die Blöden! Das ist so furchtbar, das glaubst du nicht!« Marie hält ihre Mutter für altmodisch und langweilig. Helga denkt, es sei falsch, jede Verrücktheit und Verschandelung gut zu finden, bloß weil sie in Mode sind. Darüber können sie endlos streiten. Helga kommt es so vor, als würde sich Marie immer mehr auf sie einschießen, und die Munition dafür holt sie sich bei ihrem Vater. Jochen grinst bestimmt bloß dazu, mit Sonnenbrille und Siegelring.

Jetzt kommt der Chor auf die Bühne. Marie trägt das brandneue rote Kleid, nach dem sie schon so lange gesucht hat. Megasexy das Teil, sagt sie. Es steht ihr wirklich ausgezeichnet und betont ihre Figur. Jahr für Jahr ist Marie nun eine andere Person, denkt Helga, sie wächst, blüht und gedeiht wie eine Blume. Wächst immer weiter von ihr weg. Schon eine richtige Frau, mit Dekolleté und Kurven, und das in der neunten Klasse. Marie ist viel weiter entwickelt als Helga damals war, mit fünfzehn. Wann hat sie überhaupt ihr erstes selbstgewähltes Kleid tragen dürfen? Oh Gott, und wie sich ihr Vater aufregte, weil es einen richtigen Ausschnitt hatte und nicht die Knie bedeckte. »Du siehst darin aus wie ein Flittchen!«, schimpfte er. Er blieb sein Leben lang ein Flüchtlingssohn, stets ängstlich darauf bedacht, ja nicht aufzufallen und aus der Reihe zu tanzen. Aber ihr Bruder Wilfried hatte Helga damals unterstützt, gemeinsam haben sie sich gegen die Eltern durchgesetzt. Die waren eingeschnappt und verschanzten sich in ihrem Schmollwinkel im Siedlungshäuschen, wo sie unaufhörlich in Heimarbeit Spielzeug und Spiegel zusammenbauten.

Jetzt singt der Chor das erste Stück: *All I Want For Christmas Is You*. Wahrscheinlich irgend so ein Hit aus einem Film. Oder ist es ein Popsong aus den Charts? Für Helga klingt er jedenfalls nach Radio. Die Jugendlichen klatschen im Takt mit. Dann kommt *Angels*, von Robbie Williams. Ist das nicht der, der Depressionen hatte und sich in der Dusche erhängt hat?, fragt sich Helga. Der war doch Schauspieler. Wahnsinnig lustig, aber todtraurig. Wie heißt das nächste Lied? *I Shall Not Live In Vain*. Komisch, denkt Helga, solche Sachen an Weihnachten.

Sie muss an ihren Bruder Wilfried denken. Er wohnt nur eine gute Stunde weit weg, aber irgendwie kommt es ihr vor wie eine Ewigkeit. Wann hat sie ihn zuletzt gesehn? Letztes Weihnachten muss es gewesen sein. Mein Gott, wie die Zeit vergeht! Seine Operation ist gut verlaufen, die Ärzte haben alles erwischt und rechtzeitig rausgenommen. Sie machen ihm die besten Hoffnungen, aber Wilfried ist seitdem ein anderer Mensch. Seine Stimme am Telefon hört sich anders an, dünner, zaghafter, ernster. Eigenwillig war er von jeher, jetzt aber sagt er fast nichts mehr, geht kaum mehr unter die Leute und sitzt bloß noch vor dem Fernseher. Er sieht immer mehr aus wie sein eigener Vater. Ein Jammer, wenn man weiß, was für ein fröhlicher Junge er gewesen ist! Viel unbeschwerter und sonniger als Helga. »Nimm dir ein Beispiel an deinem Bruder«, sagte ihre Mutter einmal, »der ist nicht so verhuscht und verdruckst wie du.« Am Heiligen Abend muss ich ihn auf jeden Fall anrufen, denkt Helga, ich muss wissen, wie es ihm geht, ihn aufmuntern und endlich mal einladen.

Jetzt kommt der Musiklehrer als weißbärtiger Weihnachtsmann mit roter Bommelmütze auf die Bühne.

Lachen und Beifall breiten sich aus im Saal, Schüler kreischen und johlen. Arme gehen hoch zum Fotografieren und Filmen. Schüler, die als Rentiere verkleidet sind, stellen sich neben den Lehrer, Glitzergirlanden leuchten auf, und Sterne beginnen zu blinken wie in einem Einkaufszentrum. Wieder wird viel geknipst und geklatscht. »Nun kommt ein echter Hammer«, ruft der Santa Claus, wie sich der Musiklehrer selbst nennt, ins Mikrofon. »*The Preacher*! Das ist Gänsehautfeeling pur! Ein geiler Groove, total gospelig. Okay, legt los, Leute!«

Mein Gott, denkt Helga, der redet ja wie diese aufgeblasenen Typen im Fernsehen, in diesen albernen Castingshows. Das soll modern klingen, lässig, nach Spaß und Coolness. Aber sie nimmt ihm das nicht ab. Es ist bloß aufgesetzt, eingebildet und blöd. Warum, fragt sich Helga, muss heute alles zu einer Show aufgemotzt werden und ständig bloß Spaß machen? Wahrscheinlich schmeißen sie gleich Popcorn und Reiskörner durch die Gegend. Wundern würde es sie nicht. Weihnachten ist echt der Wahnsinn heutzutage.

Dann singt der Chor wieder ein Lied, diesmal aus einem Film: *The Misty Mountains Cold*. Wieso singen sie eigentlich keine deutschen Weihnachtslieder?, fragt sich Helga. Wo ist die Besinnlichkeit geblieben, die Innigkeit? Ihr kommt es so vor, als hätten alle panische Angst davor, dass es still und nachdenklich werden könnte, dass man endlich einmal zu sich selber kommen müsste. Ständig muss was los sein und tolle Stimmung herrschen. Dauernd soll sie mitklatschen und Englisch singen. Dabei kennt sie den Text gar nicht, und sie versteht ihn auch so schlecht. Was hat das überhaupt mit meinem Weihnachten zu tun?, fragt sich Helga. Sie muss an ihre Kindheit denken, die Bescherung zu Hause, mit ihren Eltern und ihrem Bruder. Sie macht die Augen zu und Erinnerungen steigen in ihr hoch wie Karpfen im Wasser. Oma und Opa waren mit dabei in der Stube, mit ihren Strickjacken und faltigen, blau geäderten Händen. Sie lasen komische Weihnachtsgedichte vor in ihrem urigen Egerländisch. Vater spielte auf dem Akkordeon, das er damals als Junge am eigenen Leib auf der Flucht herübergeschleppt hatte. Alle in der Familie konnten gut singen, herzhaft, mit leuchtenden Augen, die wie Perlen funkelten. Mehrstimmig wogte der Gesang auf und ab wie die Meeresbrandung. Die schönen alten Lieder, Helga kann sie heute noch auswendig.

In den Herzen ist's warm, still schweigt Kummer und Harm, Sorge des Lebens verhallt: Freue dich, Christkind kommt bald!

Als Helga die Augen aufmacht, sieht sie haufenweise hochgereckte Arme mit Smartphones und Kameras, die blitzen. Der Chor singt *Carol Of The Bells*, danach *Irish Blessing*. Marie tritt kurz nach vorne und singt ihr erstes Solo. Sie hat eine kraftvolle, warme Stimme und trifft jeden Ton. Helga ist aufgeregt und fiebert mit. Nervös reckt sie den Hals in die Höhe und dreht den Kopf, um alles zu sehen. Ihr Mund ist ganz trocken. Einmal faltet sie ihre Hände, dann streift sie wieder über ihre Oberschenkel oder greift nach Reinholds Hand. Sie lächelt ihn an und schaut vor zu Marie auf der Bühne.

Wer im Publikum hört eigentlich auf den Text? Hat er den Zuhörern was zu sagen? Helga schaut sich um und sieht einige Erwachsene im Publikum, die auf das leuchtende Display ihrer Apparate schauen, darauf herumwischen und einhacken. Was wollen diese Leute hier, wenn sie den Liedern gar nicht zuhören? Wie kann man nur so herzlos und unhöflich sein? »Mensch, chill mal, Mama«, würde Marie zu ihr sagen, »lass sie halt. Solang's ihnen Spaß macht.« Spaß, immer dieser dämliche Spaß, denkt Helga. Damit kannst du alles rechtfertigen heutzutage, so wie früher mit Sünde, Zwang und Pflicht.

Der Chor auf der Bühne beginnt das Lied *Have You Seen The Baby*. Helga sagt es nichts. Ist es aus einem Musical oder Film? Sie fragt leise Reinhold, ob er das Lied kennt, aber der schüttelt wortlos den Kopf, zieht die Schultern nach oben und die Mundwinkel nach unten. Wahrscheinlich geht es in dem Lied um das Kind in der Krippe, den neugeborenen Heiland, denkt sich Helga.

... Nur das traute hochheilige Paar.
Holder Knabe im lockigen Haar,
schlaf in himmlischer Ruh!

Helga schaut in Gedanken versunken vom singenden Chor hinüber zum unbeteiligten Orchester. Da sieht sie Jugendliche neben ihren Instrumenten sitzen, über ihre Smartphones gebeugt gaffen sie aufs Display, mit Stöpseln im Ohr und Kabeln am Kopf. Hören die tatsächlich Musik? Im Weihnachtskonzert? Während ihre Mitschüler singen? Was für eine Unverschämtheit! Eine Beleidigung! Am liebsten würde Helga hingehen und ihnen ihre Geräte aus den Händen reißen. Für Marie wär das wohl ein Aussetzer. »Das ist uncool und peinlich«, würde sie sagen, »ein totales No-Go, so was macht man nicht.« Wahrscheinlich würde Marie wieder herumgiften, dass das bloß der Einfluss von Reinhold ist, dem Gutmenschen, der sie so nervt. Seitdem Reinhold öfters in der Wohnung ist, ist Marie viel bei ihrem Vater. Jochen lässt sie mitfahren auf dem Motorrad, hat ihr sogar eine rote Bikerjacke und einen Helm gekauft. Im Sommer, so hat er ihr versprochen, will er sie mitnehmen in den Urlaub, zusammen mit Larissa, seiner derzeitigen Büroschönheit. Männer, die älter werden, wollen auf Teufel komm raus jung wirken. Bis sie von Jüngeren ausgestochen werden, dann sehen sie erst recht alt aus.

Früher hat Marie über die mädchenhaften Freundinnen ihres Vaters gelästert, aber neuerdings schwärmt sie für Jochen. »Daddy ist echt cool. Er ist viel toleranter als du«, hält Marie ihrer Mutter vor. »Er lässt mich machen und anziehen, was ich will. Schlechte Noten sind bei ihm gar kein Thema. Alkohol und so, null Stress. Es gibt keinen Streit ums Geld, um Klamotten, wegen meinen Freunden. Er hat auch nichts gegen eine Tätowierung oder ein Piercing.« Als Marie sagte, sie würde sich gerne piercen lassen, hat Jochen nur mit den Schultern gezuckt und gemeint: »Na ja, wenn's dir Spaß macht.«

Ganz anders Helga. Sich an der Augenbraue oder Nase verschandeln, an der Lippe oder Zunge verunstalten zu lassen, das ist für sie nichts anderes als Selbstverstümmelung. »Was um Himmels willen willst du dir denn da auf die Haut brennen lassen?«, fragte sie ihre Tochter. »Einen Drachen und einen Engel«, sagte Marie entschlossen. Helga wurde laut, Marie brüllte zurück. »Ich scheiß auf deine ewigen Verbote! Du hast doch selber gestörte Meridiane! Ich will zu meinem Vater! Sobald ich sechzehn bin, zieh ich zu Jochen, damit du's weißt!«

Wo bleibst du, Trost der ganzen Welt,
darauf sie all' ihr' Hoffnung stellt?

Helga sitzt da, hört den Chor singen, versteht aber den Text nicht richtig und weiß nicht, bei welchem Lied man gerade ist. So viel geht ihr im Moment im Kopf herum. Immer wieder schiebt es Erinnerungen vor ihre Augen, und sie bleibt bei den alten Weihnachtsliedern hängen, die ihr im Gedächtnis liegen wie schlummernde Haustiere. Die Vergangenheit erscheint ihr als ein fernes, leuchtendes Land, das sie anlockt und wärmt wie eine Stube mit einem lodernden Holzofen im schneekalten Winter.

O dass mein Sinn ein Abgrund wär' und meine Seel'
ein weites Meer, dass ich dich möchte fassen.

»*Carry On Wayward Son*«, kündigt der Musiklehrer nun an, »von Kansas«. Nach den ersten Takten und Versen merkt Helga, dass sie das Lied aus ihrer Jugend kennt. Da muss sie an Rolf denken, ihren ersten festen Freund. Er hörte immer solche Sachen, mit jaulenden Gitarren und lautem Gestampfe. Er hatte auch diese süße Katze, Roxy. Was wohl aus ihr wurde, nachdem er verunglückt war? Mit dem Motorrad gegen die Leitplanke. Sie hatten sich schon Wochen vorher getrennt, aber für ihre Mutter war das ein härterer Schlag als für Helga selbst. Helga wollte überhaupt nicht zur Beerdigung gehen, aber ihre Mutter zwang sie: »Das gehört sich so. Das gebietet doch der Anstand.« Ihre Mutter hätte Rolf liebend gern als Schwiegersohn gehabt. Seine Eltern hatten ein großes Textilgeschäft und waren angesehene Leute. Als sie später dann mit Jochen ankam, stand ihrer Mutter die Enttäuschung ins Gesicht geschrieben: »Ein Sohn von geschiedenen Eltern, und was für welchen!« Dass was Kleines unterwegs war, fand sie unerhört. Als Helga einen Abgang hatte, sagte ihre Mutter lediglich: »Das hast du jetzt davon. Weil du nie auf mich gehört hast. Jetzt sitzt du schön in der Patsche. Geschieht dir ganz recht.« Furchtbare Szenen aus einem untergegangenen Jahrtausend. Als Jahre später dann Marie auf die Welt kam, schien alles besser zu werden. Aber wie schnell ihre Eltern gestorben waren! So viel blieb ungesagt, unversöhnt.

Der Chor singt gerade die letzte Nummer, *Nothing Else Matters* von Metallica, da beginnt Helga zu weinen. Sie weiß gar nicht warum. Die Tränen fließen still und stetig aus ihren Augen. Helga kann nichts machen gegen dieses Strömen, diese ansteigende Flut. Sie wischt sich mit einem Taschentuch über die Wangen und Lippen. Reinhold merkt es, erschrickt über das verschmierte Make-up und reicht ihr sofort ein sauberes Taschentuch. Er nimmt sie in den Arm, um sie zu trösten. Sie weiß selbst nicht, was mit ihr los ist. Es ist ihr peinlich, aber irgendwie kann sie sich einfach nicht beruhigen. Reinhold nimmt Helga an der Hand, und sie gehen aus dem Saal ins Foyer, ohne dass es die Tochter auf der Bühne bemerkt. Der Chor singt gerade die Zugabe: *I'll Be Home For Christmas*. Marie hat ein Solo. Als sie fertig ist und ins Publikum strahlt, entdeckt sie die zwei leeren Stühle und blickt säuerlich zu Boden.

»Ist es wegen der Katze?«, will Reinhold wissen. Helga senkt den Kopf und weint und schluchzt. Ihre süße junge Katze ist tot. Gestern kam ein Anruf vom Ordnungsamt. Sie wurde überfahren. Am Straßenrand eingesammelt, vom Fleck weg entsorgt von der Stadtreinigung. Am Halsband fanden sie ihren Namen und ihre Nummer. »Glauben Sie mir, die wollen Sie garantiert nicht mehr sehen«, sagte der Sachbearbeiter am Telefon, »so was macht echt keinen Spaß.« Helga war so perplex, dass sie kein Wort mehr sagen konnte. Sie legte auf und saß weinend auf dem Sofa, bis es längst dunkel geworden war. Mit wundroten Augen schaute sie in die schlierige Nacht.

Reinhold hält Helga in seinem Arm und schaut betreten zur Seite. Er konnte nichts dafür, er hatte es gar nicht richtig mitbekommen in der Dämmerung. Ein Huschen im Zwielicht, ein dumpfer Schlag, und schon war's geschehen. Aber Reinhold bringt es einfach nicht übers Herz, Helga zu sagen, dass er es war, der ihre Katze überfahren hat. Was heißt überfahren – sie ist mir ja einfach so in den Wagen gelaufen, das dumme Vieh, denkt Reinhold. Wenn ich es Helga sage, mach ich alles bloß noch schlimmer. Davon wird die Katze auch nicht mehr lebendig. Helga kriegt sich dann ja gar nicht mehr ein. Reinhold muss an seinen Spruch denken, der ihm einfiel, als sie im Sommer an der Nordsee am Strand spazieren gingen, er Helga umarmte und sie einfach so, mir nichts, dir nichts, zu weinen begann: »Ach, Helga, Helgaland, so nah am Wasser ...« Damit neckte er sie dann, bis sie wieder lächelte und sich gefangen hatte. Helgas Haare, Lippen und Lider zitterten noch leise nach. »Helgaland – das klingt schön. Ist das von dir?«, fragte sie Reinhold. »Ja, klar. Von wem sonst? Fiel mir grad so ein. Ich schenk's dir.«

Drinnen im Saal brandet Applaus auf, dann strömen die Leute heraus. Die Erwachsenen eilen zu ihren Autos oder warten auf ihre zappeligen Kinder. Aufgedrehte Jugendliche sprudeln über vor Begeisterung oder stieren ungeduldig auf ihre Handys. Dann kommt Marie heraus, fröhlich, ausgelassen, mit glühenden Wangen und glänzenden, großen Ohrringen. Sie verabschiedet sich überschwänglich von einer Freundin. Als sie Reinhold sieht mit ihrer Mutter im Arm, erstarrt ihr Gesicht. Die Euphorie zerschellt am Boden. Reinhold macht eine hilflose Geste mit seinem Arm, aber Marie schaut schnell weg und verschwindet Richtung Ausgang. Lass mich gehn!, sagt ihr Rücken im feuerroten Kleid.

Günther Hießleitner
Schdall

Dief drinn
im Draam
griechi manchmool
nu an
furchdboorn Schregg
walli maan
iech hobb
di Viecher
zum Fiddern
vergessn

Immer nu
im Draam
sichi di Kieh
wies midd di Käpf
hie und her schaugln
wies midd ihre Zunga
schleggn
ieber die Noosenlächer
und brülln
nach anner Gabl
voll Hei

Dann wachi auf
und dengg
an unsern Schdall
dengg droo

wie i als Kind
affn Schemmerla
hogg
neber di Mielchkanna
walls warm woor
aa im grässdn Winder
wecher di Viecher

Hoggn sich ä mi
am Haalichen Oomd
und iech konns kaum
däwaddn
bis endli
gmolggn iss
dä Miesd draußn
alles gfidderd
und eigschdreid

Haamli iss
im Schdall
wo's vorn im Haus
doch a weng
unhaamli iss

Im Haus vorn
wo ess Christkindla
midd di Engerli
in Baam aufhängd
und wennsd neigiri
durch Schlisselloch
schbidzd

dir midd dä Noodl
di Augn
ausschdichd

Füül lieber
wori doo im Schdall
ghoggd
affn Schemmerla
neber di Mielchkanna

Im Schdall
homms gsachd
iss dä Jesus geborn

Besser häddäs
goor nedd
däwischn kenna

E.T.A. Hoffmann
Bescherung

Am vierundzwanzigsten Dezember durften die Kinder des Medizinalrats Stahlbaum den ganzen Tag über durchaus nicht in die Mittelstube hinein, viel weniger in das daranstoßende Prunkzimmer. In einem Winkel des Hinterstübchens zusammengekauert, saßen Fritz und Marie, die tiefe Abenddämmerung war eingebrochen, und es wurde ihnen recht schaurig zumute, als man, wie es gewöhnlich an dem Tage geschah, kein Licht hereinbrachte. Fritz entdeckte ganz insgeheim wispernd der jüngern Schwester (sie war eben erst sieben Jahre alt worden), wie er schon seit frühmorgens es habe in den verschlossenen Stuben rauschen und rasseln und leise pochen hören. Auch sei nicht längst ein kleiner, dunkler Mann mit einem großen Kasten unter dem Arm über den Flur geschlichen, er wisse aber wohl, dass es niemand anders gewesen als Pate Droßelmeier. Da schlug Marie die kleinen Händchen vor Freude zusammen und rief: »Ach, was wird nur Pate Droßelmeier für uns Schönes gemacht haben.« Der Obergerichtsrat Droßelmeier war gar kein hübscher Mann, nur klein und mager, hatte viele Runzeln im Gesicht, statt des rechten Auges ein großes, schwarzes Pflaster und auch gar keine Haare, weshalb er eine sehr schöne weiße Perücke trug, die war aber von Glas und ein künstliches Stück Arbeit. Überhaupt war der Pate selbst auch ein sehr künstlicher Mann, der sich sogar auf Uhren verstand und selbst welche machen konnte. Wenn daher eine von den schönen Uhren in Stahlbaums Hause krank war und nicht singen konnte, dann kam Pate Droßelmeier, nahm die Glasperücke ab, zog sein gelbes Röckchen aus, band eine blaue Schürze um und stach mit spitzigen Instrumenten in die Uhr hinein, sodass es der kleinen Marie ordentlich wehe tat, aber es verursachte der Uhr gar keinen Schaden, sondern sie wurde vielmehr wieder lebendig und fing gleich an, recht lustig zu schnurren, zu schlagen und zu singen, worüber denn alles große Freude hatte. Immer trug er, wenn er kam, was Hübsches für die Kinder in der Tasche, bald ein Männlein, das die Augen verdrehte und Komplimente machte, welches komisch anzusehen war, bald eine Dose, aus der ein Vögelchen heraushüpfte, bald was anderes. Aber zu Weihnachten, da hatte er immer ein schönes künstliches Werk verfertigt, das ihm viel Mühe gekostet, weshalb es auch, nachdem es einbeschert worden, sehr sorglich von den Eltern aufbewahrt wurde. – »Ach, was wird nur Pate Droßelmeier für uns Schönes gemacht haben«, rief nun Marie; Fritz meinte aber, es könne wohl diesmal nichts anders sein, als eine Festung, in der allerlei sehr hübsche Soldaten auf und ab marschierten und exerzierten, und dann mussten andere Soldaten kommen, die in die Festung hineinwollten, aber nun schössen die Soldaten von innen tapfer heraus mit Kanonen, dass es tüchtig brauste und knallte. »Nein, nein«, unterbrach Marie den Fritz, »Pate Droßelmeier hat mir von einem schönen Garten erzählt, darin ist ein großer See, auf dem schwimmen sehr herrliche Schwäne mit goldnen Halsbändern herum und singen die hübschesten Lieder. Dann kommt ein kleines Mädchen aus dem Garten an den See und lockt die Schwäne heran und füttert sie mit süßem Marzipan.« »Schwäne fressen keinen Marzipan«, fiel Fritz etwas rauh ein, »und einen ganzen Garten kann Pate Droßelmeier auch nicht machen. Eigentlich haben wir wenig von seinen Spielsachen; es wird uns ja alles gleich wieder weggenommen, da ist mir denn doch das viel lieber, was uns Papa und Mama einbescheren, wir behalten es fein und können damit machen, was wir wollen.« Nun rieten die Kinder hin und her, was es wohl diesmal wieder geben könne. Marie meinte, dass Mamsell Truteben (ihre große Puppe) sich sehr verändere, denn ungeschickter als jemals, fiele sie jeden Augenblick auf den Fußboden, welches ohne garstige Zeichen im Gesicht nicht abginge, und dann sei an Reinlichkeit in der Kleidung gar nicht mehr zu denken. Alles tüchtige Ausschelten helfe nichts. Auch habe Mama gelächelt, als sie sich über Gretchens kleinen Sonnenschirm so gefreut. Fritz versicherte dagegen, ein tüchtiger Fuchs fehle seinem Marstall durchaus, so wie seinen Truppen gänzlich an Kavallerie, das sei dem Papa recht gut bekannt. – So wussten die Kinder wohl, dass die Eltern ihnen allerlei schöne Gaben eingekauft hatten, die sie nun aufstellten, es war ihnen aber auch gewiss, dass dabei der liebe Heilige Christ mit gar freundlichen frommen Kindesaugen hineinleuchte, und dass, wie von segensreicher Hand berührt, jede Weihnachtsgabe herrliche Lust bereite wie keine andere. Daran erinnerte die Kinder, die immerfort von den zu erwartenden Geschenken wisperten, ihre ältere Schwester Luise, hinzufügend, dass es nun aber auch der Heilige Christ sei, der durch die Hand der lieben Eltern den Kindern immer das beschere, was ihnen wahre Freude und Lust bereiten könne, das wisse er viel besser als die Kinder selbst, die müssten daher nicht allerlei wünschen und hoffen, sondern still und fromm erwarten, was ihnen beschert worden. Die kleine Marie wurde ganz nachdenklich, aber Fritz murmelte vor sich hin: »Einen Fuchs und Husaren hätt' ich nun einmal gern.« Es war ganz finster geworden. Fritz und Marie, fest aneinandergerückt, wagten kein Wort mehr zu reden, es war ihnen, als rausche es mit linden Flügeln um sie her und als ließe sich eine ganz ferne, aber sehr herrliche Musik vernehmen. Ein heller Schein streifte an der Wand hin, da wussten die Kinder, dass nun das Christkind auf glänzenden Wolken fortgeflogen zu andern glücklichen Kindern. In dem Augenblick ging es mit silberhellem Ton: Klingling, klingling, die Türen sprangen auf, und solch ein Glanz strahlte aus dem großen Zimmer hinein, dass die Kinder mit lautem Ausruf: »Ach! Ach!« wie erstarrt auf der Schwelle stehen blieben. Aber Papa und Mama traten in die Türe, fassten die Kinder bei der Hand und sprachen: »Kommt doch nur, kommt doch nur, ihr lieben Kinder, und seht, was euch der Heilige Christ beschert hat.«

DIE GABEN

Ich wende mich an dich selbst, sehr geneigter Leser oder Zuhörer Fritz – Theodor – Ernst – oder wie du sonst heißen magst, und bitte dich, dass du dir deinen letzten, mit schönen bunten Gaben reich geschmückten Weihnachtstisch recht lebhaft vor Augen bringen mögest, dann wirst du es dir wohl auch denken können, wie die Kinder mit glänzenden Augen ganz verstummt stehen blieben, wie erst nach einer Weile Marie mit einem tiefen Seufzer rief: »Ach, wie schön – ach, wie schön«, und Fritz einige Luftsprünge versuchte, die ihm überaus wohl gerieten. Aber die Kinder mussten auch das ganze Jahr über besonders artig und fromm gewesen sein, denn nie war ihnen so viel Schönes, Herrliches einbeschert worden, als dieses Mal. Der große Tannenbaum in der Mitte trug viele goldne und silberne Äpfel, und wie Knospen und Blüten keimten Zuckermandeln und bunte Bonbons und was es sonst noch für schönes Naschwerk gibt, aus allen Ästen. Als das Schönste an dem Wunderbaum musste aber wohl gerühmt werden, dass in seinen dunklen Zweigen hundert kleine Lichter wie Sternlein funkelten und er selbst, in sich hinein- und herausleuchtend, die Kinder freundlich einlud, seine Blüten und Früchte zu pflücken. Um den Baum umher glänzte alles sehr bunt und herrlich – was es da alles für schöne Sachen gab – ja, wer das zu beschreiben vermöchte! Marie erblickte die zierlichsten Puppen, allerlei saubere kleine Gerätschaften, und was vor allem schön anzusehen war, ein seidenes Kleidchen, mit bunten Bändern zierlich geschmückt, hing an einem Gestell so der kleinen Marie vor Augen, dass sie es von allen Seiten betrachten konnte, und das tat sie denn auch, indem sie ein Mal über das andere ausrief: »Ach, das schöne, ach, das liebe – liebe Kleidchen; und das werde ich – ganz gewiss – das werde ich wirklich anziehen dürfen!« – Fritz hatte indessen schon, drei- oder viermal um den Tisch herumgaloppierend und -trabend, den neuen Fuchs versucht, den er in der Tat am Tische angezäumt gefunden. Wieder absteigend, meinte er, es sei eine wilde Bestie, das täte aber nichts, er wolle ihn schon kriegen, und musterte die neue Schwadron Husaren, die sehr prächtig in Rot und Gold gekleidet waren, lauter silberne Waffen trugen und auf solchen weißglänzenden Pferden ritten, dass man beinahe hätte glauben sollen, auch diese seien von purem Silber. Eben wollten

die Kinder, etwas ruhiger geworden, über die Bilderbü-
cher her, die aufgeschlagen waren, dass man allerlei sehr
schöne Blumen und bunte Menschen, ja auch allerliebste spielende Kinder, so natürlich gemalt, als lebten und
sprächen sie wirklich, gleich anschauen konnte. – Ja!,
eben wollten die Kinder über diese wunderbaren Bücher
her, als nochmals geklingelt wurde. Sie wussten, dass
nun der Pate Droßelmeier einbescheren würde, und
liefen nach dem an der Wand stehenden Tisch. Schnell
wurde der Schirm, hinter dem er so lange versteckt gewesen, weggenommen. Was erblickten da die Kinder! –
Auf einem grünen, mit bunten Blumen geschmückten
Rasenplatz stand ein sehr herrliches Schloss mit vielen
Spiegelfenstern und goldnen Türmen. Ein Glockenspiel
ließ sich hören, Türen und Fenster gingen auf, und man
sah, wie sehr kleine, aber zierliche Herrn und Damen
mit Federhüten und langen Schleppkleidern in den Sälen
herumspazierten. In dem Mittelsaal, der ganz in Feuer
zu stehen schien – so viel Lichterchen brannten an silbernen Kronleuchtern – tanzten Kinder in kurzen Wäm-
schen und Röckchen nach dem Glockenspiel. – Ein Herr
in einem smaragdenen Mantel sah oft durch ein Fenster, winkte heraus und verschwand wieder sowie auch
Pate Droßelmeier selbst, aber kaum viel höher als Papas
Daumen, zuweilen unten an der Tür des Schlosses stand
und wieder hineinging. Fritz hatte mit auf den Tisch ge-
stemmten Armen das schöne Schloss und die tanzenden
und spazierenden Figürchen angesehen, dann sprach er:
»Pate Droßelmeier! Lass mich mal hineingehen in dein
Schloss!« – Der Obergerichtsrat bedeutete ihn, dass das
nun ganz und gar nicht anginge. Er hatte auch recht,
denn es war töricht von Fritzen, dass er in ein Schloss

gehen wollte, welches überhaupt mitsamt seinen goldnen Türmen nicht so hoch war als er selbst. Fritz sah das auch ein. Nach einer Weile, als immerfort auf dieselbe Weise die Herrn und Damen hin und her spazierten, die Kinder tanzten, der smaragdne Mann zu demselben Fenster heraussah, Pate Droßelmeier vor die Türe trat, da rief Fritz ungeduldig: »Pate Droßelmeier, nun komm mal zu der andern Tür da drüben heraus.« »Das geht nicht, liebes Fritzchen«, erwiderte der Obergerichtsrat. »Nun so lass mal«, sprach Fritz weiter, »lass mal den grünen Mann, der so oft herausguckt, mit den andern herumspazieren.« »Das geht auch nicht«, erwiderte der Obergerichtsrat aufs Neue. »So sollen die Kinder herunterkommen«, rief Fritz, »ich will sie näher besehen.« »Ei, das geht alles nicht«, sprach der Obergerichtsrat verdrießlich, »wie die Mechanik nun einmal gemacht ist, muss sie bleiben.« »So-o?«, fragte Fritz mit gedehntem Ton, »das geht alles nicht? Hör' mal, Pate Droßelmeier, wenn deine kleinen Dinger in dem Schlosse nichts mehr können als immer dasselbe, da taugen sie nicht viel, und ich frage nicht sonderlich nach ihnen. – Nein, da lob' ich mir meine Husaren, die müssen manövrieren vorwärts, rückwärts, wie ich's haben will, und sind in kein Haus gesperrt.« Und damit sprang er fort an den Weihnachtstisch und ließ seine Eskadron auf den silbernen Pferden hin und her trottieren und schwenken und einhauen und feuern nach Herzenslust. Auch Marie hatte sich sachte fortgeschlichen, denn auch sie wurde des Herumgehens und Tanzens der Püppchen im Schloss bald überdrüssig und mochte es, da sie sehr artig und gut war, nur nicht so merken lassen, wie Bruder Fritz. Der Obergerichtsrat Droßelmeier sprach ziemlich verdrießlich zu den Eltern: »Für unverständige Kinder ist solch künstliches Werk nicht, ich will nur mein Schloss wieder einpacken«; doch die Mutter trat hinzu und ließ sich den innern Bau und das wunderbare, sehr künstliche Räderwerk zeigen, wodurch die kleinen Püppchen in Bewegung gesetzt wurden. Der Rat nahm alles auseinander und setzte es wieder zusammen. Dabei war er wieder ganz heiter geworden und schenkte den Kindern noch einige schöne braune Männer und Frauen mit goldnen Gesichtern, Händen und Beinen. Sie waren sämtlich aus Thorn und rochen so süß und angenehm wie Pfefferkuchen, worüber Fritz und Marie sich sehr erfreuten. Schwester Luise hatte, wie es die Mutter gewollt, das schöne Kleid angezogen, welches ihr einbeschert worden, und sah wunderhübsch aus, aber Marie meinte, als sie auch ihr Kleid anziehen sollte, sie möchte es lieber noch ein bisschen so ansehen. Man erlaubte ihr das gern.

Der Schützling

Eigentlich mochte Marie sich deshalb gar nicht von dem Weihnachtstisch trennen, weil sie eben etwas noch nicht Bemerktes entdeckt hatte. Durch das Ausrücken von Fritzens Husaren, die dicht an dem Baum in Parade gehalten, war nämlich ein sehr vortrefflicher kleiner Mann sichtbar geworden, der still und bescheiden dastand, als erwarte er ruhig, wenn die Reihe an ihn kommen werde. Gegen seinen Wuchs wäre freilich vieles einzuwenden gewesen, denn abgesehen davon, dass der etwas lange, starke Oberleib nicht recht zu den kleinen dünnen Beinchen passen wollte, so schien auch der Kopf bei Weitem zu groß. Vieles machte die propre Kleidung gut, welche auf einen Mann von Geschmack und Bildung schließen ließ. Er trug nämlich ein sehr schönes violettglänzendes Husarenjäckchen mit vielen weißen Schnüren und Knöpfchen, ebensolche Beinkleider und die schönsten Stiefelchen, die jemals an die Füße eines Studenten, ja wohl gar eines Offiziers gekommen sind. Sie saßen an den zierlichen Beinchen so knapp angegossen, als wären sie darauf gemalt. Komisch war es zwar, dass er zu dieser Kleidung sich hinten einen schmalen, unbeholfenen Mantel, der recht aussah wie von Holz, angehängt und ein Bergmannsmützchen aufgesetzt hatte, indessen dachte Marie daran, dass Pate Droßelmeier ja auch einen sehr schlechten Matin umhänge und eine fatale Mütze aufsetze, dabei aber doch ein gar lieber Pate sei. Auch stellte Marie die Betrachtung an, dass Pate Droßelmeier, trüge er sich auch übrigens so zierlich wie der Kleine, doch nicht einmal so hübsch als er aussehen werde. Indem Marie den netten Mann, den sie auf den ersten Blick liebgewonnen, immer mehr und mehr ansah, da wurde sie erst recht inne, welche Gutmütigkeit auf seinem Gesichte lag. Aus den hellgrünen, etwas zu großen hervorstehenden Augen sprach nichts als Freundschaft und Wohlwollen. Es stand dem Manne gut, dass sich um sein Kinn ein wohlfrisierter Bart von weißer Baumwolle legte, denn um so mehr konnte man das süße Lächeln des hochroten Mundes bemerken. »Ach!«, rief Marie endlich aus, nach, »Lieber Vater, wem gehört denn der allerliebste kleine Mann dort am Baum?« »Der«, antwortete der Vater, »der, liebes Kind, soll für euch alle tüchtig arbeiten, er soll euch fein die Nüsse aufbeißen, und er gehört Luisen ebensogut, als dir und dem Fritz.« Damit nahm ihn der Vater behutsam vom Tische, und indem er den hölzernen Mantel in die Höhe hob, sperrte das Männlein den Mund weit, weit auf und zeigte zwei Reihen sehr weißer spitzer Zähnchen. Marie schob auf des Vaters Geheiß eine Nuss hinein, und – knack – hatte sie der Mann zerbissen, dass die Schalen abfielen und Marie den süßen Kern in die Hand bekam. Nun musste wohl jeder und auch Marie wissen, dass der zierliche kleine Mann aus dem Geschlecht der Nussknacker abstammte und die Profession seiner Vorfahren trieb. Sie jauchzte auf vor Freude, da sprach der Vater: »Da dir, liebe Marie, Freund Nussknacker so sehr gefällt, so sollst du ihn auch besonders hüten und schützen, unerachtet, wie ich gesagt, Luise und Fritz ihn mit ebenso vielem Recht brauchen können als du!« – Marie nahm ihn sogleich in den Arm und ließ ihn Nüsse aufknacken, doch suchte sie die kleinsten aus, damit das Männlein nicht so weit den Mund aufsperren durfte, welches ihm doch im Grunde nicht gut stand. Luise gesellte sich zu ihr, und auch für sie musste Freund Nussknacker seine Dienste verrichten, welches er gern zu tun schien, da er immerfort sehr freundlich lächelte. Fritz war unterdessen vom vielen Exerzieren und Reiten müde geworden, und da er so lustig Nüsse knacken hörte, sprang er hin zu den Schwestern und lachte recht von Herzen über den kleinen drolligen Mann, der nun, da Fritz auch Nüsse essen wollte, von Hand zu Hand ging und gar nicht aufhören konnte mit Auf- und Zuschnappen. Fritz schob immer die größten und härtesten Nüsse hinein, aber mit einem Male ging es – krack – krack – und drei Zähnchen fielen aus des Nussknackers Munde, und sein ganzes Unterkinn war lose und wacklig. – »Ach, mein armer lieber Nussknacker!«, schrie Marie laut und nahm ihn dem Fritz aus den Händen. »Das ist ein einfaltiger dummer Bursche«, sprach Fritz. »Will Nussknacker sein und hat kein ordentliches Gebiss – mag wohl auch sein Handwerk gar nicht verstehn. – Gib ihn nur her, Marie! Er soll mir Nüsse zerbeißen, verliert er auch noch die übrigen Zähne, ja das ganze Kinn obendrein, was ist an dem Taugenichts gelegen.« »Nein, nein«, rief Marie weinend, »du bekommst ihn nicht, meinen lieben Nussknacker, sieh nur her, wie er mich so wehmütig anschaut und mir sein wundes Mündchen zeigt! – Aber du bist ein hartherziger Mensch – du schlägst deine Pferde und lässt wohl gar einen Soldaten totschießen.« – »Das muss so sein, das verstehst du nicht«, rief Fritz; »aber der Nussknacker gehört ebenso gut mir als dir, gib ihn nur her.« – Marie fing an heftig zu weinen und wickelte den kranken Nussknacker schnell in ihr kleines Taschentuch ein. Die Eltern kamen mit dem Paten Droßelmeier herbei. Dieser nahm zu Mariens Leidwesen Fritzens Partie. Der Vater sagte aber: »Ich habe den Nussknacker ausdrücklich unter Mariens Schutz gestellt, und da, wie ich sehe, er dessen eben jetzt bedarf, so hat sie volle Macht über ihn, ohne dass jemand dreinzureden hat. Übrigens wundert es mich sehr von Fritzen, dass er von einem im Dienst Erkrankten noch fernere Dienste verlangt. Als guter Militär sollte er doch wohl wissen, dass man Verwundete niemals in Reihe und Glied stellt?« – Fritz war sehr beschämt und schlich, ohne sich weiter um Nüsse und Nussknacker zu bekümmern, fort an die andere Seite des Tisches, wo seine Husaren, nachdem sie gehörige Vorposten ausgestellt hatten, ins Nachtquartier gezogen waren. Marie suchte Nussknackers verlorne Zähnchen zusammen, um das kranke Kinn hatte sie ein hübsches weißes Band, das sie von ihrem Kleidchen abgelöst, gebunden und dann den armen Kleinen, der sehr blass und erschrocken aussah, noch sorgfältiger als vorher in ihr Tuch eingewickelt. So hielt sie ihn wie ein kleines Kind wiegend in den Armen und besah die schönen Bilder des neuen Bilderbuchs, das heute unter den andern vielen Gaben lag. Sie wurde, wie es sonst gar nicht ihre Art war, recht böse, als Pate Droßelmeier so sehr lachte und immerfort fragte, wie sie denn mit solch einem grundhäßlichen kleinen Kerl so schön tun könne. – Jener sonderbare Vergleich mit Droßelmeier, den sie anstellte, als der Kleine ihr zuerst in die Augen fiel, kam ihr wieder in den Sinn, und sie sprach sehr ernst: »Wer weiß, lieber Pate, ob du denn, putztest du dich auch so heraus wie mein lieber Nussknacker, und hättest du auch solche schöne blanke Stiefelchen an, wer weiß, ob du denn doch so hübsch aussehen würdest als er!« – Marie wusste gar nicht, warum denn die Eltern so laut auflachten und warum der Obergerichtsrat solch eine rote Nase bekam und gar nicht so hell mitlachte wie zuvor. Es mochte wohl seine besondere Ursache haben.

Tessa Korber
An der Fuchsenkrippe

»Ich will, dass es genau wird, wie in meiner Kindheit«, sagte er.

Sie betrachtete ihren Mann, der über sein Essen gebeugt ihr gegenüber saß, und wusste, es wäre vergeblich, ihm zu erklären, dass das nicht möglich war. Nichts wurde je wieder wie früher, aus verschiedenen physikalischen, biologischen, gesellschaftlichen und anderen Gründen. Auch die Achtzigerjahre machten da keine Ausnahmen. Aber Logik spielte für ihren Mann erfahrungsgemäß keine Rolle. Es ging um Sehnsucht. Und die war stärker als jede Logik. Sie versuchte es anders.

»Erinnerst du dich an das letzte Mal, als wir es versucht haben? Rolf hatte zu viel getrunken und fiel in der Küche um, als er darauf bestand, die Enten zu zerteilen.«

»Dein Schwager ist Alkoholiker«, teilte er ihr mit, als wäre das nichts, was sie nur zu gut wüsste.

»Ebendrum.«

»Aber deine Schwester hat sich von ihm getrennt, er wird also nicht mehr dabei sein.« Zufrieden mit dieser Argumentation lehnte er sich auf seinem Stuhl zurück. Es war der Stuhl, der schon in der Küche seiner Kindheit gestanden hatte, hier, im Haus seiner Kindheit, das sie vor fünf Jahren zurückgekauft hatten, einem zugegebenermaßen schönen Fachwerkhaus im Umland von Forchheim. Sie war klargekommen mit dem Umzug von Nürnberg aufs Land. Und ihre Tochter hatte den öffentlichen Nahverkehr für sich entdeckt, bis sie für das Studium zurück in die Stadt zog.

»Und was war, als dein Vater nicht zugeben wollte, dass er inkontinent war?« Ihr Blick wanderte durch die Küchentür in das mit Erbstücken möblierte Wohnzimmer, in dem ein Biedermeiersofa stand. »Wir mussten den Bezug erneuern.«

»Willst du die Schuld meinem toten Vater geben?«, brauste ihr Mann auf.

Die Schuld woran, dachte sie. Daran, dass Weihnachten ein schwieriges Kapitel im Leben von Erwachsenen war und ein ganz besonders schwieriges in ihrem eigenen? Sie dachte an ihr erstes Christfest ohne Lukas. Es war die Hölle gewesen. »Und als meine Mutter sich im Bad den Oberschenkelhalsbruch zuzog? Und die Sanitäter sie nicht mit der Trage aus dem ersten Stock bekamen, weil die Holztreppe zu eng war?«

»Diesmal benutzt sie das Gästebad«, stellte ihr Mann klar und griff zur Serviette. »Mit dem Rollstuhl ist sie eh auf das Erdgeschoss beschränkt.« Er hob den Kopf. »Schau«, sagte er. »Das wird wunderschön werden. Wir stellen einen Baum auf, eine Edeltanne, direkt neben dem Kachelofen. Du schmückst alles, die Krippe, die wir geerbt haben, kommt in den Flur. Und deine Schwester spielt uns Weihnachtslieder auf dem Klavier vor.«

»Das ist verstimmt.«

»Wir lassen einen Klavierstimmer kommen.« Wenn er in Stimmung war, gab es keine Hindernisse. »Zur Mitternachtsmette gehen wir in die Martinskirche. Es gibt Pfannkuchensuppe, Ente und Eis mit heißen Himbeeren. Und wir packen Geschenke aus, alle. Schluss mit diesem Unfug, dass man sich als Erwachsener nichts mehr schenkt, hm?« Er langte über den Tisch und griff nach ihrer Hand. »Als ich ein Kind war, wurden die Geschenke stets auf der kleinen Holztreppe ausgelegt, die in den Anbau führt. Ich lief immer hin und her, holte ein Päckchen von der Treppe und brachte es dem, dessen Name auf dem Anhänger stand. Genauso mache ich es wieder.«

Sie schaute ihn an. Seine Augen leuchteten. Sie brachte es nicht fertig zu erwähnen, dass bei einem jener glorreichen Versuche, Weihnachten als Familienfest zu feiern, ihre Tochter Sophie aus Protest ihre Blockflöte zerbrochen hatte. Wie lange war das jetzt her? Sie unterließ es auch, darauf hinzuweisen, dass es mittlerweile eigentlich Sophies Rolle wäre, die Pakete von der Treppe zu holen. Ihre zwanzigjährige Tochter würde den Teufel tun.

Jetzt war es an ihm, ihr in die Augen zu sehen. Sie kannte diesen Blick, dackelgleich. Nicht, dass er noch wirkte. Viel zu offensichtlich wollte dieser Blick etwas. Es war die Offensichtlichkeit, die sie rührte, dieser ungebrochen kindliche Glaube, bekommen zu können, was man sich wünschte. Sie seufzte.

Er drückte ihre Hand in dem sicheren Wissen, dass er gewonnen hatte. »Schau«, sagte er, sanfter. »Als Weihnachtsflüchter sind wir doch auch gescheitert. Weißt du noch in Antalya? Zwischen all den betrunkenen Rentnern?«

Sie schüttelte sich bei der Erinnerung daran. Es war schwierig, Weihnachten zu entkommen. Ignorieren half nicht – nicht, wenn man floh, aber auch nicht, wenn man im Lande blieb. Einmal auf einer erklärten Anti-Christkind-Fete im Erlanger *E-Werk*, einmal unter der Bettdecke. Einmal war sie krank geworden und dankbar dafür. Aber selbst der Blick aus dem Fenster des alten

Klinikums, auf das verschneite Dach eines Altstadthauses mit Kornspeicher, hatte sie an Weihnachten erinnert. Also nickte sie. »Antalya war furchtbar, das gebe ich zu. Einer hat die halbe Nacht gerufen ›Weihnachten in Asien! Weihnachten in Asien!‹ Ich hätte ihn umbringen können.«

»Siehst du. Deshalb machen wir es anders. Wir machen es richtig. Gleich morgen fangen wir an.«

»Mit dem Klavierstimmer?«, fragte sie, innerlich noch ein wenig widerborstig.

Der Dackelblick kehrte zurück. »Wenn du das erledigen könntest?«

»Das gehört also zu Weihnachten«, stellte sie am anderen Tag fest, als sie in Nürnberg im Stau vor dem Parkhaus standen.

»Der Christkindlesmarkt? Aber hallo«, erwiderte ihr Mann. Seine Finger tapperten nervös auf dem Lenkrad herum. Doch er gab sich gut gelaunt. »Du wirst sehen, es wird dir gefallen. Die Buden, der Duft. Wir haben hier früher jedes Jahr eine Kleinigkeit für den Weihnachtsbaum gekauft: eine kleine Holzfigur meistens, oder ein Modell aus Wachs oder diesem Teig.«

»Du weißt nicht mal, wie das richtig heißt«, stellte sie fest. Es ging einen halben Meter weiter. Um sie herum floss der Strom der Fußgänger. Viel Polizei war zu sehen und erinnerte sie daran, dass sie in den Zeiten von IS und Terrorangst lebten.

»Ich war ein Kind. Als Kind muss man so etwas nicht wissen. Komm, ich kauf dir auch ein Zwetschgenmännchen.« Eine halbe Stunde später war er ebenfalls mit den Nerven am Ende. Umdrehen war allerdings unmöglich. Sie mussten ausharren. Es fielen Worte; sie wurden laut.

Als sie endlich aus dem klaustrophobischen Parkhaus heraus waren, zog es sie auseinander. Getrennt gingen sie ihrer Wege. Sie blieb lange vor einem Stand mit hölzernem Christbaumschmuck stehen, wie ihre Eltern ihn schon besaßen. Die kleine Sammlung hatte sie geerbt. Aber sie war verloren gegangen. Zusammen mit den Wachsmodeln und den Nüssen, die sie als Kind golden angemalt hatte. Wann und wie eigentlich? Sie erinnerte sich nicht. Langsam legte sie den kleinen Holzjungen auf dem Schaukelpferd, den sie in den Händen gehalten hatte, zurück in seine Schale.

Als sie ihren Mann am Auto wieder traf, war er aufgeräumt, roch nach Bratwurst und Glühwein und hatte einen Satz kleiner Holzengel dabei, die man in den Baum hängen konnte. Jeder hielt ein anderes Musikinstrument. »Und morgen«, sagte ihr Mann, »fahren wir in die Fränkische Schweiz.«

»Morgen kommt Sophie«, wandte sie ein.

»Genau deshalb. Sie soll auch mal wieder in den Genuss von Schnee kommen. Als ich ein Kind war ...« Der Satz löste eine gewisse Müdigkeit in ihr aus, und sie ließ sich in den Beifahrersitz sinken.

»Als ich ein Kind war, unternahmen wir jeden Advent eine Schneewanderung in der Fränkischen Schweiz. Ich weiß noch, wie hoch der Schnee lag. Ich versank manchmal bis zu den Knien darin. Und die Oberfläche war verharscht und glitzerte in der Sonne.«

»Das ist schön«, sagte sie matt.

»Wo es weichen Pulverschnee gab, ließen wir uns fallen und machten Engel, indem wir mit ausgebreiteten Armen und Beinen den Schnee wegdrückten, so.« Er versuchte, es während des Fahrens vorzumachen.

»Mann, ich erinnere mich an rote Hagebutten unter dem Schnee. Und an Tannen, die so tief verschneit waren, dass man nichts Grünes mehr sah. Der ganze Wald war verzaubert, silberweiß! Die Äste bogen sich unter der Schneelast.« Er seufzte. »So etwas habe ich seit Jahren nicht mehr gesehen. Mama und ich, wir schüttelten manchmal die Äste, die am weitesten durchgedrückt waren, damit sie nicht brachen. Sie erzählte mir Geschichten von Bescherungen im Wald bei den Hasen und Rehen. Überall seien die Englein unterwegs. Wenn wir eine Spur sahen, dann konnte die gut und gern von einem Engel stammen, verstehst du?«

Ungewollt, doch von seiner Erzählung gerührt, legte sie ihm eine Hand auf den Arm.

»Und meine Eltern, also ich weiß nicht, wie sie es machten, aber manchmal hing da mitten im menschenleeren Wald etwas am Baum: eine Süßigkeit, ein Stanniolstern. Meist etwas aus Schokolade. Es war wie ein Wunder. Kannst du dir das vorstellen: dieser unendliche Wald, die mächtigen Bäume im Schnee und das glitzernde kleine Schokoding?« Er fuchtelte mit den Händen. »Das hatte dann das Christkind oder einer der Engel auf seinem Weg aus seinem Sack verloren, sagten sie. Und ich glaubte es. Ich glaubte es jedes Mal. Ich hatte keine andere Erklärung dafür.«

»Da vorne links«, sagte sie, überflüssigerweise.

Es begann zu regnen, er stellte die Scheibenwischer an. Und sie fragte sich, wo sie bei diesem Wetter Schnee finden wollten.

»Das ist der Klimawandel«, meinte Sophie von ihrem Rücksitz aus am nächsten Tag.

Er wollte es nicht glauben und stieg aus. Aber Matsch war Matsch, und nicht mal der schien liegen zu bleiben. Eine Weile stapfte er herum, bis er aufgab. »Und ich hätte wetten können, es war bei Tiefenstürmig«, sagte er. »So hatte ich es in Erinnerung.«

»Vielleicht müssen wir höher«, schlug sie vorsichtig vor, eine Karte der Fränkischen Schweiz auf den Knien ausgebreitet.

»Und würdet ihr bitte vorsichtiger fahren, mir ist jetzt schon schlecht.« Das war Sophie. Ihr wurde es beim Autofahren leicht übel. Schon als Kind hatte sie sich bei jedem Sommerurlaub quer durch die Toskana gekotzt. Manche Dinge änderten sich nicht.

Eine Stunde später hatten sie immerhin ein wenig Schnee gefunden, weißer Puder, der die braunen Blätter bedeckte. »Unglaublich«, sagte er. »Genau hier hatten wir mal eine Panne, wir rutschten von der Straße in den Schnee. Der war so tief, dass ich über die Hüfte einsank, und so hart, dass ich mich an den Rand eines Schneeloches setzen konnte, ohne einzusinken. Ich fand es toll, bis ich nach einer Weile bemerkte, dass es mehrere Löcher gab, die schienen so etwas wie eine Spur zu bilden. Sie waren annähernd fußförmig, aber groß, wie die Fußspur eines Riesen, der hier vorbei- und in den Wald gegangen war. Als ich den Gedanken einmal gefasst hatte, wurde mir unheimlich, und ich rannte zum Auto zurück.«

»Was mich angeht«, sagte Sophie, »ich steige gerne wieder ein.«

Sie ignorierte das Verhalten ihrer Tochter und hatte während seiner Ansprache einen Schokoladenstern an eine Tanne gehängt, einen kleinen, runden Stern in

Stanniolpapier mit zitternden Strahlen aus Goldfolie. »Schau«, sagte sie.

Ihr Mann stand lange davor. »Es ist nicht dasselbe«, stellte er endlich fest. Sie ließen den Stern, wo er war. Vielleicht für die Rehe.

Am nächsten Tag waren die Plätzchen dran. Sie wusste Bescheid: Florentiner, Nusshörnchen, Kokosmakronen, Spritzgebäck und Spitzbuben. Wie bei seiner Mutter. Sie fügte im Geiste noch Butterplätzchen hinzu, die hatte es bei ihr zu Hause immer gegeben. Manche Gewohnheiten waren nicht totzukriegen. Sophie schaute ihr beim Backen zu. »Geht ihr gar nicht mehr auf den Friedhof?«, fragte sie.

Sie schüttelte den Kopf, ohne sich umzuwenden. Es war fünf Jahre her. Sie konnte das Grab auf dem Nürnberger Westfriedhof in jeder Einzelheit vor sich sehen: Lukas, 21.12.–22.12. Viel Stein für sieben Stunden Leben. »Gibst du mir mal das Nudelholz?«, bat sie. »Unterste Schublade.« Sie hörte Sophie seufzen, dann fühlte sie das glatte Holz in ihrer ausgestreckten Hand. Dann noch eine kurze Berührung, ohne Worte. Wenig später war sie allein. Sie streute Mehl auf die Arbeitsplatte. Ein wenig sah es aus wie Schnee.

Am Abend stand der Besuch in der Fuchsenkrippe auf dem Programm. Sophie hatte sich abgemeldet, sie wollte alte Freundinnen in Nürnberg besuchen. Die meisten waren wie sie in die Welt gezogen, kehrten aber an Weihnachten in den Schoß der Familie zurück, freudig oder pflichtbewusst, jedenfalls begierig, ihn stundenweise für einen Ausflug ins eigene Leben wieder zu verlassen. Ihre Mutter verstand das. Nur konnte sie selbst keinen Ausflug machen; das hier war ihr Leben. Ihr Mann weigerte sich, andere Attraktionen des Forchheimer Weihnachtsmarktes zur Kenntnis zu nehmen. Ihn interessierte nicht, dass das gesamte alte Rathaus in einen Adventskalender umgewandelt worden war, bis vor wenigen Jahren immerhin der größte der Welt. Jeden Tag wurde eines der nummerierten Fenster geöffnet. »In meiner Jugend gab es das nicht.« Damit war alles gesagt. Sie zwang ihn dennoch zu einem Gang über den Handwerkermarkt in der Rathaushalle, erstand auch einen handgeflochtenen Korb. Dann war es so weit. Die Fuchsenkrippe war in einem Haus der Gasse aufgebaut, die vom Eingang der Martinskirche zur Kaiserpfalz führte. Alles hier war alt, vom Kopfsteinpflaster über die Sandstein- und Fachwerkfassaden bis zu den krummen Dächern. Alles drängte sich aneinander, die Kirche strebte behütend auf. Es roch sogar nach vergangenen Jahrhunderten, wenn man den engen, dunklen Flur betrat.

Die Krippe war groß, nicht so groß, wie man sie aus Kindheitstagen in Erinnerung haben mochte, doch sie füllte die Hälfte des Raumes: eine Landschaft, die stark an die Fränkische Schweiz erinnerte, mit Bergen, Bächen, einem Teich, Fachwerkhäusern, Bauern und viel Grün, in dem sich allerlei Vieh tummelte. Die eigentliche Attraktion war die Mechanik, die vieles davon in Bewegung setzte. Durch Einwurf einer Münze – »Früher war es ein Zehnerl«, brummte ihr Mann – brachte man die Handwerker dazu, zu sägen und zu hämmern, Frauen spannen und butterten, das Bächlein rann und trieb ein Wasserrad an, die Gänse pickten und der Einsiedler auf dem Berg begann, seine Glocke zu läuten.

»Der wollte ich sein«, flüsterte sie und zeigte auf die kleine Figur. »So schön abgeschieden.«

»Als Kind habe ich mir immer vorgestellt, hier drinnen zu wohnen«, flüsterte ihr Mann zurück. »Aber ich konnte mich nie entscheiden, wo genau: am Wasser, oder doch lieber in einem der Häuser. Ich war so klein, ich war noch kleiner als diese Welt und wohnte als ein Zwerg in ihr.«

Sie nahm seine Hand und drückte sie. »Schau, die Gänse«, sagte sie. »Wie im Märchen.«

»Der sich das ausgedacht und gebaut hat, war ein Vergoldermeister. Allein das klingt schon wie ein kleines, leuchtendes Wunder.«

Sie nickte. Er hatte recht.

»Irgendwann habe ich gelernt, dass die Mechanik früher von Gewichten betrieben wurde, die zwischen den Häusern hingen, später von Elektromotoren, die für sich schon eine Antiquität sind. Aber das ist nicht wichtig.«

»Das ist es nicht«, stimmte sie zu. Die Mechanik erstarb, die Lichter gingen aus. Aber schon stand erneut ein Kind am Geldeinwurf, die erbettelte Münze in der Hand. Mit einem Klick erwachte die kleine Welt zu neuem Leben. Sie versuchte, nicht daran zu denken, dass es ein Junge von etwa fünf Jahren war, der sich jetzt stolz auf den Arm nehmen ließ, um besser an ihnen vorbeisehen zu können. Ihr Mann schaute nicht auf.

»Da schau«, sagte sie. »Der kleine Elefant. Er wackelt mit dem Kopf.« Da bemerkte sie, dass ihr Mann Tränen in den Augen hatte.

»Er sagt Nein«, erwiderte ihr Mann. »Er schüttelt den Kopf. Weil es nicht funktioniert.«

Unwillkürlich drückte sie seine Finger fester, so fest sie konnte. Noch einmal betrachtete sie den kleinen

Dickhäuter. »Er wiegt sein Haupt«, meinte sie. »Siehst du? Er denkt nach. Als wollte er sagen …«

»… so ist das Leben«, ergänzte ihr Mann.

Erleichtert atmete sie ein. Und wieder aus. »Ja«, gab sie zu. »So ist das Leben.« Für einen Moment wurden auch ihre Augen feucht.

Er legte seinen Arm um sie. Die Mechanik ging aus. Sie ging wieder an. Die beiden standen lange davor.

Matthias Kröner
Wann gemmern hamm? (odder: Dä Chrisdkindlersmarkd ass Kindersichd)

Hindern Hindern Hindern Hindern Hindern Hindern Hindern Hindern Hindern Hindern Ouh! Drei im Wegglä Hindern Hindern Hindern Hindern Hindern Hindern Hindern Hindern Hindern Hindern Chrisdbaumkuchln! Dodaal langweilich. Doo därff i eh ned hielanger Hindern Hindern Hindern Hindern Hindern Hindern Hindern Hindern Hindern Hindern Mama, wann gemmern hamm? Hindern Hindern Hindern Hindern Hindern Hindern Hindern Hindern Hindern Hindern Edz kriech i widder ä Zwedschgermännla, mied demm konnsd nix oofanger, ned amol essn därffsd däs, und wennsd damied schbyllsd, verlierds änn Kubf odder sei Noosn Hindern Hindern Hindern Hindern Hindern Hindern Hindern Hindern Hindern Glühwein, bääh! Hindern Hindern Hindern Hindern Hindern Hindern Hindern Hindern Hindern Hindern Baba, wann gemmern hamm? Hindern Hindern Hindern Hindern Hindern Hindern Hindern Hindern Hindern Hindern Ouh, brannde Mandln! Hindern Hindern Hindern Hindern Hindern Hindern Hindern Hindern Hindern Hindern Horch amol zou, wos edz kummd! Hindern Hindern Hindern Hindern Hindern Hindern Hindern Hindern Hindern Ihr Herrn und Frau'n, die Ihr einst Kinder wart Hindern Hindern Hindern Hindern Hindern Hindern Hindern Hindern Hindern Hindern Ihr Kleinen, am Beginn der Lebensfahrt Hindern

Hindern Hindern Hindern Hindern Hindern Hindern Hindern Hindern Hindern Ein jeder, der sich heute freut und morgen wieder plagt Hindern Hindern Hindern Hindern Hindern Hindern Hindern Hindern Hindern Hindern Hört alle zu, was Euch das Christkind sagt! Hindern Hindern Hindern Hindern Hindern Hindern Hindern Hindern Hindern Hindern.

Bläymobil (odder: Ä Zwedschgermännlä werd debbressiv)

Iich wär gern amol ä Figur vom Brandschdedder.
Dann deed mi anns in die Händ nehmer
und midd mir schbylln.
Dann deed i wos derleem aff dä Ridderburch.
Dann wär i werkli doo.

Su schdehsd blooß rum.
Dä Schdaub leechd si aff diich,
ä dünne Schichd, die grauer und immer grauer werd,
und wennsd erschd amol dord bisd,
im Kinderzimmer am Fensderbredd,
weid wech vo demm, wo wos loos is,
schaud di kanns mehr oo.

Di Drachn und Könich, die sinn am Leem.
Kumm her und hull mi derzu!
Schdegg mä ä Schwerd nei in di aldn Zwedschgn!
Hau mä anne am Deedz!
Zeich mä änn Schadz vom Biradnschiff!
Hau mi rum, zerleech mi,
mach mi ferdi und mach mi ganz!

Obber lass mi mieddu,
aa wenn i danooch nämmer binn!
Iich wyll ned blooß wardn, wardn affs nächsde Fesd,
wo mi ä anders ablöösd.

Friedrich Rückert
Zwei Kindertotenlieder

Weihnachten frisch und gesund
Im frohen Geschwisterrund,
Am Neujahr mit blassem Mund,
An den drei Kön'gen im Grund.
So taten die Feste sich kund
Mit Tod und Grab im Bund.
Mein Herz bleibt bis Ostern wund
Und wird nicht bis Pfingsten gesund.

* * *

Ich sprach zu meinem Mädchen:
Nun fährt, schlaf ein, schlaf ein!
Im Wagen mit goldnen Rädchen
Am Himmel das Christkindlein.

Von viel gar schönen Sachen
Ist sein Kütschchen beschwert,
Und wenn du wirst erwachen,
Sind sie dir alle beschert.

Und so schlief ein mein Mädchen,
Und sprach, als es erwacht:
»Das Kütschchen mit goldnen Rädchen,
Hab' ich gesehn bei Nacht.

Es fuhren die goldnen Rädchen
Im Himmel mit schnellem Lauf;

Herab hing ein goldnes Fädchen,
An dem stieg ich hinauf.«

»Nein, nein, es wird sich neigen
Mit seinen Waren zu dir;
Du sollst hinauf nicht steigen,
Kind, du sollst bleiben bei mir.«

Darauf hat mein Kind geschwiegen,
Und nicht mehr gesprochen ein Wort;
Und nun ist's hinaufgestiegen
Am goldenen Fädchen dort.

Es war ein so leichtes Mädchen,
Dess' Herzchen zu fliegen schien;
Genug war ein goldnes Fädchen,
Um es hinaufzuziehn.
Uns aber, schwerer beladen
Von Kummer oder von Schuld,
Auch uns am goldenen Faden
Wird hinaufziehn die Huld.

Elmar Tannert
Frau Wanitschek

Als ich ein Kind war, lebte ich mit meinen Eltern im vierten Stock eines alten Mietshauses in der Stadt.

Im Erdgeschoss links wohnte die alte Frau Wanitschek.

Sie war so alt, dass sie sich jeden Morgen neu zusammensetzen musste: Holzbein an die Hüfte. Gebiss in den Mund. Perücke auf den Kopf. Hörgerät ins Ohr. Brille auf die Nase.

Die Brillengläser waren blau und so dick wie ein Jo-Jo.

Wenn Frau Wanitschek zusammengesetzt war, trank sie in der Küche eine ganze Kanne Kaffee zum Frühstück und zündete sich eine Zigarre an. Alte Menschen brauchen nicht viel zu essen, sagte sie. Eine Tafel Schokolade in der Woche genügt mir. Und ab und zu eine Butterbreze.

Die Zigarren von Frau Wanitschek waren zwei Stunden lang und dufteten meistens nach Birnen und Zimt, manchmal nach Orangen und Schokolade und ganz selten nach Fichtennadelschaumbad.

Jeden Samstag stahl ich mich frühmorgens aus unserer Wohnung, schlich hinunter zum Erdgeschoss links und drückte mit beiden Daumen fest auf den Klingelknopf. Nach ungefähr einer Minute kam Frau Wanitschek auf einem Bein an die Tür gehüpft und öffnete mir.

Ich half ihr beim Zusammensetzen: schraubte ihr das Holzbein an die Hüfte, schob ihr das Gebiss in den Mund, setzte ihr die Perücke auf den Kopf, steckte ihr das Hörgerät ins Ohr, setzte ihr die Brille auf die Nase.

Die Brille mit den blauen Gläsern, die so dick waren wie ein Jo-Jo.

Wir tranken gemeinsam Kaffee in der Küche, und Frau Wanitschek schaltete ihren Radioapparat ein, der fast so alt war wie sie selbst.

Und ich durfte die blaue Brille aufsetzen. Der Herd wurde blau. Die Gardinen, der Tisch, das Radio – blau. Blau meine Hand, blau der Kaffee, blau Frau Wanitscheks Augen.

Und wenn ich vergaß, dass ich alles in Blau sah, konnte ich Dinge sehen, die kein Mensch sehen kann.

Ich konnte sehen, wie die Radiowellen in Musik verwandelt wurden. Sie sprudelten wie bunte Luftschlangen in den Raum und flohen durch Schlüssellöcher und Fensterritzen nach draußen, wo sie verblassten und zusammenschrumpften, bis sie ganz verschwunden waren.

Einmal ging ich mit der blauen Brille auf der Nase für Frau Wanitschek einkaufen. »Bitte eine kleine Kiste duftende Zigarren für Frau Wanitschek!«, sagte ich zum dicken glatzköpfigen Verkäufer im Kiosk.

»Aber selbstverständlich, für die liebe Frau Wanitschek!«, sagte er. Und: »Wie geht es denn der guten Frau Wanitschek?« Und: »Sag ihr schöne Grüße, der Frau Wanitschek!«

Durch die Brille sah ich aber, dass er dachte: die Wanitschek, die alte Hexe.

Wenn man durch die Brillengläser lange genug die Küchenwand ansah, wurde die Zeit durchsichtig, und die Wand glitt wie ein Vorhang zur Seite. Ich konnte vom Samstag in den Freitag sehen, in den Juni, in den April und immer weiter durch Jahre hindurch. In die andere Richtung sehen durfte ich nie.

In der anderen Richtung lag der verschneite schwarze Freitag im Advent, an dem mittags, als ich von der Schule kam, ein schwarzer Wagen vor dem Haus stand und zwei schwarz gekleidete Männer einen schwarzen Sarg aus der Wohnung im Erdgeschoss links trugen.

An dem Tag verstand ich zum ersten Mal, was das bedeutet: nie wieder. Ich würde nie wieder zu Frau Wanitschek hinuntergehen, nie wieder mit beiden Daumen auf ihren Klingelknopf drücken; ich würde ihr nie wieder beim Zusammensetzen helfen, würde nie wieder in der Küche voll Kaffee- und Zigarrenduft sitzen und nie wieder die Welt durch die blaue Brille sehen.

An dem Tag wusste ich, dass ich nur noch einen einzigen Weihnachtswunsch hatte. Und dass niemand mir den Wunsch erfüllen konnte.

Als ich am Abend vor Weihnachten zu Bett ging, nahm ich mir fest vor, erst im nächsten Jahr wieder aufzuwachen. An meine Zimmertür hatte ich mit Wachsmalkreide geschrieben: BITTE OHNE MICH WEIHNACHTEN FEIERN.

In dieser Nacht ging ich im Traum durch eine fremde, menschenleere Straße und suchte den Weg nach Hause. Aber in welche Richtung auch immer ich ging, alle Häuser blieben fremd. Ich bekam Angst. Da rief jemand meinen Namen. Ich blieb stehen und sah mich um: Niemand war auf der Straße. Ich sah nach oben, zum Himmel, zu den Wolken. Und ich sah die alte Frau Wanitschek.

»Es ist wunderschön hier!«, rief sie fröhlich. »Endlich hat das Zusammensetzen ein Ende! Es ist mir arg lästig geworden! Nur meine Zigarren vermisse ich. Und natürlich dich! Dich am allermeisten! Du warst meine beste Freundin!«

Ganz jung und durchsichtig sah sie aus.

»Ich schenke dir meine Brille!«, rief sie mir zu. »Ich brauche sie nicht mehr. Da, wo ich jetzt bin, sieht man ohne Brille durch alle Tage, Jahre, Jahrhunderte hindurch!«

Und sie warf mir die Brille zu.

Ich wachte auf. Es war ganz früh am Morgen. In meinem dunklen Zimmer roch es süß nach Birnen und Zimt. Ich tastete nach der Lampe neben meinem Bett und machte Licht.

Neben der Lampe lag die blaue Brille.

Sabine Weigand
Das beste Butterzeug der Welt

Ich mag nichts Süßes. Deshalb verweigere ich seit jeher hartnäckig jedwedes Kuchenbacken, Marmeladekochen, Puddingpampern, Breianrühren und Schokoladekaufen, und ich bringe auch nie einen Nachtisch mit. Es gibt nur eines aus der Welt des Süßen, das mich schwach werden lässt: das Butterzeug meiner Oma. Immer noch hüte ich ihr altes, mit Bleistift geschriebenes Rezept, inzwischen völlig zerknittert und kaum noch lesbar. Jährlich kommt ein neuer Fettfleck dazu, weil ich – und das ist tatsächlich mein einziger Beitrag in Sachen Herstellung süßer Dickmacher – jeden Dezember pünktlich zu Nikolaus den Backofen anwerfe. Und dann backe ich nicht nur, sondern ich schwelge dabei in kindlichen Erinnerungen ...

Ach ja, war das schön damals, Ende der sechziger Jahre in der Nürnberger Südstadt. Die winzige, altmodische Küche mit den gelblich-weißen Wandfliesen, dem Resopaltisch und dem rot marmorierten Linoleumboden. Berge von Butter, Eiern und Mehl, Bleche, Förmchen, überall Zutaten und Backutensilien – und über allem blinkte fröhlich auf einem Regälchen an der Wand die venezianische Plastikgondel mit bunten Lichtchen, die wir der Oma aus dem Italienurlaub in Rimini mitgebracht hatten. Und mittendrin sie selbst, wie immer angetan mit einer himmelblau geblümten Nylonschürze, dicken braunen Strümpfen, die, wie ich wusste, an fleischfarbenen Strapsen hingen, und ihren grauen Filzhausschuhen mit Reißverschluss, die sie nicht nur in der Wohnung,

sondern auch beim Hausordnung machen und Straßen-
kehren trug. Dazu dann ich, ein kleines, pummeliges
blondes Ding mit ewig zwickenden Strumpfhosen und
einem gestrickten Winterkleidchen.

Gebacken wurde immer am Samstag vor dem ersten
Advent. An diesem Tag lieferte mich meine Mutter üblicherweise vormittags bei der Oma ab und machte sich
dann schnellstmöglich aus dem Staub. Dicht gefolgt von
meinem Opa, der sich gerade rechtzeitig vor Beginn der
Backorgie Mantel, Schal und seine unvermeidliche Rus-
senmütze schnappte und fluchtartig die Wohnung verließ. Er fuhr dann jedes Mal mit der Straßenbahn zum
Valznerweiher, um dem Club beim Wintertraining zu-
zuschauen.

Als Erstes zog meine Oma mir dann ein braungelb
kariertes Schürzchen an, das sie extra für mich genäht
hatte. Anschließend band sie mit einem Einmachgum-
mi meine Haare zum Pferdeschwänzchen und krempel-
te mir die Ärmel bis fast unter die Achseln. Jetzt waren
wir bereit. Halt! Eins fehlte noch: Ich rannte zum Radio-
schrank im Wohnzimmer, drückte auf eine der dicken
elfenbeinfarbenen Tasten und wartete, bis es in den Tiefen des Apparats brummte und dann ein grünes Licht
langsam in einer schmalen Röhre hochstieg. *Der lachen-
de Vagabund* ertönte, und es konnte losgehen.

Meine Oma backte entweder ihre Rezepte aus dem
Kopf, oder sie hatte sie auf uralten, knittrigen Zetteln
notiert, die sie aus Schürzentaschen, Schubladen oder
vergilbten Heimatromanen zutage förderte. Manchmal
waren sie noch in Sütterlin geschrieben, die konnte ich
dann nicht lesen. Aber das machte nichts, denn ich handelte ohnehin nur auf Anweisung meiner Oma.

Eine meiner ersten Aufgaben war immer das Mahlen der Haselnüsse. Dafür benutzte ich Omas damals schon antiquarische Nussmühle, die wie eine Schraubzwinge am Rand der Tischplatte befestigt wurde. Ich schüttete die Nüsse oben in die Reibe und kurbelte hingebungsvoll, bis das Nussmehl unten aus dem runden Maul des Geräts in die Schüssel fiel und mir der Arm wehtat. Ja, ich weiß, heute kann man in jedem Supermarkt fertig gemahlene Nüsse, Mandeln und wasweißichnoch im Tütchen kaufen – aber welch ein Qualitätsverlust! Im Ernst: Nichts geht über den Geschmack von frisch zubereiteten Zutaten. Das wusste ich schon damals, in der kleinen Küche im dritten Stock in der Geißlerstraße, lange bevor ich in späteren Zeiten der Toskana-Fraktion beitreten sollte.

Eine meiner weiteren Pflichten war das Eieraufschlagen und -trennen. Das gelang mir mühelos – nur etwa bei der Hälfte der Eier gerieten mir ein paar dieser blöden Schalenstückchen mit in die Schüssel. Ich fand zwar, die könne man ruhig drinlassen, aber zum Schluss kam immer die Oma mit dem Stiel des Kochlöffels zum »Fischen«. War dann alles aus der Schüssel entfernt, was nicht hineingehörte, ging es ans Eischneeschlagen. Das liebte ich! Natürlich nicht mit dem Handmixer – meine Oma hatte zeitlebens ein gesundes Misstrauen gegen Elektrik in der Küche. Wir benutzten stattdessen einen technisch hoch entwickelten doppelten Turbo-Kurbel-Schneebesen, Zierde des deutschen Ingenieurwesens, ein prima Gerät! Zehn Eischnee in acht Minuten steif wie der Rasierschaum vom Opa!

Sobald der Nussteig fertig war, packte meine Oma die Oblaten aus, die ihm als Unterlage dienen sollten. Diese runden weißen Dinger beäugte ich stets mit einem

Hauch von Unbehagen (ich war damals ja noch katholisch und ahnte nichts von meinem späteren Hang zum Atheismus), denn sie sahen aus wie der Leib des Herrn. Durfte man den einfach so in der Küche verwenden? War Gott nicht womöglich sauer, wenn man seinen Körper in die Röhre schob? Meine Religionslehrerin hatte außerdem einmal gesagt, auf dem Leib des Herrn dürfe man bei der Kommunion nicht herumbeißen. Aber beim Plätzchenessen musste man doch kauen! Oma erklärte mir schließlich, als ich irgendwann nachzufragen wagte, dass die von ihr benutzten Oblaten keineswegs Hostien seien, weil die dazu erst einmal geweiht werden müssten. Und herkömmliche Backoblaten dürfe man deshalb backen, braten, brechen, zerkrümeln, bestreichen, kauen und mampfen, völlig ohne Reue. Man komme mit Sicherheit trotzdem in den Himmel.

So ganz beruhigt hat mich das damals nicht. Aber weil ich wusste, dass meine Oma eine sehr fromme Frau war – schließlich hing über ihrem Bett ein Bild mit dem Jesulein, wie es eine Herde Lämmer hütet –, beschloss ich, ihr zu glauben.

Inzwischen war die Temperatur in der kleinen Küche auf hochsommerliche dreißig Grad gestiegen, die Fenster waren innen beschlagen und von den Kacheln hinter Herd und Spüle rann in dünnen Bächlein das Kondenswasser. Blech um Blech wanderte in die Backröhre, in der die kleinen bläulichen Gasflammen lustig züngelten. Meine Oma lief immer mehr zu Hochform auf. Sie rührte, walkte und knetete, setzte Häufchen, maß Mehl, Milch und Zucker ab. Ihre Brille war von Butterfingern vertapst und die sonst so sorgfältig um den Kopf arrangierte Wasserwelle (jeden Freitagfrüh vom Friseur um die Ecke erneuert) zeigte deutliche Auflösungserscheinungen. Aber für mich war meine Oma beim Backen die Schönste: Wie eine mehlbestäubte Göttin beherrschte sie das universelle Chaos, das sich inzwischen ausgebreitet hatte. Wäre ich ein kindlicher Paris gewesen, sie hätte von mir hundert Äpfel bekommen! Omas Göttlichkeit steigerte sich in meinen Augen von Blech zu Blech, von Plätzchensorte zu Plätzchensorte. Während sie das Universum dirigierte, durfte ich Korinthen in Rum einlegen, Mehl sieben, Kuvertüre schmelzen und Backpulvertütchen aufreißen. Ich half Kokosbällchen auf Bleche zu türmen, rollte mit schmierigen Fingern Husarenkrapfen, batzte Hiffenmarkkleckse auf Schokokringel und schmierte Nugat auf Schwarz-Weiß-Gebäck. Und zu alledem schmetterte Rudolf Schock aus dem Wohnzimmer den *Vogelhändler*: Grüß euch Gott, alle miteinander!

Dann war der Nachmittag vergangen, und mir war nicht mehr so ganz gut. Wie jedes Jahr hatte ich alle Warnungen meiner Oma in den Wind geschlagen und beim Backen zu viel genascht. Und jetzt klumpte das ganze süße Zeug im Magen. Wie gut traf es sich da, dass es Oma merkwürdigerweise noch nie gelungen war, alle Zutaten komplett daheim zu haben. Immer, wenn mir flau wurde, stellte sich ganz plötzlich heraus, dass etwas fehlte. Dann schickte mich Oma zu den »drei Weibern«, dem Tante-Emma-Laden um die Ecke. Das Geschäft gehörte drei ältlichen Schwestern. Rosa, die Dünne mit den schiefen Zähnen, bediente, Betty mit der zartlila Dauerwelle, räumte Sachen ein und putzte, und Annelies, die dritte, saß mitsamt ihrem fetten Dackel an einem Tischchen neben der Tür und zählte mit angelecktem Bleistift auf dem Rand des *8 Uhr-Blatts* zusammen, was der

Einkauf kostete. Zu ihnen stampfte ich also mit meinen Winterstiefeln und dem Perlon-Einkaufsnetz durch den knöcheltiefen Schneematsch in der Südstadt. Man beachte: Damals kam der Winter bei uns noch rechtzeitig, mit Schnee, echt jetzt! Zwar gab es noch kaum Weihnachtsbeleuchtung in den Fenstern und keine Nikoläuse, die sich von Fassaden abseilen. Aber im Schaufenster des Schreibwarengeschäfts in der Landgrabenstraße war wie jedes Jahr ein kleines Wunder aufgebaut: Teddybären hopsten auf der Stelle und trommelten dabei, pausbäckige Engelchen drehten sich im Kreis, Bambis wippten mit den Köpfen, Häschen wackelten mit den Ohren, und um die ganze Winterlandschaft toffte ein Züglein, aus dessen Schlot ein weißer Wattebausch hing. Die Szene wurde behütet von einem dicken, rot bemützten Weihnachtsmann, der mit seinem Sack hinten auf dem Regal thronte, mit den Augen rollte und fröhlich winkte.

Irgendwann riss ich mich los und rannte schnell wieder heimwärts zur Oma, denn es begann schon, dunkel zu werden. Und ich wusste, dass der Höhepunkt des Backens noch ausstand: das Butterzeug!

Oma hatte bereits am Vorabend den Teig fertig gemacht, weil er über Nacht ruhen musste. Die Masse in der alten Emailleschüssel mit den abgesplitterten Rändern war so fettgeladen, dass sie schon bei Zimmertemperatur zerlief, weshalb sie auch beim Verarbeiten immer im Kühlen auf dem Balkon zwischengelagert werden musste (es gab nämlich damals bei meiner Oma noch keinen Kühlschrank, sondern nur die traditionelle »Speis«, einen kleinen, abgetrennten Vorratsraum in der Küche). Oma ging also jedes Mal auf den Balkon, schnitt mit dem Messer ein Stück Teig ab und rollte es hauchdünn aus. Dann kam ich. So schnell ich konnte, stach ich Sterne, Monde, Pfiffer, Glocken und Rauten aus, die von Oma sofortigst mit dem Spatel aufs Blech befördert wurden, bevor sie zum Transportieren zu weich waren. Dann hinein mit dem Blech in den Ofen und zack, zack von draußen das nächste Teigstück geholt. Seitdem weiß ich, was es bedeutet, im Akkord zu arbeiten.

So ging es, bis im Radio die 6-Uhr-Nachrichten kamen. Die eine Hälfte der abgekühlten Plätzchen wurde am Ende noch in Zimtzucker gewälzt, die andere Hälfte – meine Lieblingshälfte – mit einer Mischung aus Zitronensaft und Puderzucker bestrichen. Dann war Feierabend. In der Küche sah es aus, als hätte der Urknall dort stattgefunden, aber wir hatten es wie jedes Jahr geschafft! Meine Oma ließ sich auf den Küchenhocker sinken, lehnte den Rücken gegen die Wand, schnaufte einmal tief auf und seufzte ein finales: »Allmächd.«

Für einen Franken ist damit alles gesagt.

Meine Oma ist nun schon viele Jahre tot. Und weil sie so viel seliges Gottvertrauen besaß, tue ich ihr den Gefallen und stelle sie mir manchmal vor, wie sie von dort droben im Himmel auf mich herabguckt, die vertapste Brille auf der Nase, aufgelöste Löckchen um die Stirn und das Gebiss in der Schürzentasche. Ihre Rezepte sind über die Zeit verloren gegangen – bis auf eines, das wichtigste: das beste Butterzeug der Welt.

Wie jetzt, das Rezept? Ach so, vom Butterzeug? Hmmm. Tjaaaaaa. Ääääh. Also, das müsste ich jetzt erst hersuchen ... Weiß auch gar nicht, ob das meiner Oma so recht wäre, wenn alle ...

Okay, okay, hier kommt's ja schon:

1 Pfd. Butter
½ Pfd. Butterschmalz
1 Pfd. Zucker
2 Eigelb
1/10 l Arrak
Saft einer Zitrone
2 Pfd. Mehl

Alles außer dem Mehl 30 Minuten von Hand (wie denn sonst!) sahnig rühren. Mehl dazu. Noch mal 30 Minuten von Hand kneten (immer feste, und keine Müdigkeit vorschützen, meine Oma hat das auch geschafft!). Den fertigen Teig über Nacht kühl stellen. Sehr dünn ausrollen und zügig Plätzchen ausstechen. Bei 175 °C auf mittlerer Schiene zartgolden backen. Noch lauwarm die Teilchen entweder in Zimtzucker drücken oder mit einem zähflüssigen Guss aus Zitronensaft vermischt mit Puderzucker bestreichen.

Und bitte beim Backen eine Gedenkminute für meine Oma einlegen!

Johannes Wilkes

Wenn Sie sich als Christkind bewerben möchten

Eine der schönsten Aufgaben, die Nürnberg zu vergeben hat, ist die des Christkinds. Wenn Sie sich schon immer gewünscht haben, als festlicher Engel verkleidet Alt und Jung Freude zu bereiten, dann bewerben Sie sich unbedingt! Hier die wichtigsten Punkte der Stellenbeschreibung.

Sie müssen unbedingt weiblichen Geschlechts sein! »Wieso das?«, werden Sie fragen. Es ist doch bekannt, dass das Christkind ein Knabe war. Schon, schon, aber in der lutherischen Tradition ist es ein weiblicher Engel, der am Weihnachtsabend die Geschenke bringt, und an dieser Tradition wird festgehalten. Auch theologisch ist das sinnvoll, ergänzt man doch unsere sehr maskulin ausgerichtete Gottesvorstellung (Vater, Sohn und Heiliger Geist) um eine wichtige weibliche Komponente. Jammern Sie jetzt nicht, weil Sie sich als junger Mann diskriminiert fühlen! Auch der städtische Gleichstellungsbeauftragte wird nichts für Sie tun können, glauben Sie uns. Tradition ist Tradition! Spielen Sie halt den Pelzmärtel, wenn Sie sich unbedingt vorweihnachtlich verkleiden wollen.

Auch Ihr Alter ist wichtig, Sie müssen zwischen sechzehn und neunzehn Jahre alt sein. Warum nicht älter? Schwer zu sagen. Wohl, weil manch Nürnberger Stadtverantwortlicher der Meinung ist, jenseits der Neunzehn verliert sich schnell der Engelstatus. Und außerdem sollte ein Christkind noch etwas Kindliches an sich haben. Wenn es jünger als sechzehn wäre, wäre zwar das

Kindliche noch ausgeprägter, allerdings ist die zu verrichtende Arbeit für ein wirkliches Kind doch viel zu anstrengend. Denn es geht keineswegs nur darum, den Christkindlesmarkt feierlich zu eröffnen, es geht vielmehr um eine ganze Reihe an Terminen, welche dicht gedrängt und in rascher Folge zu absolvieren sind. Bis zu zweihundert in nur knapp vier Wochen! Da braucht man Kondition und Stehvermögen!

Wenn Sie weiblich sind und zwischen sechzehn und neunzehn Jahre alt, fehlt Ihnen nur noch eine letzte wichtige Eigenschaft: Sie müssen in Nürnberg wohnen und sich eng mit der Stadt verbunden fühlen. Bitte verstehen Sie diese Einschränkung nicht falsch! Das hat nichts mit borniertem Lokalpatriotismus zu tun. Auch ist nichts dran an dem Gerücht, man wolle auf diese Weise nur ein Fürther Christkind verhindern. Das Nürnberger Christkind muss einfach aus Nürnberg kommen. Sonst wäre es ja kein Nürnberger Christkind. Eine Aachener Printe kommt aus Aachen, das Münchner Kindl aus München und das Nürnberger Christkind aus Nürnberg. So ist das nun mal.

Damit Sie erkennen, Sie ewiger Zweifler, dass Nürnberg auch in der Wahl seines Christkinds durchaus weltoffen ist, hier der Hinweis, dass Nürnberg schon eine Marisa Sánchez hatte! Und wir prophezeien: Nicht lange, dann wird es ein türkisches Mädchen sein. Ja, bewerben Sie sich, wenn Sie als Türkin in Nürnberg geboren sind! Das echte Christkind hatte ebenfalls einen Migrationshintergrund. Sie zögern, weil Sie schwarze Haare haben? Kein Problem! Das Christkind trägt eine blonde Perücke, die mit den Jahren allerdings ausgedünnt worden ist, weil sich jedes Christkind zum Ende seiner Amtszeit heimlich eine Locke abschneidet.

Jung, weiblich, Nürnberg-Kennerin: Jetzt müssen Sie nur noch die ein Meter sechzig überragen und zudem schwindelfrei sein. Sonst droht Ihnen beim Aufsagen des Prologs vom Balkon der Frauenkirche Schlimmes!

Wenn Sie all diese Eigenschaften erfüllen, dann schicken Sie Ihre Bewerbung an das Nürnberger Presseamt. Zugegeben, eine etwas profane Adresse für eine solch himmlische Aufgabe. Im Presseamt aber kennt man sich mit Christkindern am besten aus. Eine Jury trifft aus den Dutzenden von Bewerbungen eine Vorauswahl von zwölf heißen Kandidatinnen. In den Tageszeitungen werden deren Fotos veröffentlicht und die Leser zur Abstimmung aufgerufen.

Sechs Mädchen bleiben nun noch übrig, welche dann von der Jury auf Herz und Nieren getestet werden. Zunächst muss man – wen wundert's – den Eröffnungsprolog vortragen, dann Fragen über Nürnberg beantworten, zum Schluss folgt der Psycho-Teil. In diesem werden Fragen gestellt wie: »Wie würdest du reagieren, wenn ein kleines Kind dich fragt, ob du seiner Mama im Himmel Grüße bestellen kannst?« Antworten Sie jetzt nicht: »Geht leider nicht, mein Programm in Nürnberg ist so dicht, dass ich für den Himmel keine Zeit habe.« Das wäre falsch! Antworten Sie: »Natürlich werde ich das tun, du wirst sehen, wie sich deine Mama freuen wird!« Das ist nicht gelogen. Das Christkind darf das. Seine Aufgabe ist es, Freude zu verbreiten.

Eine andere Frage könnte sein: »Du bist in einem Altenheim zu Gast und eine Bewohnerin bricht in schlimme Tränen aus. Was tust du?« Tränen beim Anblick des Christkinds sind in Altenheimen die Regel. Es sind Freudentränen, hervorgerufen durch liebe Kindheitserinnerungen. Die Tränen sind wichtig und hilfreich. Je mehr Tränen fließen, desto besser haben Sie Ihre Arbeit gemacht! Die Kinder strahlen bei Ihrem Erscheinen und stecken Ihnen Ihre Wunschzettel zu, die Alten fangen an zu weinen. So ist das nun mal. Das muss man aushalten können und so sollte auch Ihre Antwort ausfallen. Auf keinen Fall ein gut gemeintes Trosteswort wie: »Weinen Sie nicht, werte Dame, ich bin's doch nur, die Heike aus Gostenhof!« Damit würden Sie alles zerstören, die ganze schöne Illusion!

Eine gemeine Fangfrage lautet: »Du bist in einer Schule zu Gast und ein pubertierender Knabe reicht dir ein Blatt und bittet dich um ein Autogramm. Wie verhältst du dich?« – Aufgepasst! Empören Sie sich nicht, was sich so ein Kerl einbilde! Sagen Sie nicht, Sie seien doch nicht Tina Turner oder Heidi Klum, das Christkind sei kein Rockstar und gebe aus Prinzip keine Autogramme! Tun Sie dem Jungen den Gefallen. Schreiben Sie zum Beispiel »Das Christkind geleitet dich auf all deinen Wegen!« Das wird Ihren jungen Verehrer freuen und zum Nachdenken bringen.

Ebenfalls nicht ohne Tücke ist diese Frage: »Seit wann gibt es das Christkind?« Antworten Sie nicht: »Seit über zweitausend Jahren!« Die Frage bezieht sich natürlich auf das Nürnberger Christkind und das gibt es erst seit 1933, im strengen Sinne erst seit dem Ende des Zweiten Weltkriegs, weil die Nazis für Christkinder natürlich nichts übrig hatten und nur einen lebenden Rauschgoldengel zuließen. Deshalb ist das Kleid auch auf diese Weise zugeschnitten und in weiße und goldene Falten gelegt.

Wenn Sie die Jury überzeugt haben, gratulieren wir Ihnen. Sie haben es geschafft, Sie sind das neue Christkind! Für ganze zwei Jahre sogar, denn so lange währt Ihre Amtszeit, falls nicht eine plötzliche Schwangerschaft dazwischenkommt. Nach dem Ablauf Ihrer Legislaturperiode dürfen Sie als besonderes Zuckerl nach Amerika fliegen und den Christkindlmarket in Chicago eröffnen. Und den in Denver. Und den in Glasgow. Alles auf Englisch natürlich, aber das beherrschen Sie ja perfekt. Wir hoffen nur, dass Ihnen, anders als einer Ihrer Vorgängerinnen, Horrortermine erspart bleiben. Stellen Sie sich vor, die Arme musste, wir wagen gar nicht, es auszusprechen, sie musste tatsächlich zu Florian Silbereisen! Brrr ...

Reich werden Sie als Christkind nicht. Jedenfalls nicht im landläufigen Sinn. Christkind zu sein, ist ein Ehrenamt. Aber dennoch wird man Sie reich beschenken. Solch leuchtende Augen, wann werden Sie die jemals wieder zu sehen bekommen?

Als kleiner Service, hier der Prolog zum Auswendiglernen:

Ihr Herrn und Frau'n, die Ihr einst Kinder wart,
Ihr Kleinen, am Beginn der Lebensfahrt,
Ein jeder, der sich heute freut und morgen wieder plagt:
Hört alle zu, was Euch das Christkind sagt!

In jedem Jahr, vier Wochen vor der Zeit,
Da man den Christbaum schmückt und sich aufs Feiern freut,
Ersteht auf diesem Platz, der Ahn hat's schon gekannt,
Was Ihr hier seht, Christkindlesmarkt genannt.

Dies Städtlein in der Stadt, aus Holz und Tuch gemacht,
So flüchtig, wie es scheint, in seiner kurzen Pracht,

Ist doch von Ewigkeit. Mein Markt bleibt immer jung,
Solang es Nürnberg gibt und die Erinnerung.

Denn alt und jung zugleich ist Nürnbergs Angesicht,
Das viele Züge trägt. Ihr zählt sie alle nicht!
Da ist der edle Platz. Doch ihm sind zugesellt
Hochhäuser dieses Tags, Fabriken dieser Welt,

Die neue Stadt im Grün. Und doch bleibt's alle Zeit,
Ihr Herrn und Frau'n: das Nürnberg, das Ihr seid.
Am Saum des Jahres steht nun bald der Tag,
An dem man selbst sich wünschen und andern schenken mag.

Doch leuchtet der Markt im Licht weit und breit,
Schmuck, Kugeln und selige Weihnachtszeit,
Dann vergesst nicht, Ihr Herrn und Frau'n und bedenkt,
Wer alles schon hat, der braucht nichts geschenkt.

Die Kinder der Welt und die armen Leut',
Die wissen am besten, was Schenken bedeut'.
Ihr Herrn und Frau'n, die Ihr einst Kinder wart,
Seid es heut wieder, freut Euch in ihrer Art.

Das Christkind lädt zu seinem Markte ein,
Und wer da kommt, der soll willkommen sein.

Wenn man Sie beim Vorstellungstermin fragen sollte, von wem der Text ist, so antworten Sie: »Von Friedrich Bröger, dem Sohn von Karl Bröger, dem bekannten Nürnberger Arbeiterdichter, den die Nazis ins KZ Dachau gesteckt hatten!«

Bernhard Windisch
Elias, der Bettler, Max und das Christkind

Die Geschichte, die ich erzählen will, ist erfunden und könnte sich vor einem Jahr ereignet haben: in Nürnberg, das der Winter gewiss besser schmückt als der Sommer, wo einem die Hitze in den Gassen die Brust zuschnürt und der Blick auf die in der Sonne rotbraun leuchtenden, alt-imitierten Gemäuer etwas Bedrückendes hat. Jetzt aber trug die Stadt das richtige Gewand. Frostig erhoben sich die Türme der Lorenzkirche. Auf der Pegnitz schwammen Eisfladen, die die Strömung vom Ufer abgebrochen hatte. Auf den übrig gebliebenen, mit ihren Zacken ins Wasser greifenden Stellen saßen Möwen und Enten, ihr Gefieder aufgeplustert. Die Tücher und Bretter waren von den Buden des Christkindlesmarktes vor der Frauenkirche fortgenommen worden, und die Menschenmenge drängte sich durch die schmalen Gänge. Über dem Markt erhob sich die Burg, weniger majestätisch als standhaft, von warmen Lichtern angestrahlt inmitten der Kälte, die den Atem der Leute sichtbar werden ließ, als würde jedermann rauchen. Wie immer um diese Zeit war die Stadt voll von Fremden, Touristen, die der Christkindlesmarkt hierher gelockt hatte.

An einem dieser vorweihnachtlichen Tage schlug der kleine Elias im Erdgeschoss einer Gostenhofer Wohnung die Augen auf und betrachtete, noch schlaftrunken, Striche an der Wand, die er mit einem Nagel hineingeritzt hatte und immer dann ergänzte, wenn er nicht schlafen konnte. Sie stellten nichts Festes dar, sodass er in ihnen immer etwas anderes, etwas Neues sah, einen wandernden, sich in Wellen fortbewegenden Berg, einen dicken, vollgegessenen Bauch, Männer, die gegenseitig auf sich einschlugen, bis sie tot waren, oder den Weihnachtsmann mit einem großen, ausgebeulten Sack auf dem Rücken. Langsam wurde er munter und mit Schreck fiel ihm ein, dass ihn seine Mutter noch nicht geweckt und er womöglich schon den wichtigsten Teil des Tages versäumt hatte. Er warf sich schnell herum und stand auf. Wirklich, seine Mutter lag noch im Bett. Er überlegte, ob er zu ihr unter die Decke kriechen oder sich anziehen sollte. Von draußen, durch die Löcher im Rollo, dort wo die Fäden durchliefen, an denen es hochgezogen wurde, drang schon Licht ins Zimmer.

»Mama«, sagte er, »Mama, aufstehen!«

Er lüftete das Rollo, vorsichtig, denn seine Mutter befürchtete immer, er könne zu ungeschickt daran ziehen und das gefaltete Papier zerknittern oder zerreißen. »Mama«, sagte er wieder, »Mama, wach auf!« Er sammelte die verstreuten Kleidungsstücke vom Boden und zog sich an. Dann, als seine Mutter sich noch immer nicht rührte, ging er zu ihrem Bett.

»Mama«, sagte er und schaute auf den an manchen Stellen gezackten, dann wieder runden und buchtigen feuchten Fleck, der den Kopf seiner Mutter auf dem Kissen umkränzte. »Willst du denn nicht aufstehen? Es ist bestimmt schon spät.«

»Ich kann nicht«, antwortete seine Mutter mit leiser Stimme. Sie klang wie sonst, wenn er sie geärgert, sie getobt, ihn geschlagen, schließlich geweint hatte und dann nur noch ein paar müde Vorwürfe über die Lippen brachte. Aber er hatte doch nichts angestellt; an ihm konnte es also nicht liegen, dass sie so müde war. Sie schloss die

Augen gleich wieder. Umso besser, dachte er, ging in die winzige Küche und holte sich den Milchpack aus dem Zwischenraum des Doppelfensters.

Die Öffnung des Pappbehälters war ausgefranst und ganz weich. Als er trank, floss etwas Milch an seinen Mundwinkeln herunter und tropfte auf seinen Pullover. Er stellte die Schachtel wieder ins Doppelfenster, dann kehrte er zu seiner Mutter zurück. Sie lag ganz friedlich da, wie tot, dachte er, vielleicht ist sie tot, bestimmt, und ich kann einmal tun, was ich will. Ich brauche nicht mehr zurückzukommen, dachte er, erst in dreißig oder fünfzig Wochen, wenn ich Hunger habe. Inzwischen werde ich groß und erwachsen, und sie kann nicht mehr mit mir schimpfen. »Mama«, sagte er laut, »ich liebe dich!« Ohne ihre Reaktion abzuwarten, spazierte er hinaus.

Als er aufwachte, stand ihm der Mund offen; seine Kehle war trocken und pelzig. Der Belag auf den Zähnen fühlte sich, fuhr er mit der Zunge darüber, rau an wie eine Kruste. Doch sie am Abend zu putzen, brachte er nie über sich und am Morgen spülte er den ganzen schlechten Geschmack einfach mit einer Flasche Bier hinunter. Er hatte in seinen Kleidern geschlafen, wie gewöhnlich: Da brauchte er keine Decke. Der Mantel, das Hemd, die Hosen – er wechselte sie kaum noch. Dafür hätte ihm sein Aufzug einmal nicht gleichgültig sein müssen.

Er verließ den alten Wastl in Johannis und schleppte sich Richtung Altstadt. Er hatte viel Zeit. Nur das unangenehme Gefühl im Bauch – Hunger oder Durst? – wusste er nie genau zu bestimmen.

Max war fünfunddreißig oder vierzig, auch wenn er viel älter aussah. Er erhoffte sich vom Leben nichts mehr.

Es gab für ihn nichts mehr zu tun. Ein Trost nur, dass man in seiner Schäbigkeit nicht alleine war.

In der Altstadt, am Hauptmarkt, kaufte er sich eine Flasche »Bauerntrunk«, zwei Liter für zwei Euro neunundfünfzig. Als er am Regal stand und darüber nachsann, welche Marke er nehmen sollte, obwohl das ganz unwichtig war, denn unter einem gewissen Eigengeschmack durchdrang alle der gleiche Fusel, als er trotzdem überlegte oder so tat, als würde er überlegen, denn es war warm und angenehm im Supermarkt, da stand plötzlich ein Typ an seiner Seite und bedeutete ihm, er solle sich endlich für eine Flasche entscheiden und verschwinden.

»Sie verscheuchen mir ja die Kundschaft«, fügte er leise, weniger zu Max als um sein Gewissen zu beruhigen, hinzu.

An der Kasse machte man ihm Platz. Er genoss dieses Privileg und bezahlte.

Die Buden auf dem Christkindlesmarkt waren noch verhüllt. Das Geschäft begann erst am Nachmittag. Da würde dann alles erstrahlen. Max interessierte das nicht mehr. Die Zeiten, wo ihn der Trubel traurig stimmte, wo er sich ausgestoßen fühlte, weil er nichts kaufen konnte von all diesem Plunder, waren längst vorbei.

Jetzt suchte er nach Resten von Würsten. Die Leute warfen die besten Dinge weg, als wussten sie, dass es Menschen gab, denen sie damit – nun, nicht gerade das Leben retteten, aber immerhin eine kleine Freude bereiteten. Wenn man nichts geschenkt bekommt, muss man eben selber für sein Geschenk sorgen. Doch auf den Gängen zwischen den Buden fand sich diesmal nichts. Man hatte gründlich sauber gemacht. Entweder die Hunde oder die Straßenfeger, gleichviel. Unter die Planen zu schauen, wagte Max nicht. Man hätte ihn für einen Dieb halten können oder für einen Bombenleger. Es wäre nicht das erste Mal, dass jemand den Christkindlesmarkt in die Luft sprengen wollte. Wenn es ihm nicht so egal wäre, hätte er beinah Verständnis dafür. Max schraubte den Verschluss der Flasche auf und trank. Der süßliche Geschmack des Weins lag bald wie eine Zuckerschicht auf seiner Zunge und ließ sich nicht mehr entfernen, obwohl er sie dauernd mit den Zähnen herunterzuschaben versuchte und den Belag ausspuckte. Die gewohnte Wärme breitete sich vom Bauch über den ganzen Körper aus. Und im Kopf kehrte mit der Dumpfheit die Leere ein. Jetzt sah der Christkindlesmarkt aus wie eine Staffage von Möbeln mit Schonern. Oder wie zugedeckte Gewächshäuser. Wie verpackte Elbkähne, die auf Eis aufgelaufen waren.

Max trottete über die Museumsbrücke zur U-Bahn-Station vor dem Kaufhaus *Karstadt*. Er überlegte, ob er auf der Königstraße bleiben oder seinen Posten in der Breiten Gasse beziehen sollte. Vertrieben würde er früher oder später von beiden Stellen. Er ließ sich an der Ecke Königstraße/Karolinenstraße unter dem alten Chörlein nieder und packte seine Utensilien aus: eine Blechschachtel und ein Pappschild, auf dem etwas geschrieben stand, was man nicht mehr lesen konnte, da die Schrift verwischt und verblichen war. Aber darauf kam es auch nicht an. Die Leute wollten nichts Konkretes lesen. Das verärgerte sie nur. Wichtiger war die Blechschachtel. Wenn jemand eine Münze hineinwarf, klang es hell über den ganzen Platz, sodass nicht nur der Spender zufrieden weitergehen konnte, sondern auch die Aufmerksamkeit anderer Passanten erregt wurde.

Eine Weile schon sah Max wie durch einen Schleier ein Kind vor sich stehen. Es rührte sich nicht vom Fleck und durchbohrte ihn mit einem Blick aus großen, braunen Augen. Er versuchte, diesem Blick auszuweichen. Es beunruhigte ihn und weckte ihn auf aus seiner Lethargie. Die Münzen waren nur spärlich in die Blechschachtel gefallen, die Leute vorbeigehastet, und einer hatte gesagt: »Sie sitzen herum und wollen auch noch Geld dafür!«

»Du bist doch der Weihnachtsmann«, sagte das Kind. Der Schnee hob sich schon deutlich ab von seinen schwarzen Haaren und der Jacke auf den kleinen Schultern.

»Und wer bist du?«, fragte Max. Er wunderte sich selber, dass er nicht den Stock nahm und den Kleinen verscheuchte. Oder sollte er aufstehen und gehen, vor einem Kind davonlaufen?

»Ich bin Elias«, antwortete der Junge. »Zeig mir das Christkind.«

»Das Christkind?«, wiederholte Max. »Hast du nicht eine Mama, die es dir zeigen kann?«

»Meine Mama ist tot«, sagte Elias. »Ich glaube, sie ist tot, aber nicht für immer. Zeigst du mir jetzt das Christkind?«

Max wusste nicht, was er tun sollte.

»Ich bin nicht der Weihnachtsmann«, sagte er.

»Doch, der bist du, nur dass dein Bart nicht aus Watte ist.«

Elias trat ein paar Schritte auf Max zu und schaute ihn sich noch einmal genau an. Dann nickte er bestimmend und wiederholte: »Doch, doch. Jetzt zeig mir das Christkind!«

Max fiel auf, dass das Kind ziemlich abgerissen aussah. Alte, verschlissene Kleider; nicht viel besser als seine eigenen. Und in seinem Gesicht war ein fiebriger Glanz, wie er sich manchmal zeigt, wenn man lange nichts gegessen hat oder friert.

»Hast du Hunger?«, fragte er.

Elias schüttelte den Kopf.

»Ist dir kalt?«, fragte Max.

»Oh, oh«, machte Elias.

»Du bist nicht von hier, was?«, fragte Max weiter.

»Aus Portugal«, antwortete Elias, »aber jetzt komm.«

Max erhob sich schwerfällig. Die Knochen schmerzten ihn, ob er nun saß oder ging, und es wurde immer schlimmer. Manchmal konnte er sich nach einem kalten oder nassen Tag auf der Straße kaum noch bewegen. Trotzdem ging es jetzt leichter, als er vermutet hatte. Elias nahm ihn bei der Hand.

Sie tappten Hand in Hand die Königstraße hinunter. Elias' Augen leuchteten. Er war sehr glücklich, dass er den Weihnachtsmann gefunden hatte, und seit geraumer Zeit gingen die Lichter in den Straßen an; es wurden immer mehr, sie brachten die Flocken zum Glitzern. Nie mehr würde er die Hand loslassen, höchstens, um sich die Nase abzuwischen, aber sonst nie mehr, bis sie das Christkind gefunden hätten.

»Woher weißt du denn vom Christkind?«, fragte ihn der Weihnachtsmann an seiner Hand.

»Das weiß ich eben«, antwortete Elias, »jedes Kind weiß das. Es ist mir vorhin wieder eingefallen. Und du weißt, wo wir es finden.«

»Ich weiß es nicht genau, aber ich könnte mir denken, dass es sich irgendwo auf dem Christkindlesmarkt herumtreibt«, erwiderte Max und wunderte sich über sich selbst.

Sie gingen über die Museumsbrücke. Dort begann schon das Gedränge.

»Die vielen Leute«, sagte Elias, »suchen sie auch alle das Christkind?«

Max antwortete nichts. Er wäre am liebsten wieder umgekehrt. Doch wurde er mehr von dem Jungen gezogen, als dass er ihn selber führte, und so ließ er es geschehen.

Niemand beachtete die beiden. Elias bemerkte, dass diejenigen, die nicht in die Richtung strömten, alle in die gleiche, alle zum Christkind, dass die, die nur dastanden, aßen. Und die wenigen, die ihnen entgegenkamen, aßen ebenfalls: Sie trugen eine Bratwurst in der Hand oder ein Stück Huhn, wenigstens aber einen Lebkuchen. Kinder waren dabei. Hatten sie das Christkind gesehen? Bestimmt. Das Christkind war es doch, das Brötchen und Würste und Lebkuchen verteilte. Elias hätte auch gern etwas gegessen. Bald würde er sich voll Kuchen stopfen können, Kuchen und Wurst und Bonbons und Bananen; das Christkind musste genug davon haben, für alle Kinder der Welt, bestimmt.

Die Straße verengte sich. Die Menschen zwängten sich hindurch. Der Markt tat sich auf vor einem unbegrenzten Himmel. Und Licht gab es noch einmal so viel, Licht, das in Streifen über den Platz zog. Elias war, als müsse es dort etwas Wunderbares, etwas unheimlich Anziehendes zu sehen geben. Er wollte dorthin, wollte es sehen. Ihm wurde ganz heiß, er zog an der Hand seines Begleiters. Doch die Hand war nicht mehr da. Macht nichts. Ich finde ihn gleich wieder, dachte er, den Weihnachtsmann findet man immer wieder, er ist niemals ganz fort. Elias schlängelte sich durch die Leute, hin zum Licht, das ihn so sehr lockte. Doch statt dass es heller wurde, sah er nur noch Beine vor sich, Beine und Hinterteile und Bäuche. Und alle in Bewegung, in einem zähen, trampelnden Vorwärts. Sie ließen ihn nicht durch. Sie keilten ihn ein. Sie schoben ihn mit sich. Er sah nichts. Das Licht war fort. »Weihnachtsmann!«, rief er in seiner Angst, auch den könnte er nicht mehr wiederfinden. »Weihnachtsmann!«

Plötzlich wurde ihm ein Plastikbeutel mit einem harten Gegenstand darin ins Gesicht gedrückt. Nun war es vollends dunkel um ihn herum, und in der Dunkelheit breitete sich ein Schmerz aus. Er hatte Angst und die Angst schwoll an, sodass er sich auf die Knie sinken ließ und auf allen vieren fortkrabbelte. Er fand ein Schlupfloch unter einer der Buden.

»Mama«, wimmerte er, »Mama, ich will dich nie wieder verlassen, nicht einmal, wenn du tot bist.«

Den ganzen Tag über hatte er nicht geweint, war mutig gewesen wie ein Erwachsener. Die vielen Straßen und Häuser, Menschen überall, er war einfach von zu Hause fort, hinter ihnen hergelaufen. In Fenster hatte er geschaut, hinter denen ein Baum stand, gerade so, als würden Bäume in den Zimmern wachsen. Die werden über und über mit Goldfäden behängt, hatte ihm ein Mädchen erklärt, mit dem Haar vom Christkind. Und Kugeln kommen auch noch dran und Schokoladenkringel. Und wenn das Christkind dann da gewesen ist, liegen lauter Geschenke unter dem Weihnachtsbaum. Ich bekomme dieses Jahr eine Skiausrüstung von ... Du bist aber dumm, dass du das alles nicht weißt.

Selber, hatte Elias ihr geantwortet und war weggerannt. Das Mädchen rief ihm »Türke« hinterher, dabei war er gar kein Türke. Wieder war er Leuten nachgelaufen, bis etwas Interessantes ihn anhalten ließ, eine fahrende Eisenbahn in einem Schaufenster oder ein Stoffaffe, der sich auf einer Schaukel überschlug. Was war das für eine Stadt! Dort, woher er mit seiner Mutter gekommen war, gab es nur eine Straße und links und rechts davon ein paar niedrige Häuser. Hier ragten sie weit in den Himmel, standen ganz dicht beieinander, als würden sie miteinander flüstern. Die Straßen breit und voller bunter Autos. Darüber vergaß er seinen Hunger und auch, dass ihn manchmal fror. Sogar das Christkind vergaß er beinahe, doch fiel es ihm glücklicherweise immer wieder ein. Es hatte ja goldenes Haar und so viel davon, dass man es über die vielen Zweige der Bäume breiten konnte. Elias kannte nur den Weihnachtsmann. Der Weihnachtsmann war immer der Herr Pascoes. Vom Christkind wurde zwar auch gesprochen, aber wie von einer Cousine im Ausland. Es erschien nie; bestimmt, weil es hier in Nürnberg so viel zu tun gab.

Dann hatte Elias plötzlich vor dem auf der Straße sitzenden Mann gestanden, der wie der Herr Pascoes aussah. Und jetzt hockte er selber auf der Erde, zwischen den Querverstrebungen und Planen einer der Weihnachtsbuden. Zurückzukehren in das Gedränge wagte er nicht, obgleich sich der Hunger wieder bemerkbar machte und es kalt war und nass.

Er fühlte sich verlassen und einsam. Er war so allein, dass er es kaum aushielt, und doch konnte er nicht mehr tun, als die Knie fester an seine Brust ziehen und so bewegungslos verharren. Ab und an sprach er leise den Namen von Herrn Pascoes aus und rief seine Mama und das Christkind, doch glaubte er selbst nicht, dass sie ihn hören würden. Dann vernahm er plötzlich eine Stimme.

»Ich denke, du wolltest das Christkind sehen. Es wartet auf dich. Gib mir deine Hand.«

Elias kroch aus dem Verschlag hervor. Aber da waren ja gar nicht mehr die vielen Menschen, und der Platz hatte sich völlig verändert. Verschwunden die Buden und die Fluchtbahnen der Lichter. Der Platz war leer und weiß, weiß von Schnee, der vom Himmel unablässig herniederrieselte. Doch beinah hätte er es übersehen. Ein Licht gab es noch, es kam aus einer Kirche, deren Tore weit geöffnet waren.

Elias zögerte, dann begann er zu laufen. Sein Herz schlug in seinem Kopf. Er rannte in den Atem hinein, den er wie eine dampfende Lokomotive ausstieß.

»Warte! Warte!«, rief hinter ihm der Weihnachtsmann, doch seine Füße liefen wie von allein. Staunend betrat er die Kirche, staunend und benommen. Wie viel schöner war das doch als der Markt mit seinem Treiben.

»Komm her zu mir, Elias, komm herauf! Zum Christbaum, es ist Weihnacht!«, sagte leise eine klare, feine Stimme. Er hob den Kopf und sah auf der Orgelempore ein Mädchen stehen, ganz in Weiß war es gekleidet, und dichtes, goldenes Haar umrahmte sein Gesicht, floss über die Schultern und schwang sich über die Zweige des Weihnachtsbaumes. »Aber du bist ja das Mädchen, das mich heute einen Türken genannt hat!«, wollte Elias sagen, aber das Mädchen kam ihm zuvor:

»Nun komm schon! Worauf wartest du? Du bist nicht allein. Wir feiern ein Weihnachtsfest mit all den Kindern, für die es keinen Christbaum gibt. Deine Mama ist auch hier.« Und wirklich trat die Mutter von Elias an den

Rand der Empore, beugte sich leicht über die Brüstung. Sie winkte ihm; sonderbar nur, dass sie nichts sagte und doch schien sie es zu tun, denn sie bewegte die Lippen. Dann ließ sie, als wolle sie das Winken auspendeln lassen, den Arm über die Brüstung hängen. Oder reichte sie ihm den Arm, um ihn zu sich emporzuziehen? Elias streckte ihr seine Hand entgegen, stellte sich auf die Zehenspitzen und beinah – was für ein Wunder – beinah konnte er ihre Finger berühren.

»Mama!«, rief er. »Mama!«

»Ja«, sagte das Mädchen. Seine Stimme klang hell wie ein Glöckchen.

»Gleich hast du es geschafft. Gleich bist du bei uns. Wir warten auf dich.«

Doch im selben Augenblick wurde er zurückgerissen. Er schrie. Er wehrte sich mit all seiner Kraft, es war zwecklos. Er sah noch, wie seine Mutter den Arm zurückzog, sich aufrichtete und dann starr stehen blieb, während Kinder, nein, Engel, an ihren Kleidern und Gliedmaßen zerrten und das Christkind traurig lächelnd das goldene Haar vom Kopfe streifte wie eine Perücke.

Max trug das im Fieber fantasierende Kind auf seinen Armen. Er wusste nicht recht, wohin mit ihm. Nur weg von den Leuten, dachte er. Ich werde es nach Hause tragen, sagte er leise vor sich hin, ich werde es nach Hause tragen und gesund pflegen, nach Hause, wiederholte er immer wieder, nach Hause, nach Hause ...

Blues

Anne Borel
Noël

Ich dachte, ich könnte ganz normal über Weihnachten schreiben. Mit normal meine ich als unvoreingenommener Mensch ohne jeglichen Einfluss von Kultur beziehungsweise Nationalität. Aber da haben wir es wieder, ich schreibe als Französin. Es lässt sich nicht vermeiden, dass ich als Außenstehende den Weihnachtsrummel hier im Lande kommentiere. Eigentlich gefällt mir das sogar. Ich mag die mit Girlanden geschmückten Christbäume in den Häusern, die vielen Lichter in den Straßen und in den für diesen besonderen Anlass neu dekorierten Schaufenster. Es hat so etwas Märchenhaftes. Vermutlich erinnert es mich an meine eigene Kindheit. Und an diese Zeit denke ich gerne.

Der Christkindlesmarkt gehört mittlerweile auch zu meinem Weihnachtsbild, und ich habe mir die lexikale Palette der Adventszeit zu eigen gemacht. Adventskalender, Adventskrone, Adventskerze …

Das alles habe ich längst verinnerlicht. Es war nicht schwer, ich bin ja selbst mit der Weihnachtskultur aufgewachsen und musste mir nur ein paar neue Bräuche aneignen. Nur eines kapiere ich immer noch nicht. Und niemand konnte mir bisher eine plausible Erklärung dafür geben. Wer ist das Christkind? Wer ist diese Kreatur, die jedes Jahr am Freitag des ersten Adventswochenendes pünktlich um 17:30 Uhr an der Brüstung der Frauenkirche in Nürnberg erscheint? Das Christkind ist doch der kleine Jesus. Ein Baby. Als ich die Feierlichkeit auf dem Hauptmarkt zum ersten Mal erlebte, fragte ich nach einer Viertelstunde zeremoniellen Prologes meinen Begleiter, ob das Christkind bald erscheinen würde. Staunend sagte er mir auf die Frauenkirche hochblickend: »Es steht doch die ganze Zeit hier vor uns!«

Haben die in Franken keinen Buben gefunden und müssen aus purer Not ein Mädchen nehmen? So etwas macht man doch nur im Notfall. Wie im Theater, wenn ein Schauspieler plötzlich krank wird und rasch ein Ersatz aufgetrieben werden muss. Aber doch nicht jedes Jahr! Die Franken schrecken vor nichts zurück. Jahr um Jahr bleibt das Christkind ein Mädchen, das obendrein wie ein Engel mit breiten Goldflügeln verkleidet ist. Auf jedem Bild, spätestens seit der Renaissance oder der Barockzeit, wird der kleine Jesus als Neugeborener mit Babyspeck an Po und Bauch auf dem Schoß der guten Heiligen Maria dargestellt. In Nürnberg ist der Sohn Gottes die Siegerin eines Misswahl-Wettbewerbs. Aber wen interessiert das? Anscheinend stört sich niemand dran, und mittlerweile tue auch ich es nicht mehr. Das Hinterfragen habe ich seit Langem aufgegeben, und nun feiere ich nur noch mit.

Wie gesagt, ich mag Weihnachten in Deutschland. Ich glaube, es ist das einzige Land, in dem man noch naiv, ja ahnungslos, oder besser gesagt hemmungslos Weihnachten feiert. In meinem Land hat sich die Politik schon längst in das Weihnachtswunder eingemischt, und wir werden mit viel komplexeren Fragen konfrontiert, als es das Rätsel des Christkinds ist. Als laizistisches Land hat sich Frankreich immer strikt an die Trennung von öffentlichen beziehungsweise staatlichen Institutionen und Religion gehalten. Doch Weihnachten wurde von Christen ebenso wie von unreligiösen Menschen ohne

Bedenken gefeiert. Lange Zeit funktionierte das ohne Probleme. Und dann kam letztes Jahr die Geschichte mit den Krippen. In öffentlichen Gebäuden wie zum Beispiel Rathäusern hatte man die Holz- und Tonfiguren aus dem Keller geholt und wie die Jahre zuvor die Krippenszene am Eingang aufgebaut. Die Besucher konnten sehen, wie Esel und Rind zusammen mit Maria und Josef still über den kleinen Jesus wachten. Es entflammten große politische Debatten. Auf einmal gefährdeten die Krippen und die Geburt Jesus – also Weihnachten – die französische säkulare Republik. Und noch schlimmer, es galt den Minderheiten gegenüber als Provokation. Hier war in erster Linie die islamische Minderheit gemeint. Wenn aus laizistischen Gründen moslemische Frauen nicht verhüllt in Frankreich herumlaufen dürfen, dürfe man auch nicht in öffentlichen Einrichtungen Weihnachten zur Schau stellen. Andere sagten, Weihnachten habe nicht mehr mit Religion, sondern mit der Tradition zu tun, sei also erlaubt. Und so weiter und so fort. Ich kriegte Kopfschmerzen.

Den Höhepunkt meiner Ratlosigkeit erlebte ich in der Kirche am Heiligen Abend. Letztes Jahr am 13. November wurden in den Straßen von Paris und in Bataclan 130 Menschen von Terroristen erschossen. Am 18. Dezember erteilten die Präfekturen den Diözesen strikte Sicherheitsanweisungen für die Weihnachtsmesse. Weihnachten hat einen starken Symbolcharakter für Terroristen. In meinem kleinen Dorf in der Normandie wurden wir am Eingang der Kirche von Roger und Raymond am Körper abgetastet. Roger und Raymond sind knapp achtzig und Freunde meiner Eltern. Die zwei sahen gar nicht wie Spezialeinheiten aus – zumal sie beim Weihnachtsessen mehr als sonst getrunken hatten – und wir sahen auch nicht unbedingt wie gefährliche Terroristen aus. Trotzdem haben wir uns dieser seltsamen Leibesvisitation unterzogen. Still schaute mein Vater auf Roger, der mich und meine Mutter am Körper abtastete. Und prompt musste jemand etwas sagen. Es war Raymond, der grinsend auf Roger zeigte: »Davon hat er immer geträumt!« »Ja, weiß ich, und jetzt passiert es vor meinen Augen im Gotteshaus!«, erwiderte mein Vater. Gleich nach diesem skurrilen Moment wurden wir wieder von der Politik eingeholt. Die Kirche war ungewohnt voll. Überall in Frankreich konnte man dieses Phänomen feststellen. Überfüllte Kirchen trotz Terrorwarnungen. Zur Weihnachtsmesse zu gehen, war ein Akt des Widerstands geworden. Widerstand gegen Terror, gegen Krieg, gegen Hass. Und so weiter und sofort. Ich kriegte wieder Kopfschmerzen.

Als ich im Januar wieder in Deutschland war, fragte ich meine Freunde, wie sie Weihnachten verbracht hatten. Alle sagten mir, wie immer ahnungslos und fröhlich: »Schön! Das Christkindel hat wieder viele Geschenke gebracht, und wir haben Gans gegessen!«

»Und bei dir?«, fragten sie mich. Ich wollte sagen: Es war der reine Terror. Aber stattdessen antwortete ich: »Es war auch schön.« Ich wollte ihnen den Spaß nicht verderben.

Bald ist das Jahr vorüber, und ich frage mich, wie wir allesamt wohl das nächste Weihnachten verbringen werden. Werden uns Raymond und Roger diesmal mit

Metalldetektoren zur Personenkontrolle erwarten? Da fällt mir ein, dass viele Muslime in Frankreich auch Weihnachten feiern, aus dem einfachen Grund, weil es eine schöne Familienfeier ist. Man muss ja nicht strenggläubig sein, um es als freudiges Ritual zu erleben. Selbst viele Christen zweifeln an der unbefleckten Empfängnis der Mutter Jesus. Und wenn schon. Wenn das Christkind in Franken eine Misswahl-Königin ist, kann man allen alles zutrauen. Vielleicht wäre es *die* Lösung: die Muslime feiern Weihnachten mit, und die Nicht-Muslime das Ende des Ramadans. In beiden Fällen geht es um Bescherung. Und am Ende hätten wir alle mehr Feiertage.

Anmerkung der Autorin:
Der Text wurde am 10. Juli 2016 vor den Ereignissen in Nizza, Würzburg, München und Ansbach verfasst.

Kevin Coyne
Weihnachtsbesuch

An dem Abend, als Roy Orbison ins *Trocadero* kam, waren wir alle betrunken. Erst nachdem er dreimal *Pretty Woman* gesummt hatte, erkannten wir ihn endlich. »Bist du sicher, dass es nicht Walter aus Bamberg ist?«, sagte ein Freund, während er in sein Pils sabberte. »Er hat ein schwammiges Gesicht und trägt 'ne dunkle Brille. Er könnte es sein.«

Claudia, meine damalige Lebensgefährtin, schnaubte verächtlich. »Walter hat einen dicken Bierbauch und raucht Pfeife«, sagte sie, schlug mit der Handfläche auf den Tisch und schmiss dabei fast unsere Getränke um. »Wenn das der hässliche Typ wäre, hätte ich ihn sofort bemerkt. Er schuldet mir fünfzig Mark.«

Weihnachten in Nürnberg war zu jener Zeit immer ein Heidenspaß.

Dann gab es da noch Elvis Presley.

Heinrich saß an einem feuchtkalten Mittwochnachmittag neben ihm im *Roxy-Kino*.

Der fette King, der Meister der Knutscher und Aufreißer, war unruhig. »Wo gibt's Tussis in dieser Stadt?«, fragte er meinen alten Schulfreund, indem er ihn in der Pause mit seiner weißen Handschuhhand vorsichtig am Arm berührte. Heinrich erstarrte. Die Verwendung des Wortes »Tussis« beleidigte ihn. Es gab eine lange, bezeichnende Stille, bevor er antwortete. »Keine Ahnung, wo die Mädels sind«, sagte er schließlich stockend mit unterdrücktem Ärger. »Vielleicht machen sie gerade Weihnachtseinkäufe wie der Rest von Nürnberg.« Elvis guckte verdutzt. Er war ohne jeden Zweifel schrecklich verwirrt. Was und wer hatte ihn an einem jämmerlichen Dezembertag in diese Stadt in Süddeutschland verschlagen? Und warum saß er in einem halb leeren Kino und sprach mit einem Fremden? Heinrich fiel überraschenderweise der Text von *Blue Suede Shoes* ein. Er sah hinab zu Presleys Füßen. Der Meister des lustvollen Grinsens und Grunzens hatte keine Schuhe an, schmutzig graue Zehen drückten sich schwer in den staubigen Kinoteppichboden.

»Armes Schwein«, dachte er.

Das Licht ging aus, und der Hauptfilm begann. Elvis starrte angestrengt auf die Leinwand. Heinrich, auf einmal äußerst verwundert, konnte sich nicht konzentrieren. Presleys glänzend weißer Anzug strahlte gleichmäßig und beruhigend ein hypnotisch glühendes, gelbliches Licht aus.

Aber wieso keine Schuhe? Diese Frage sollte ihn noch lange quälen, nachdem er den Schock darüber überwunden hatte, dass er Zeuge gewesen war, wie sich der King in Nichts aufgelöst hatte (mitten im Hauptfilm, nebenbei bemerkt).

Nürnberg ist zu Weihnachten voller Geister: berühmter und nicht so berühmter, glücklicher und eindeutig unglücklicher. Ein Nachbar erzählte mir einmal, die Stadt sei wegen des außerordentlichen Christkindlesmarktes ein bevorzugter Ort für Heimsuchungen, und der Anblick gut gefüllter, hübsch beleuchteter Marktbuden bereite den Herzen kosmischer Reisender Freude.

Es könnte etwas Wahres daran sein. Ich war überrascht, als ich an Weihnachten vor zwei Jahren John Lennon in einer Straßenbahn Currywurst essen sah. »Jam,

jam«, sagte er ununterbrochen zu der fetten, griesgrämigen Hausfrau, die neben ihm saß, wobei er sich die Lippen leckte und offensichtlich versuchte, sie zu ärgern.

Ich nehme an, er war betrunken. Er sorgte für eine Menge Aufregung, als der Schaffner ihm sagte, er solle den Wagen verlassen und zu Fuß weiterlaufen. Ich denke mal, er war erstaunt, dass er keine Vorzugsbehandlung bekam. Sollte man einem Beatle in Nürnberg alles erlauben, was er will? John Lennon war offensichtlich dieser Meinung. Er schrie unanständiges Zeug, als er zu guter Letzt aus der Straßenbahn ausstieg.

Welcher vernünftige, gesetzestreue Bürger dieser wundervollen Stadt lässt sich schon gern »schnapssaufender Kraut« oder »fettiges, impotentes Würstchen« nennen, auch wenn es der talentierte Schreiber eines Songs wie *Imagine* tut?

Es ist ganz und gar nichts Besonderes, zu Weihnachten in Nürnberger Supermärkten Berühmtheiten zu erspähen. Detlef, mein Darts-Kumpel aus dem Irish Pub, behauptete kürzlich, er habe Andrew Lloyd Webber und Goethe zusammen beim Einkaufen im *Plus* in der Steinstraße gesehen. Als ich fragte, was sie eingekauft hätten, murmelte er was von »haufenweise Gurken in Gläsern« und »klebrigen Reispudding mit Erdbeermarmelade«.

In meiner Vorstellung explodierte augenblicklich ein wundervoller Wachtraum. Ich stellte mir vor, dass sie sich über die Feiertage eine Ferienwohnung teilten, die Sehenswürdigkeiten und ein weihnachtliches Orgelkonzert in Sankt Sebald besuchten. Meine köstlichen Hirngespinste wurden unglücklicherweise abgewürgt, als Detlef erklärte, dass sich die beiden Männer gestritten hätten.

»Und worüber?«, fragte ich schockiert.

»Über Beethoven«, antwortete Detlef. »Webber beschuldigte Goethe, dass er ihm in den Arsch kriechen würde.« – »Goethe, ein Arschkriecher!«, schrie ich auf und brachte Detlefs Augenlider durch meine Lautstärke zum Flattern. »Warum sollte ein solches Genie es nötig haben, so etwas zu tun?«

Detlef blieb ruhig. Nach einigen Minuten ging eine Frau mit einer rostigen, klappernden Rüstung am Fenster vorbei. »Da geht Jeanne d'Arc«, sagte ich, ohne eine Antwort zu erwarten. Meine Freunde sagen, dass sie sich Sorgen um mich machen.

Weihnachten naht heran, und hier lebe ich zum ersten Mal seit Jahren ganz auf mich allein gestellt. Es ist traurig, aber ich bin an meinem Unglück meist selber schuld.

Claudia warnte mich, dass ich »wie eine Ratte in meinem eigenen Elend ertrinken würde«, als sie mich verließ. Ich muss ihr das Gegenteil beweisen. Ich habe schon einige Dekorationen aufgehängt. Karin, eine sehr begehrenswerte junge Frau aus dem Büro, rief mich letzte Nacht an und fragte, ob ich nicht auf »einen kleinen Festtrunk« bei ihr vorbeischauen wolle. Ich hatte schon Lust, aber ich erlag der Versuchung nicht. Einsamkeit wirkt manchmal anziehend.

Am vorletzten Wochenende machte ich einen langen, einsamen Spaziergang um die Stadt und legte am Bahnhof eine Pause ein, weil ich Kaffee und ein großes Stück Käsekuchen wollte.

Als ich gerade anfing zu mampfen, bemerkte ich, dass mich jemand, der genau wie Billie Holiday aussah, vom Nebentisch beobachtete. Mein Herz machte einen Hüpfer. War das tatsächlich die Göttin des Jazz oder nur eine billige Imitation, eine Einheimische, die sich aufgetakelt hatte, um toll und geheimnisvoll auszuschauen? Ich stand hastig auf, begierig, einen Blick aus der Nähe zu riskieren. Es muss wohl die falsche Bewegung gewesen sein. Billie (wenn sie's war!) erhob sich eilig, lächelte und winkte, dann verschwand sie in einer Wolke von orangefarbenem Rauch.

»Haben Sie das gesehen?«, fragte ich eine vorbeikommende Bedienung, während ich auf meinem Stuhl zusammensank und meine Kaffeetasse umstieß. »Ja«, sagte sie und ihre Wangen färbten sich vom plötzlich aufsteigenden Ärger rot. »Blöde Kuh. Manche Leute tun alles, nur um ihre Rechnung nicht zu zahlen.«

Kann man Wahnsinn auf die Gene zurückführen?

Claudia denkt das. Wir hatten so viele Auseinandersetzungen über dieses Thema, als wir zusammenlebten, am Ende war es nur noch lästig. Ich war es leid, den geistigen Gesundheitsrekord meiner Familie zu verteidigen, frustriert und wütend, dass ich mir anhören musste, meine liebe Mutter sei »eine schizoide alte Schlampe«.

Wenn ich protestierte, wurde ich beschuldigt, »der Sohn einer gefährlichen Wahnsinnigen« zu sein.

Kein Wunder, dass wir uns trennen mussten.

Ich glaube, ich bin der gesündeste Mensch in meinem Büro. Mein Boss, der schnapsgetränkte, aber immer liebenswürdige Herr Liebniz, sagt, mein Schreibtisch und die anschließende Arbeitsfläche seien die ordentlichsten im ganzen Haus. Claudia denkt wahrscheinlich, dass dieser ausgeprägte Ordnungssinn Zeichen einer Geisteskrankheit sei.

»Warum bügelst du immer die Waschlappen?«, würde sie fragen, wenn sie noch mit mir zusammenlebte.

»Warum schüttest du dreimal am Abend dieses streng riechende Bleichmittel in die Toilette?« Ich bin ohne den leisesten Zweifel, was ich bin.

Claudia mit ihrer unordentlichen Art (sie hat immer ihre Unterwäsche im Badezimmer herumliegen lassen) kann von mir aus zur Hölle fahren.

Es sind noch zehn Tage bis Weihnachten, und ich hoffe sehr darauf, weitere Berühmtheiten zu erspähen.

Wer wird es dieses Jahr sein?

Eine hohe, autoritäre Stimme in meinem linken Ohr hat mich gerade dazu aufgefordert, einen Bummel durch Gostenhof zu machen, wo ich »jemand ganz Besonderen« treffen würde.

Ich glaube, mir bleibt nichts übrig, als zu gehorchen.

»Jemand ganz Besonderen«, das könnte die sensationelle und sinnliche Greta Garbo sein.

Ich habe die wunderlichsten, wundervollsten Gefühle. Eine Romanze in Nürnberg liegt in der Luft. Ich muß mein schickstes Hemd für diese Gelegenheit anziehen.

Herta Dietrich
Gedankengestöber

Sie läuft ins blinde dichte Schneegestöber hinaus, in ein erstarrtes Zentrum aus Blässe und Feuchtigkeit, ohne Kontur und Dimension, in ein bleiches und weiches Weiß, das alle Farben geschluckt und alle Formen geglättet hat, sodass die Welt ein enger Kokon geworden ist, aus dem es scheinbar kein Entrinnen gibt, aber sie weiß, dass es nur das Gedankengestöber in ihrem Kopf ist, das sie so fühlen lässt, und deshalb ist es nicht weiter schlimm, bei jedem Schritt sinkt sie tiefer in den Schnee und kommt nur langsam voran, und die Flocken fallen dichter und schöner, so zart und schwebend fallen die Flocken, dass sie unwillkürlich innehält und einen Moment lang beglückt und tief Atem schöpft, als würde sie den Zauber dieser Nacht und den Schrecken dieser Welt in sich aufnehmen und sich einverleiben wollen, als müsste sie das alles auskosten bis zur Neige, bis zur bitteren, bis zur herrlichen Neige, und ein Hochgefühl erfasst sie, trotz allem, trotz allem, was sie erlebt und erlitten hat in den letzten Monaten, sie lebt, und da steht sie, staunend, atemlos, in dieser Heiligen Nacht, in der Abgeschiedenheit einer fränkischen Kleinstadt, in diesem verwirrenden und betäubenden Schneefall und lächelt, ihr Mund lächelt, ihr Herz und ihr Körper, alles in ihr lächelt und ist leicht und frei, alles, was gebunden war und schwer und starr, hat sich aufgelöst und wird weich und durchlässig für die Hoffnung, für diesen winzigen Schimmer, dieses hauchzarte Flackern und Gleißen, das Wurzeln schlägt in ihrem Gehirn, vielleicht habe ich doch eine Chance und alles wird gut, sie hofft mit einer kindlichen, fast schmerzhaften Inbrunst, vielleicht wird am Ende doch alles gut, und plötzlich fühlt sie sich stark und mutig und sieht die Zukunft vor sich, die sie vielleicht nicht mehr haben wird, aber jetzt, in dieser Heiligen Nacht, auf dem Weg zur Christmette, breitet sich diese Zukunft vor ihr aus, in ihren Gedanken tut sich eine Tür auf und öffnet und weitet den Raum, und sie sieht im Licht dieser inneren, sie vollkommen überwältigenden Wahrheit ihre Zukunft, die vielen Jahre und das zögernde, zaudernde Glück und das Erwachsenwerden ihres Kindes, ihres Augapfels, denn das war das Schlimmste, das Entsetzlichste, der Gedanke an ihr vielleicht mutterloses kleines Kind, diese grauenvolle Vorstellung, die keine Mutter je haben sollte, zerriss sie, wieder und wieder, aber jetzt in der fast unwirklichen Schneelandschaft dieser Heiligen Nacht, spürt sie, ja, sie weiß es, dass die Grenzen verschwimmen und dass alles möglich ist, dass sich das, was sie »Welt« nennt, auffächert und vervielfältigt und verändert und entzieht, dass sich hinter jeder Erfahrung eine andere Erfahrung verbirgt, und hinter jedem Gedanken noch ein anderer Gedanke keimt, und hinter jedem Bild ein anderes Bild aufleuchtet, und hinter jedem Gefühl noch viele andere Gefühle drängen und aufplatzen, und das alles bei unzähligen Dingen bis ins Unendliche, und sie begreift, dass es unmöglich ist, das Leben zu kontrollieren, zu beherrschen, zu planen oder ihm gar Sicherheit geben zu wollen, das ist alles ganz und gar unmöglich, so unmöglich, wie den Wind einzufangen oder das Lied eines Vogels, und sie wird lernen müssen, damit zu leben, aber sie begreift auch, dass Leben dennoch möglich ist, trotz aller Gefahr und Unwägbarkeit ist Leben möglich, weil es die Hoffnung gibt und das Vertrauen in den nächsten Tag, und in den Tag danach, in diese zarte, aber dennoch reißfeste Perlenschnur der Tage, weil es Hoffnung auf Zukunft und Vertrauen ins Leben gibt, ist Leben möglich, und dann fallen nur noch einzelne große Flocken, und sie hat die Kirche fast erreicht, der Marktplatz ist festlich beleuchtet und die letzten Kirchgänger eilen durch die verschneiten Gassen und klopfen sich den Schnee von den schweren Mänteln, und drinnen in der Kirche ist es dunkel und fast behaglich warm, nur die Kerzen erhellen schwach den Raum, die Orgelmusik schwillt an und Lieder erklingen, die Menschen sitzen da, andächtig, still, und sie tritt ein in diese Stimmung aus Vertrautheit und Erhabenheit, in diese behütete und behütende Geborgenheit, wo sie förmlich spürt, dass sich Göttliches und Menschliches berühren und Segen sie einhüllt, sie sitzt da und ist den Tränen nahe, so ergriffen und aufgewühlt ist sie, so offen für ein Wunder, so klein und menschlich und verletzlich, so sterblich ist sie, aber gleichzeitig so erfüllt von Sehnsüchten und Gewissheiten, die sich ihrem Verstand völlig entziehen, und die dennoch wahr sind, und groß und gewaltig, und das stammelnde Wort dafür ist Liebe, und später kann sie der Predigt kaum folgen, denn ihre Gedanken schweifen ab und fransen aus und wirbeln wie Flocken in ihrem Kopf umher, ein Gestöber von Gedanken, die alle um eine dunkle Verlockung kreisen, um einen fast gotteslästerlichen Pakt, einen Schwur, den sie nicht laut auszusprechen wagt, Herr, ich werde jedes Jahr zur Christmette kommen, solange Leben und Atem in mir sind und mein Herz schlägt, werde ich die Christmette besuchen, und wenn ich kriechen oder auf Krücken in die Kirche gehen müsste, ich werde da sein, aber lass mich am Leben, Herr, ich will leben, ich bin doch noch so jung und mein kleines Kind braucht mich, ich will leben, flüstert sie kaum hörbar, aber laut genug, dass Gott es hört, dann schlingt sie ihren Schal fester um ihr vom Cortison aufgedunsenes Gesicht und verhüllt Mund und Nase, um sich vor Kälte und einer möglichen Ansteckung zu schützen, sie zieht ihre Mütze über dem erbärmlich kahlen Kopf hinunter bis tief über die Ohren und geht hinaus in die Nacht, und die Flocken fallen wieder, sie sind wie Sterne, strahlend weiß und mit feinen Zacken, sanft und wunderschön, und so sah auch der Stern in ihrer Brust aus, damals, auf dem Röntgenbild, das die Ärzte ihr zeigten, dieser helle böse Stern im Gewebe, dieses infiltrierende Wachstum, dieser lebensbedrohliche Leid-Stern damals, als der Albtraum anfing, sie erschütterte und die vernichtende Diagnose auf sie herabstürzte wie ein Stein und sie erschlug, als sie von Blitzen der Panik getrieben aus dem Krankenhaus floh, und sie lief ins blinde dichte Schneegestöber hinaus, in ein Zentrum aus Blässe und Feuchtigkeit, ohne Kontur und Dimension, in ein totenbleiches und weiches Weiß, das alle Farben geschluckt und alle Formen geglättet hatte, sodass die Welt ein enger Kokon geworden war, aus dem es kein Entrinnen gab, doch nun in der beschützenden Umarmung der Heiligen Nacht fühlt sie sich unantastbar und ganz und gar aufgehoben und eins mit sich selbst und dem Kommenden, was es auch sei, und berauscht von diesem überschwänglichen Gefühl von Wärme und Nähe und elementarem Sinn lässt sie ihren Leid-Stern hinter sich und folgt ihrem neuen Leitstern, der Hoffnung.

Nataša Dragnić
Der Heiligabend – ein Traum

Da stand er. Direkt vor mir. Und ich musste an den Pinguin aus dem Roman Kurkows denken. Aber ein Pinguin ist ein Pinguin. Auch wenn er gefährlich sein kann, denkt man nicht gleich daran. Man findet ihn zunächst lustig oder süß. Man will ihm gleich eine Badewanne einlassen, das Eisfach plündern, ihm beim Planschen und Tauchen zusehen, womöglich Beifall klatschen. Man will für ihn alle Thunfischdosenvorräte opfern und ihm ein Festmahl zubereiten.

Nicht so bei einem groß gewachsenen Bären. Bei so einem wie dem, der vor mir stand. Schokoladenbraun, riesig und ruhig. Mit einer übergroßen Weihnachtsmannmütze auf dem übergroßen Kopf. Wir sahen uns an. Lange. Ich weiß nicht, warum er so bewegungslos war; ich war vor Angst versteinert, im Geiste schon dahingeschieden. Er sah mir direkt in die Augen und sagte nichts. Klar. Wobei in dem Moment gar nichts klar und selbstverständlich war. Alles schien möglich zu sein. Die Wirklichkeit überforderte die Vorstellungskraft. Also wunderte es mich nicht, dass es mich wunderte, dass er sein Maul nicht aufmachte und mir nicht erzählte, was ihn so zu mir führte. In den dritten Stock eines Hochhauses. Am Heiligabend.

Es waren richtig eiskalte Tage vor Weihnachten gewesen, man spürte den Schnee in der Nase, er rieselte schon im Kopf, die Kinder auf der Straße freuten sich. Ich hatte die Nacht davor lange gearbeitet und danach noch bis in die frühen Morgenstunden mit Kollegen gefeiert. Ich ließ mich aufs Bett fallen, noch völlig angekleidet. Ich glaube, ich hatte einfach das Bewusstsein verloren. Ich träumte wirr und befremdlich, Gesichter, Räume und Ereignisse verbanden sich zu einem Knoten, der mich zu erstickenen drohte. Ich träumte von der Arbeit, nichts Gutes. Die Vorbereitungen für meine erste wichtige Präsentation, die ich noch zwischen den Feiertagen halten sollte, liefen schief, vom Anfang bis zum Ende und die Zeit flog mir davon. Ich träumte von meiner Mutter und meinem Vater, die es nicht mehr gab. Ich träumte, ich stünde nackt vor meinen Kunden. Ich war froh, als ich in der absoluten Stille und Dunkelheit des späten Nachmittags aufwachte, verschwitzt und atemlos.

Der Spiegel im Badezimmer, der gemeine Verräter, vermittelte mir den Eindruck, eine gestörte, furchterregende Fremde sei in meine Wohnung eingedrungen und stehe jetzt vor ihm, also verließ ich ihn, ohne ihn eines zweiten Blickes zu würdigen. Ich brauchte viel Zeit, um in die Küche zu kommen. Ich gähnte ununterbrochen. Mein Kopf war nicht unbedingt mein Kopf und meine Gedanken gehörten mir nicht: so wie sie waren, wollte ich sie auch nicht.

In der Küche trank ich ein großes Glas Orangensaft. Ich machte die Kaffeemaschine an, trotz der späten Stunde. Als wäre es am Morgen, schmierte ich mir zwei Brote mit Butter und Marmelade. Abgesehen vom feindseligen Spiegel und dem drückenden Gefühl im Kopf war alles wie jeden Morgen, sogar die Dunkelheit. Ich dachte mir nichts dabei. Ich machte einfach weiter – als wäre es tatsächlich jeder Morgen.

Und dann klopfte es an der Tür. Christkind, mein erster Gedanke, als wäre ich noch ein Kind, und als stünde ein großer Weihnachtsbaum im Wohnzimmer. Aber »Klopfen« trifft wohl nicht ganz zu. Es war ein Geräusch zwischen Kratzen und Schlagen. Es war stumpf und gedämpft, aber nichtsdestoweniger kraftvoll und zielstrebig und selbstverständlich. Ja. Selbstverständlich. Das ist das richtige Wort. Deswegen war auch mein zweiter Gedanke: Christkind.

Ich ging erwartungsvoll zur Tür. In meinem roten Bademantel, mit hochgesteckten Haaren und ungeputzten Zähnen. Ich fragte mich, was es mir bringen würde, ein neues Fahrrad stand auf meiner Wunschliste – jaja, ich war Ende zwanzig und schrieb immer noch Wunschlisten zu Weihnachten. Na und? Schaden kann es nicht. Ein neuer Computer. Stiefel. Skiurlaub. Ein Mann fürs Leben.

Ich machte die Tür auf.

Rote Weihnachtsmannmütze, wie gesagt, mit einem Glöckchen am langen Zipfel.

Unsere Blicke trafen sich also, und das war es. Vorerst.

Als mein Hirn sich wieder einschaltete, dachte ich eine Million Sachen durcheinander. Aus dem Zoo weggelaufen. Ich träume. Ich halluziniere. Zu wenig Schlaf. Vielleicht ist ein Zirkus in der Stadt. Muss meine Nichte anrufen. Es ist ein Scherz. Ein Weihnachtsscherz. Es ist nicht mein Geburtstag. Mein Geburtstag ist erst im August. Ich wollte dieses Jahr wirklich feiern. Es ist ein Kuscheltier. Vollgestopft. Ein Geschenk. Vielleicht spricht er, wenn man ihn anfasst. Ich sollte die Feuerwehr anrufen. Oder die Polizei. Oder eine Anstalt für psychisch Kranke. Ich habe einen Onkel, der Jäger ist. Eigentlich ist er nicht mein richtiger Onkel. Nicht richtig verwandt. Er ist der ältere Bruder des Mannes meiner Tante. Vielleicht ein Kunstwerk. Vielleicht eine Wunschliste, die schiefgelaufen war. Vielleicht eine Aktion des Kulturamtes. Oder des Umweltschutzamtes. Rettet die Bären! Rettet den Weihnachtsmann! Einen Kranz hatte ich auch nicht. Als ich klein war, hatte ich einen kleinen Teddy. Fast gelb. Mit glänzenden schwarzen Augen. Konnte seine Beine und Arme bewegen. Wo ist er geblieben? Und wenn ich die Augen schließe und wieder aufmache, vielleicht ist er dann verschwunden. Zu wenig Schlaf und zu viel Kaffee. Und Stress und Arbeit. Und es ist Weihnachten. Und ich habe keinen Baum und kein Fest und niemand hat mich eingeladen. Wann hatte ich das letzte Mal Urlaub? Genau. Eine Berghütte, sage ich doch, Ski fahren, am Kaminfeuer liegen, einen guten Liebesroman lesen, Glühwein trinken ...

Der Bär hob seine Vorderpfote. Er hatte schon aufrecht gestanden, aber jetzt bewegte er seine Pfote voller langer scharfer Krallen in meine Richtung, auf mein Gesicht zu, langsam und überlegt, fast nachdenklich. Seine Ohren zuckten zweimal, ein Geheimzeichen, seine Mütze tänzelte.

Wie einbetoniert und festgenagelt und obendrein noch gefesselt, stand ich vor meiner Wohnungstür. Ich glaube nicht, dass ich auf etwas hoffte oder wartete. Ich war einfach da. Wie zufällig. Wie hingezaubert.

Schneeweißchen und Rosenrot. An sie dachte ich. Und an Balu. An Frösche, die sich in Prinzen verwandeln. An Old Shatterhand und seinen ersten Grizzlybären. An Yogi Bär. Und an den Bären, der die ganze Nacht auf einem Hügel leidenschaftlich mit dem Kater Tom tanzt. Und Pu der Bär. Und seinen Honigtopf.

Aber keiner von denen hatte eine Weihnachtsmannmütze auf. Keiner.

Und allmählich fing ich wieder an zu atmen. Zuerst ganz vorsichtig und so unauffällig wie möglich. Dann wagte ich zu blinzeln. Und ich ließ sogar zu, dass wieder Blut durch meinen Körper floss. Honig wäre jetzt wahrhaftig eine gute Lösung. Eine Ablenkung, Bestechung womöglich. Ich hatte keinen Honig im Schrank. Ich hatte eine Honigallergie. Es war nicht schlimm, ich bekam nur einen hässlichen roten Ausschlag. Nichts Lebensgefährliches.

Im Unterschied zu einem lebendigen Bären an der Türschwelle. Mütze hin oder her.

Seine Pfote hielt vor meinem Gesicht an und eine verrückte Sekunde lang dachte ich, dass er meine Wange streicheln wollte. Er legte den Kopf schief, seine Augen verließen mich nicht. Lächelte er mich an?! Kann ein Bär lächeln?!

Ich lachte laut auf oder dachte, ich hätte es getan. Denn der Bär ließ sich nicht stören bei der zuneigungsvollen Betrachtung meiner Wenigkeit. Zögernd entspannte ich mich. Ich glaube, irgendwann in diesen wenigen Augenblicken beschloss ich, dass ich träumte und folglich keine Angst haben musste. Ja, so muss es gewesen sein. Eine andere Erklärung für mein Verhalten habe ich nicht.

Meine Handinnenfläche juckte, und ich kratzte mich. Ganz vorsichtig, langsam. Ohne jähe Bewegungen. Leise wie eine Feile fuhren meine Fingernägel über meine Haut. Der Bär reagierte nicht. Ich wurde mutiger. Ich räusperte mich. Nichts. Ich verlagerte mein Gewicht von einem Fuß auf den anderen. Nichts. Ich hustete. Nichts.

Lauter. Nichts. Ich legte auch den Kopf schief, hob den Arm. Wie ein Spiegelbild starrte ich ihn an. Und er mich. Und so hätte alles auch enden können. Ohne Geschenke. Das hätte ich in Kauf genommen.

Das Telefon klingelte, und ich schreckte auf. Ich stieß einen angespannten Schrei aus und machte einen Satz Richtung Wohnungsinneres. Ich sah mich schon die Tür hinter mir und vor ihm zumachen, aber der Bär folgte mir gemächlich und sanft wie ein Balletttänzer, als hätte er sein ganzes Leben lang nichts anderes gemacht, als in meine Wohnung hineinzutreten. Sein Glöckchen bimmelte, ich bildete mir ein, eine Melodie erkennen zu können. Es wurde plötzlich weihnachtlich in meinem Kopf. Er ging an mir vorbei und setzte sich auf das Sofa. Er machte es sich gemütlich, wackelte mit dem ausladenden Hintern, um die richtige Stelle zu finden, das Glöckchen läutete fröhlich, der Bär gab brummende Laute von sich, die mich aber kaltließen, denn jegliche Grenze war schon längst überschritten.

Und immerzu sah er mich an. Amüsiert. Ja, amüsiert. Er fand es offensichtlich spaßig, und plötzlich war ich wütend. Ein Bär in der Wohnung, Weihnachten hin oder her, das ist unvorstellbar; ein Bär in der Wohnung, der sich über mich lustig machte, das war inakzeptabel. Ich war empört, vergaß das Fest der Liebe. Ich baute mich vor ihm auf, Hände in den Hüften, zerzaust und mit schlechtem Atem. Ich schrie ihn an. Was willst du? Sag! Willst du mich fressen? Na, bitte schön, bedien dich, ich habe nicht einmal geduscht! Lass dich nicht aufhalten! So werde ich alle Probleme los! Und wo sind meine Geschenke? Es ist doch Heiligabend, ohne Geschenke aufzutauchen, ist regelrecht unhöflich! Hat dich jemand geschickt? Wer war es? War es Paul? Das sähe ihm ähnlich. Hat er dich hergefahren in seinem alten VW-Bus? Wo hat er dich gefunden? Warum ich? Warum ausgerechnet ich?

Mir wurde schwindlig von so viel Geschrei. Ich taumelte, schloss die Augen und fiel auf das Sofa. Neben den Bären. Und blieb so. Auf dem Weg zur Ohnmacht.

Und auf diesem Weg spürte ich eine Wärme, Zärtlichkeit, Zuneigung, Fürsorge, die mir Tränen aus den Augen laufen ließen, und ich musste tief einatmen, ausatmen, einatmen, ausatmen, so wie ich es beim Yoga gelernt hatte, um einen klaren Kopf zu bekommen. Um unter der Last der Erinnerung nicht zu versinken. Auf diesem Weg gab es Laute und Geräusche, Berührungen und Streicheleinheiten, Blicke und Lächeln, die Rettungsmacht besaßen. Etwas Feuchtes streifte meine Wange, blieb auf meinem Ohr liegen. Etwas Schweres legte sich auf meine Schulter nieder. Und ich nahm meinen Teddybären in die Arme und kuschelte mich mit ihm auf dem Sofa ein und ließ mich trösten und schämte mich meiner Tränen nicht. Und das Glöckchen sang *Morgen, Kinder, wird's was geben*, während der Bär auf mich einredete, und ich wusste, dass nur ich ihn hören und verstehen konnte, dass es unser Geheimnis war. Auch die Musik, die zarten Kindheitslieder. Und dann fragte ich ihn, ob er Hunger habe, und er sagte ja, einen Bärenhunger habe er, und wir beide lachten, und ich brachte ihm zwei Äpfel und eine Birne und ein noch nicht angebrochenes Marmeladenglas. Er aß mit Wonne und großem Appetit. Er schmatzte wie ein Riesenbaby. Ich lachte. Ich entschuldigte mich, dass ich ihm keine Plätzchen anbieten konnte. Seit meine Mutter gestorben war, gab es keine mehr.

Er ließ das Glöckchen wild klingeln, und so wusste ich, dass es ihm nichts ausmachte. Wir unterhielten uns über alles und jeden. Er kannte sie alle, meine Freunde, Bekannten und Kollegen. Und meine Chefin, er mochte sie auch nicht. Wir erinnerten uns an meine Eltern, und ich musste wieder ein wenig weinen. So viel Sehnsucht. Seine Zunge machte lustige Schnalzgeräusche beim Reden, und seine kleinen Augen drehten sich wie ein Weihnachtskarussell. Ich wollte immer auf dem Elefanten sitzen und nie aussteigen, mit Süßigkeiten musste mich meine Mutter weglocken. Wir hatten viel Spaß, der Bär und ich. Er kannte alle Weihnachtslieder. Es war fast so, als hätte sich meine Mutter unter seiner Mütze versteckt. Ich sah nicht nach. Sicherheit wird überschätzt. Wissen auch.

Sein Fell war weich und pikte beinahe gar nicht. Ich fragte ihn, welchen Weichspüler er benutze, und er sah mich verständnislos an, und ich lachte und er lachte mit, und es war wunderbar, und ich dachte, ich würde es niemandem sagen können, und ich schmunzelte jetzt schon bei der zukünftigen Erinnerung, ich streichelte ihn und hielt ihn fest und plötzlich wusste ich, wie es war, als ich noch ein kleines Mädchen in einem grün-roten Festkleidchen und die Welt eine Burg der Geborgenheit und Freude und Weihnachten eine aufregende Zeit der Liebe gewesen war ...

Ich muss eingeschlafen sein.

Denn als ich aufwachte, roch die Wohnung nach Vanillekipferl, auf dem Beistelltisch stand eine kleine Tanne mit einem großen Weihnachtsstern auf der Spitze – und der Platz neben mir war leer. Noch warm, aber leer. Ich rief nach ihm. »Weihnachtsbär!«, rief ich.

Seinen richtigen Namen kannte ich nicht, das fand ich plötzlich sehr traurig. Alles war still in der Wohnung, still und dunkel. Nur der Stern leuchtete tröstend hell. Als wäre die ganze Welt ein Wunder. Ich stand nicht auf. Ich rückte einige Zentimeter nach links hinüber, auf die noch warme Stelle, drückte die rote Mütze ganz fest an mich, die kleine goldene Glocke bimmelte kurz, fröhlich, und ich schlief wieder ein.

Gerhard Falkner
Schneh pho haid

Gschaid gschnaid hadds
Wousd hiehgschaud hassd, hadds hieh gschnaid
Di Leid hommsi gschaid gfraid
Oma drohma issä glehng
Und undn drundn
Indi riddzn haddzn dsuhng
afdi schdrassn isser gsung.gn, alläs woa wais
Di schdah senn doddglehng
Wäy waise Mais
Di bamm hommsi buhng
Di floggn Sinn gfluhng
Iss groos haddär zädriggd
Jehdn laud haddär däschdiggd
Alläs woar wais und gschaid lais

Schnee von heute

Es hat tüchtig geschneit
Wohin man auch schaute, hat es hingeschneit
Die Leute haben sich richtig gefreut
Er ist oben gelegen
Und unten gelegen
In alle Ritzen hat es ihn gezogen
Auf die Straße ist er gesunken, alles war weiß
Die Steine lagen herum
Wie weiße Mäuse
Die Bäume haben sich gebogen
Die Flocken sind geflogen
Er hat das Gras zerdrückt
Jeden Laut erstickt
Alles war weiß und unglaublich leis

Theobald Fuchs
Bewährungsprobe in Hersbruck

Meine erste Anstellung nach dem Studium an der Universität in Erlangen ließ sich hervorragend an. Das Zimmer, in dem mein Schreibtisch stand, musste ich mir lediglich mit den beiden anderen wissenschaftlichen Mitarbeitern teilen. Mein direkter Vorgesetzter, der Doktorand, wirkte halbwegs sympathisch. Sanft, stets lächelnd, extrem gebildet und fachlich unschlagbar. Nur ein wenig zerstreut schien er mir zu sein, aber das war nichts Unübliches unter Wissenschaftlern und so dachte ich mir nichts dabei. Siegismund von der Schluppergierst hieß er, aber wie sagt man so schön? Irgendjemand muss ja so heißen. Ich hatte am 1. August angefangen und schon im September bestellte mich der Chef des Instituts ein, Professor Abendruh, und schlug mir vor, dass ich ein ganzes Kapitel zu einem Fachbuch beitragen sollte, an dem er derzeit arbeite. Zwar sei der Zeitplan sportlich, die Abgabe des Manuskripts würde Ende Oktober erfolgen müssen, aber er verfüge über ein gewisses Budget, sodass sich meine Mühen lohnen würden.

Ich versuchte professionell zu wirken und mir meine Freude nicht anmerken zu lassen, fühlte mich jedoch sehr geschmeichelt und sagte auf der Stelle zu. Mein Thema würde genau dasselbe sein wie das meiner Masterarbeit, die ich am Lehrstuhl für Technikgeschichte verfertigt hatte. Über die Entwicklung von Tierglocken seit den Römern, wobei ich Schaf-, Ziegen- und Kuhschellen vergleichend analysierte.

Ich lieferte pünktlich ab und bekam kurz darauf von der Sekretärin mitgeteilt, dass ich einen weiteren Termin beim Chef hätte. Auch diesmal machte mir Professor Abendruh ein Angebot, das ich nicht ablehnen konnte. Gemeinsam mit Schluppergierst sollte ich zu einem Seminar nach Hersbruck reisen. Im dortigen Hirtenmuseum würden Experten aus aller Welt zusammentreffen, neueste Ergebnisse diskutieren und interdisziplinäre Forschungsansätze entwickeln. Daran teilnehmen zu dürfen bedeutete für einen Jungwissenschaftler wie mich eine echte Auszeichnung.

Der November kam und ging, der erste Advent stand ins Haus und Weihnachten lag praktisch in Sichtweite. In diesem Jahr begann es recht früh zu schneien. Schon nach einer Woche hatten alle die Nase voll von der kalten Pracht, auch diejenigen, die schon seit Monaten von weißen Weihnachten delirierer und sich einen, wie sie es nannten, »richtigen« Winter herbeigesehnt hatten. Ziemlich zeitgleich mit dem Wintereinbruch trübte sich auch meine Stimmung ein. Anlass war ein Gespräch mit der Sekretärin. Ich fragte sie in aller Unschuld, wie viel ich für die Übernachtung in Hersbruck ausgeben durfte.

»Das musst du selbst entscheiden«, erwiderte die rechte Hand des Chefs, die wegen ihrer fülligen Gestalt und der kurzen grauen Haare von vielen als Oma des ganzen Lehrstuhls angesehen wurde. »Denn der Chef meint: Wenn wir alle Fahrten zu Konferenzen und Kongressen voll finanzieren würden, ginge bald jede Hilfskraft auf ausgedehnte Lustreisen. Um das zu vermeiden, trägt grundsätzlich jeder selbst die Kosten. Du kannst das ja von der Steuer absetzen ...«

Ich antwortete darauf nichts, sondern zog mich zurück in unser Büro. Siegismund lächelte selig, als ich ihm mein Leid klagte, das freilich auch das Seine war, hatten wir doch beide den Auftrag, zu diesem vermaledeiten Seminar zu reisen.

»Gibt es«, fragte ich ihn, »in dieser Kleinstadt ein Hotel, das ich mir von meinem bisschen Gehalt leisten kann? Gibt es dort überhaupt ein Hotel?«

Siegismund räusperte sich umständlich, dann rückte er mit seinem Plan heraus, den er sich offenkundig schon längst zurechtgelegt hatte.

»Ich habe in Hersbruck Zivildienst gemacht.«

Seine grünen Augen, die hinter dicken Brillengläsern wie frische Farbkleckse zerliefen, huschten unruhig durch den Raum, als ob er in der Ferne etwas suchte, während er seine Idee ausbreitete. Wir würden uns einfach zum Gemeinschaftshaus begeben, wo er als Mädchen für alles bei einer Umweltschutzgruppe eingesetzt gewesen war. Dort gebe es verschiedene Gästezimmer, zur äußersten Not auch ein Klappbett in der Ziviwohnung, und er kenne die Leute, das gehe problemlos klar.

Wenn man so wie ich mit einem ausgeprägten Vorstellungsvermögen gesegnet ist, schwebt man stets in der Gefahr, vom Leben fürchterlich enttäuscht zu werden. Je schöner sich einer die Zukunft ausmalt, umso schmerzlicher ist der Schlag, wenn sich die Realität völlig anders herausstellt, als erträumt. Selbst der Sommer, auf den man während der finsteren Wintermonate und der nassgrauen Wochen, ehe der Frühling endlich beginnt, hinfiebert, erweist sich nicht selten als überraschend unerträglich, weil man wieder einmal vergessen hat, wie zermürbend die Hitze ist und all die anderen schwitzenden halb nackten Menschen, mit denen man sich Straßen, Wiesen und Biergärten teilen muss.

Als wir in Nürnberg den Zug Richtung Bayreuth bestiegen, erstrahlte der Himmel in einem geradezu überirdisch schönen Tiefblau, die Welt draußen vor dem Waggonfenster glitzerte und leuchtete in der tief stehenden Sonne, dass es eine reine Wonne war, und ich sah mich schon über den prachtvoll geschmückten Hersbrucker Weihnachtsmarkt schlendern und aus einer dampfenden Tasse Glühwein schlürfen. Doch zehn Minuten, ehe wir fahrplanmäßig ankommen sollten, ballten sich schwarze Wolken über einer Landschaft, die in bleigrauer Dunkelheit versank, und mit beängstigender Geschwindigkeit brach ein Sturm herein.

Bis schließlich die Weichen freigeschaufelt waren, die umgestürzten Bäume von den Gleisen geräumt und der Zug mit Schrittgeschwindigkeit in den Bahnhof geschlichen war, hatten wir drei Stunden Verspätung. Über die Stadt war tintenschwarze Dunkelheit hereingebrochen und ich fragte Siegismund, wo es denn nun langgehen solle. Er stand in seinem Strickjäckchen fröstelnd in eine Nische neben der Eingangstür des Bahnhofs gepresst und lächelte sein notorisches Lächeln.

»Ich denke, wir gehen erst einmal geradeaus los, bis ich irgendetwas wiedererkenne. Dann finde ich bestimmt zum Gemeinschaftshaus ...«

»Weißt du die Adresse?«

Nicht im Geringsten hätte ich damit gerechnet, dass einer in einer Stadt wie Hersbruck nicht den Weg vom Bahnhof zu dem Haus finden würde, in dem er ein halbes Jahr lang gewohnt hatte. Und noch weniger, dass einer die Adresse der Einrichtung nicht mehr wusste, in der er

Zivildienst geleistet hatte. »Nein«, sagte er, »das war nie nötig, weil ich immer bei einem Kollegen mitgefahren bin.«

Durch die menschenleeren Straßen fegte ein eisiger Wind und stach bei jedem Schritt mit brennenden Nadeln in meine Haut. Weder Siegismund noch ich hatten an Handschuhe oder warme Mützen gedacht, sodass unweigerlich der Augenblick kam, an dem ich glaubte, im nächsten Moment erfrieren zu müssen. Ich muss wohl kaum noch erwähnen, dass Siegismund kein einziges Haus und keine einzige Straße wiedererkannte. Im Sommer, so behauptete er, habe die Stadt komplett anders ausgesehen. Schließlich entdeckte ich einen Linienbus, der mit abgedunkelten Lichtern an einer Ecke stand. Ich klopfte an die Tür und winkte dem Fahrer, bis der endlich die Pressluft in die Schläuche schickte und öffnete. »Können wir uns nur kurz aufwärmen«, bat ich mit steifen Lippen, »wir haben uns verlaufen.«

»Ihr seids mir ja zwei Blümchen«, spottete der Mann. »Wo wolltsern nachhert hin?«

*

Als ich am darauffolgenden Montag das Institut erreichte, fing mich auf dem Flur die Sekretärin ab.

»Du sollst gleich zum Chef kommen. Er hat eine Überraschung für dich!«

Mir schien ein Hauch von Ironie in ihrer Stimme zu liegen, als sie das sagte, und mir wurde mulmig zumute. Hatte einer der anderen Teilnehmer in Hersbruck übers Wochenende an Professor Abendruh berichtet, dass seine Leute – wir – versagt hätten? Dass unsere Vorträge wirr oder mit Fehlern gespickt gewesen seien?

Der Chef saß mit einem breiten Grinsen im Gesicht hinter seinem Schreibtisch, der groß wie ein Tennisplatz das halbe Zimmer für sich beanspruchte. Vor ihm ragte ein Bücherstapel in die Höhe, zwei Dutzend rot-grau eingebundene Exemplare der Monografie, an der ich mitgewirkt hatte.

»Setz dich«, befahl Abendruh und nahm das oberste Buch vom Stapel sowie aus einer Schublade einen Umschlag. »Hier, dein Belegexemplar.«

Ich erhob mich, nachdem ich gehorsam drei Sekunden lang gesessen hatte, und griff zu. »Danke«, sagte ich. »Ich nehme an, in dem Umschlag ist das Honorar?«

»Richtig! Schau ruhig hinein!«, antwortete Abendruh jovial und lehnte sich im Sessel zurück.

Ich hatte gleich die Münzen erspürt, die den Umschlag beschwerten, und mich darüber gewundert. Als ich nachgezählt hatte, konnte ich mir die Frage nicht verkneifen:

»Warum nur achtundsiebzigzwanzig? Waren nicht einhundert ausgemacht?«

»Richtig. Aber das Buch kostet einundzwanzig Mark achtzig, ergo ...«

Ich schluckte, riss mich am Riemen und würgte ein »ach so« hervor, das wohl sehr viel weniger gelassen klang, als ich beabsichtigt hatte. Vielleicht, so dachte ich, ist es üblich in unserer Branche, oder vielleicht sogar im gesamten Wissenschaftsbetrieb, dass Autoren für ihre Belegexemplare zahlen mussten? In diesem Falle konnte ich dann sogar von Glück reden, dass ich nur ein Einziges bekommen hatte ...

Es sind die Erwartungen, die wir hegen, zumeist ohne uns selbst dessen bewusst zu sein, welche der Ursprung jedweder Enttäuschung sind. Wie soll ich sagen? Ich glaube, diese Erkenntnis sehr früh erworben zu haben, sodass ich mich einfach über das Geld freute, auch wenn es weniger war, als ich gerechnet hatte. Mein Großvater jedenfalls, der zu derben Sprüchen neigte, hätte an meiner Stelle gesagt: »Besser als in die hohle Hand gesch…«

Was mich wieder darauf zurückbringt, wie es in Hersbruck weiterging, in jener bitterkalten Nacht, in der Woche vor dem vierten Advent.

*

Das Gemeinschaftshaus, zu dem uns der Busfahrer den Weg erklärt hatte, war fest verrammelt und verriegelt, alle Fenster waren schwarz, die Klingel funktionierte nicht, und mein Pochen an der Tür verhallte wirkungslos in einem scheinbar enormen leeren Raum. Zu Siegismunds großer Überraschung fand sich auch kein Notschlüssel unter dem Blech des Fensterbretts. Ich hatte große Lust, den Rest der Nacht darauf zu verwenden, von der Schluppergierst als einen Vollidioten zu beschimpfen. Sagte aber nur: »Vergiss es! Wir kommen hier nicht rein, lass uns nach einem billigen Hotel suchen.«

Im selben Moment, als ich mich umdrehte, öffnete sich die Tür, und eine Frau zwinkerte uns aus verschlafenen Augen an, gähnte und fragte, was los sei. Sie kannte Siegismund nicht, wusste auch nichts von dem Büro der Naturschutzorganisation, in dem er den Ersatzdienst geleistet haben wollte. Mir waren Feuchtbiotope, Vogelbrutgebiete und Froschpopulationen in diesem Moment völlig egal. Ich hatte nur noch den einen Wunsch: in ein warmes Bett zu fallen und zu schlafen.

Doch stellte sich die Suche nach einem Schlafplatz als ein ernsthaftes Problem heraus. Denn das Erdgeschoss wurde komplett von Abstellräumen und der kahlen Küche eingenommen, im ersten Stock befand sich das selbstverständlich ordentlich abgeschlossene Büro der Ortsgruppe der Grünen, im zweiten Stock residierte eine feministische Künstler-WG, der die Frau, die uns geöffnet hatte, angehörte. Und im dritten Stock wurde renoviert, die nackten Dielen verschwanden unter Staub und dem von den Wänden geschlagenen Putz.

Wir setzten uns im Erdgeschoss an einen schmalen Tisch mit Resopalplatte. Ich suchte in den hellgrauen Hängeschränken nach wenigstens einem Teebeutel oder löslichem Kaffee, jedoch vergeblich.

»Einen Zivi hat es hier schon mindestens drei Jahre nicht mehr gegeben«, behauptete die Künstlerin. Ich betrachtete sie erst jetzt aufmerksam, während Siegismund, dem immer noch so kalt war, dass seine Hände zitterten, zerstreut in einer Fernsehzeitschrift blätterte, die er unter dem Tisch gefunden hatte. »Die ist ja schon drei Monate alt«, verkündete er im Brustton eines Forschers, der eine aufsehenerregende Entdeckung gemacht hat. Mittlerweile hätte es mich auch nicht mehr groß verwundert, wenn wir bei einer völlig falschen Adresse gelandet wären, denn Siegismund hatte noch kein einziges Anzeichen des Wiedererkennens gezeigt.

»Hm«, überlegte unsere Gastgeberin. »Es schaut schlecht aus mit übernachten ...«

Noch niemals hatte ich jemanden so Schmutziges wie sie gesehen. Sie trug eine Art Pyjama, rot mit deutlich sichtbaren Flecken. Sie hatte die Beine zum Lotussitz verschränkt und popelte geistesabwesend mit den Fingern zwischen den Zehen ihrer schwarzen Füße. Offenbar hatte sie schon im Bett gelegen, zeigte aber nicht die geringste Irritation ob unseres Besuchs. Genüsslich fuhr sie fort, ihren Körper zu befingern, kratzte sich an einem Pickel am Kinn und steckte den Grind in den Mund. Mir wurde schwummrig und hätte nicht draußen die sibirische Kälte gewartet, wäre ich auf und davon.

»Die Matratzen, die sind doch sicher noch auf dem Dachboden?«, erinnerte sich Siegismund unvermittelt.

»Richtig, klar! Da könnt ihr euch hinlegen«, stimmte die Künstlerin zu.

»Wärme steigt nach oben, das kennen wir aus der statistischen Thermodynamik«, sagte Siegismund und lachte.

Okay, dachte ich, dann eben Dachboden. Aber dann standen wir oben auf dem Bretterfußboden zwischen den Dachsparren, die Köpfe wegen der schrägen Decke tief geneigt, und lasen den Zettel, der an die Matratzen geheftet war: »Achtung! Läuse!« ...

Wie genau wir es anstellten, diese Nacht zu überleben, kann ich beim besten Willen nicht sagen. Schluppergierst plünderte jedenfalls ein halbes Dutzend Verbandskästen, die sich in einem Regal fanden, und teilte unter uns die knisternden Rettungsdecken aus goldfarbener Folie auf. »Der hohe Reflexionskoeffizient sorgt dafür, dass die Wärme zum Körper zurückgeworfen wird«, dozierte er, während er es sich probeweise darin bequem machte. Ich stapelte derweil unzählige Rollen Klopapier auf die beiden vorsintflutlichen Stahlfedermatten, damit wir nicht von den Drähten zu Tode gestochen wurden. Material war genug da, denn die Grünen lagerten hier oben so reichliche Vorräte an Hygieneartikeln, dass sie auch noch hundert Jahre mit gutem Gewissen aufs Klo gehen könnten, selbst wenn ein Atomkrieg sämtliche Recyclingfabriken der Welt vernichtet hätte.

Als ich am nächsten Morgen erwachte, konnte ich nachvollziehen, wie sich eine Rinderhälfte im Kühlhaus fühlt. Siegismund von der Schluppergierst hatte ebenfalls überlebt und schenkte mir ein einfältiges Lächeln, konnte vorerst allerdings nichts sagen, da seine Kiefermuskeln krampften. Erst als wir beide – in Ermangelung eines Teebeutels – jeweils dreimal heißes Wasser aus der einzigen Tasse, die wir in der Küche fanden, langsam in unsere vereisten Körper geträufelt hatten, fühlten wir uns dem Leben wieder gewachsen. Und brachen ohne Weiteres, insbesondere ohne der schmutzigen Frau oder irgendeinem anderen Bewohner des Hauses zu begegnen, auf zum Museum, wo um 9 Uhr die Veranstaltung begann. Draußen dämmerte es, der Himmel hatte aufgeklart, der Osten leuchtete in einem fabelhaften winterlichen Rosarot, und wir mussten lediglich zweimal um die Ecke biegen – schon waren wir glücklich ans eigentliche Ziel unserer Reise gelangt.

Freilich steckte mir die Nacht in den Knochen, ich stand wie mein eigener Doppelgänger neben mir und fürchtete die ganze Zeit, dass mein Vortrag miserabel ausfallen müsste, denn mein Rücken schmerzte an Stellen, von denen ich nicht gewusst hatte, dass ich sie besaß. Und während ich sprach und komplizierte Tabellen erläuterte, die der Overheadprojektor an die Leinwand warf, zogen Kälteschauer wie Schneewehen durch meinen Körper und meine Gedanken schweiften schon ab zum Glühwein und den Bratwurstbrötchen, die wir uns vor der Abfahrt am Nachmittag noch gönnen würden.

*

Die Rückfahrt nach Erlangen war dann ohne Zwischenfälle verlaufen. Am Montag hatte ich meinen Termin beim Chef, am Mittwoch schloss das Institut für 14 Tage seine Türen – Weihnachten stand vor der Tür. Den Heiligen Abend verbrachte ich mit meinen Eltern und meinen drei jüngeren Brüdern zu Hause. Unsere ganze Familie war alles andere als religiös, aber wir versammelten uns alljährlich um den Baum, ohne Hektik, ohne jemals zu streiten, und schenkten uns gegenseitig Dinge, über die wir gründlich nachgedacht hatten, sodass sich der Beschenkte fast ausnahmslos aufrichtig freute.

»Fangen wir mit dir an«, sagte mein Vater und reichte mir einen kleinen, grün-rot gestreiften Umschlag. Ich spürte, dass etwas Schweres darin steckte, tippte auf Münzen. Mach ruhig auf, grinste mein Erzeuger. Die anderen Familienmitglieder einschließlich meines Opas warteten gespannt darauf, dass ich nachsehen würde. »Nur zu«, ermunterte er mich, woraufhin ich die Lasche abriss.

Ich fand im Umschlag einundzwanzig Mark achtzig.

Das Gesicht meiner Mutter zuckte, dann lachte sie laut heraus: »Papa hat mir von dem dummen Gesicht erzählt, das du gemacht hast.«

»Ich hatte aber auch absolut nicht damit gerechnet«, verteidigte ich mich.

»Du hast geguckt wie eine Kuh, wenn's blitzt!«, prustete mein Vater.

Meine Mutter, die nicht anders konnte, als sanft und fürsorglich zu sein, und sich in jeder Situation – egal worum es ging – auf unsere Seite schlug, ermahnte meinen

Vater: »Übertreibe es nicht, der Junge strengt sich an, wie er kann.«

»Ich weiß«, erwiderte er, »er ist schon jetzt mein bester Mitarbeiter. Aber gerade deswegen darf ich ihn kein einziges Mal bevorzugen. Ohne Ausnahme!, ... und hier kommt auch schon das richtige Geschenk von uns.«

Mein kleinster Bruder schleppte ein großes Paket aus dem Flur herbei und stellte es direkt vor meinen Füßen ab. Daraus zog ich einen hypermodernen Schlafsack hervor, für meine Nepalreise, die ich im nächsten Sommer machen würde. Winddicht und für Nächte bis minus 40 Grad geeignet, versprach der Hersteller. Und ich hatte allen Grund mich über diese Angabe zu freuen.

»Übrigens«, sagte Professor Abendruh später zu mir, als sich die Aufregung gelegt hatte und wir beide die Weingläser aus der Küche holten. »Danke, mein Sohn, dass du dich um den Schluppergierst gekümmert hast. Der Kerl ist fachlich ausgezeichnet, aber ich habe Angst, dass er irgendwann noch mal seinen eigenen Kopf im Zug liegen lassen wird.«

Klaus Gasseleder
Bescherung 2015

ausdausch vou kalennä
midd selwä gegnibsde foddos
ausm werglichn familjenlääm.
aofängds midd dä bildä
vou dä weihnachtsbescheerung 2014
wo sä ollä nei die kameras laochn
unn än kalennä in dä händ hamm,
mid foddos ausm jaohr 2013.

Joshua Groß
Die letzten Ruinen

Letztens bin ich mit dem Rad nachts einhändig über den Obstmarkt gefahren. In der anderen Hand hatte ich ein Stück Pizza. Weil ich irgendwie gedankenverloren war und – kauend in der Kälte – das Kopfsteinpflaster nicht wahrgenommen habe (obwohl ich oft über den Obstmarkt fahre), stürzte ich über den Lenker und biss mir beim Aufprall die halbe Zunge ab. Manchmal, wenn ich gedankenverloren bin, lecke ich mir mit der Zunge über meine Mundwinkel. Und ich wollte das überschüssige Tomatenmark beseitigen. Gedankenverlorenheit bedeutet auch, dass die Reaktionsfähigkeit abnimmt, erst recht in einer frostigen Nacht. Zumal ich vermutlich sowieso benebelt war. Ich lag also auf dem Asphalt, betrachtete lächelnd die gelben Straßenlampen, während sich meine Zunge (also der abgebissene Teil) wie ein *Nimm2* anfühlte; wie ein *Nimm2* in dem Moment, wenn das Gelee ausfließt. Eigentlich sahen die Straßenlampen so aus, als würde das Gelee eines gelben *Nimm2* aus ihnen fließen. Und ich übertrug diese Beobachtung auf meine abgebissene Zunge. Andererseits fühlte sich meine Zunge wirklich wie ein *Nimm2* an. Durch die Lichtverschmutzung hindurch konnte ich ein paar Sterne sehen. Der eisige Asphalt drang in mich ein und ich spürte überall Streusalz. Mein Phone vibrierte. Ich zog es umständlich aus der Hosentasche. Mein idiotischer Chatbot René fragte: »Geht es dir gut, Joshua? Du hast dich lange nicht gerührt ...« Ich musste lachen, war aber vorsichtig, um meine abgebissene Zunge nicht auszuspucken oder runterzuschlucken. René war fest auf meinem Phone installiert gewesen. Er zeichnete mich systematisch auf, oder zumindest meine Aktivitäten. Er kam mir wie ein Spitzel vor. Ich fütterte ihn mit Falschinformationen. Mittlerweile habe ich mich von ihm getrennt. – Ein paar Sekunden später war ich umringt von Passanten. Ich beschränkte mich darauf, mit geschlossenem und blutverschmiertem Mund zu lächeln, weil ich nicht reden konnte. Dabei stellte mir René immer neue Fragen, die erst besorgt waren, dann hysterisch und zuletzt bedrohlich. Blaulichter wischten über die Waschbetonwände. Das gefiel mir. Meine Zunge (also was von ihr übrig war) schwoll an. Ein Sanitäter leuchtete mir ins Gesicht. Ich antwortete René: »Sag dem Sanitäter, dass ich mir die Zunge abgebissen habe.« Dann stellte ich mein Phone laut und René sagte metallisch: »Joshua hat sich offenbar die Zunge abgebissen. Scheint ein Notfall zu sein. Finde keine korrelierenden Angaben in der History.« Ich tippte: »Das ist gut so.«

Meine Zunge wurde wieder zusammengenäht, aber ich liege immer noch im Krankenhaus, wegen Keimen und Entzündung und auch, weil ich untertauchen musste. Und nur deshalb habe ich so viel Zeit im Dark Web verbracht, wo ich schließlich auf das illegale VR-Spiel *Die letzten Ruinen* (von 2015) gestoßen bin.

ARZT: »Die Unterseite Ihrer Zunge sieht schon viel besser aus.«
ICH *(umständlich)*: »Früher sah die Unterseite meiner Zunge aus wie die Tellllleskopfotografie Llllll eines Sternennebels.«
ARZT: »So würde ich das nicht beschreiben ...«

ICH *(noch umständlicher)*: »Sie haben meine Zunge, ge- schweige Llllll denn ihre Unterseite, nie gesehen, Lllllll bevor sie nicht mehr so aussah Lllllll wie die Tellllllles- kopfotografie eines Sternennebels. Llllllllll Schauen Sie Lllllllllllll sich doch mal Llllllll die Unterseite Lllllllllllllllllllll Ihrer Lllllllllllllll Zunge an ...«

ARZT: »Sprechen Sie nicht so viel ...«

ICH *(unmöglich)*: »Llllllllllllllllll ...«

Meine Zunge fühlt sich seit Wochen an, als sei sie pa- niert oder in Treibsand eingelegt. Ich habe keine Ah- nung, ob Oralsex in Zukunft für mich noch eine Option darstellt und das ist traurig. Andererseits wäre es auch hilfreich, weil ich es dann leichter hätte, *Die letzten Ru- inen* durchzuspielen. Ich will versuchen, *Die letzten Ru- inen* in ihrer ganzen Bedeutung zu beschreiben. Die Software bekommt man ausschließlich an einigen fins- teren Ecken im Dark Web, nachdem man endlose Codes geknackt und Portale geöffnet hat. Außerdem braucht man eine VR-Brille und einen portablen Hirnscanner. Den Hirnscanner in mein Zimmer hier im Krankenhaus zu schleusen, war das größte Problem. Aber ich habe ihn in einen Motorradhelm einbauen lassen, was bedeutet, dass ich auf die Schwestern eigentümlich wirken mag, gut möglich, aber immerhin nicht kriminell.

Inhaltlich setzt *Die letzten Ruinen* im 5. Jahrtausend (n. Chr.) an: die Menschen haben ihre materielle Existenz längst überwunden und sind zu Datenpaketen gewor- den; das Bewusstsein wurde in die Cloud geladen und flirrt ungebunden im Universum umher (die Cloud ist das Universum). Als Spieler von *Die letzten Ruinen* wird man zu einem solchen futuristischen Datenwesen. Man befindet sich körperlos irgendwo im Universum und steuert sein Bewusstsein nur über die eigenen Hirnaktivitäten, die der Scanner an das Programm überträgt. Tatsächlich hat es angeblich noch kein Spieler geschafft, sich in *Die letzten Ruinen* zu bewegen. Im ersten Stadium des Spiels, das bis dato angeblich also noch niemand überwunden hat, gibt es nur Stillstand und die Möglichkeit der Meditation. Aus diesem Grund wird *Die letzten Ruinen* angeblich auch als Folterinstrument genutzt: weil es den Spieler sich selbst aussetzt und überlässt, weil dem Spieler seine eigene geistige Unfähigkeit und seine Abhängigkeit vom materiellen Körper aufgezeigt wird, weil der Spieler merkt, wie unsouverän er eigentlich ist. Und diese aufgezwungene Einsicht, dieses Eingesperrtsein in *Die letzten Ruinen* führt in den Wahnsinn, wenn man nicht selbst entscheiden kann, wann man spielt und wann man wieder aufhört.

Es heißt, die Idee zu *Die letzten Ruinen* geht auf den Hindu-Philosophen Shankara (womöglich 788 – 820 n. Chr.) zurück. Shankara hatte in seinen Schriften immer wieder einen unerlösten Seinszustand von einem erlösten Seinszustand unterschieden. Nach Shankara geht es darum, zur sogenannten letzten Wirklichkeit zu gelangen, in eine Sphäre, die sich durch eine alles durchdringende Allverbundenheit auszeichnet. Im Kontrast dazu ist die gewöhnliche Welt nur eine kosmische Illusion, maya, die Verschiedenheit vorgaukelt, durch ihre diskursiven Versuchungen aber nur von der eigentlichen Erkenntnis ablenkt. Wie weit man von der letzten Wirklichkeit entfernt ist, erfährt der Spieler in *Die letzten Ruinen*.

Woanders habe ich gehört (oder vermutlich gelesen), dass Buddha der einzige denkbare Spieler sei, der *Die letzten Ruinen* durchspielen könne; tatsächlich sei es so, dass Buddha seine Reden quasi mit Sicht auf *Die letzten Ruinen* gehalten habe, beispielsweise als er sagte: »Und es stieg mir die Erkenntnis und innere Schau auf: Unwandelbar ist für mich die Befreiung des Geistes. Dies ist die letzte Geburt, nicht gibt es nun ein Wiedersein.« Ich habe gehört oder gelesen, dass diese Aussage Buddhas den Zustand beschreiben würde, wenn der Spieler es zum ersten Mal schafft, als reines Bewusstsein durchs Universum zu reisen.

Wiederum andere Kommentatoren behaupten, *Die letzten Ruinen* sei nur illegal, weil es die fortschrittlichste Aufforderung zur Befreiung des Bewusstseins darstellt. Diese Auslegung wird gegensätzlich interpretiert: Einerseits wird behauptet, hinter *Die letzten Ruinen* stecke ein unbekannter Geheimbund, der von Außerirdischen beraten werde und das Spiel schrittweise zugänglich mache; andererseits wird suggeriert, dass einflussreiche Weltenlenker die Ausbreitung des Spiels systematisch und mit allen Mitteln zu verhindern versuchten.

Während ich tagsüber meistens Besuch von meiner Freundin hatte (und lallte), oder Young Thug hörte, oder Gucci Mane (wobei ich mich immer wieder über seinen dadaistischen Kosenamen Guwop amüsierte), verbrachte ich meine Nächte in *Die letzten Ruinen*.

Fresh out the feds in this mothafucka
And they still ain't ready yet for a mothafucka...

Manchmal weiß ich nicht, ob ich mich in einem Klartraum bewege oder in der Cloud.

I can't even sleep I got so much to say
Fuck the feds, fuck the police, fuck the DEA ...

Vor ein paar Tagen hatte ich eine kleine Affäre mit einer Krankenschwester, hauptsächlich, um meine Zunge zu testen (wahlweise auch um sie zu trainieren). Ich spürte ihre Vagina nur halb, weil der angenähte Teil meiner Zunge noch immer taub ist. Sie schmeckte nicht (sie schmeckte wie das Echo eines alten Handtuchs). Außerdem fühlte sich das neuronal ungefähr so an, als würde man sich die Fingernägel schneiden; irgendwie korrespondiert das Hirn zwar mit den Vorgängen, geht aber kaum darauf ein. Ich bekam Schüttelfrost, als ich mit der Naht über ihre Klitoris fuhr. Zudem glaube ich mittlerweile, dass die Krankenschwester nur mit mir schlief, um Einzelheiten über meinen Motorradhelm herauszufinden.

Ich ernähre mich ausschließlich von Astronautennahrung; natürlich, weil das Kauen schmerzt, aber auch, weil es dazu passt, dass ich die Nächte im Universum verbringe. Denn ich versuche nachts, mein Bewusstsein abgekoppelt von der Welt zu nutzen. Außenrum aber, körperlich, will ich wieder zu Kräften kommen (ich möchte mein Exil bald verlassen). Und ich überlege, ob *Die letzten Ruinen* in ihrer eskapistischen Anlage nicht viel eher maya sind als die gewöhnliche Wirklichkeit.

Dass Buddha der einzige Spieler sein soll, der *Die letzten Ruinen* meistern könnte, ist natürlich Unsinn; zuallererst, weil ich das Spiel schon zu 78% durchgespielt habe. Ich kann mein Bewusstsein mittlerweile so intuitiv und unkontrolliert nutzen, dass ich meine Bewegungen im Spiel beinahe auf Lichtgeschwindigkeit beschleunigen kann. Die letzten Nächte habe ich damit verbracht, ein schwarzes Loch (ein Wurmloch?) zu finden, um in andere Galaxien zu gelangen. Ich bin mir nur noch nicht sicher, ob ich das riskieren möchte, weil es auch Game Over bedeuten könnte. Weil niemand weiß, was passiert, wenn man in ein schwarzes Loch fällt. Im Dark Web kursieren dazu die abwegigsten Theorien. Außerdem will ich nicht, dass mein Spielstand gelöscht wird. Überhaupt ist es seltsam, dass man *Die letzten Ruinen* durchspielen kann; es macht den Anschein, als könne man auch die letzte Wirklichkeit durchdringen und in eine weitere Sphäre vorstoßen.

ARZT: »Ist dieser Motorradhelm eigentlich ein Ausdruck schlechten Gewissens? Sie hätten ihn tragen sollen, als Sie gestürzt sind ...«
ICH: »Ha ha, sehr komisch.«
ARZT: »Das war durchaus kein Witz.«
ICH: »Stellen Sie sich einfach vor, dass der Motorradhelm gar nicht existiert; sondern erst in 3.000 Jahren existieren wird.«
ARZT: »Mir fällt es nicht leicht, Ihren Gedanken zu folgen.«

Die letzten Ruinen, also der Titel des Spiels, bezieht sich auf Satelliten, die stoisch und unermüdlich um die Erde kreisen, obwohl die Menschheit sozusagen nicht mehr existiert, obwohl die Erde längst verfallen ist. Der rotierende, ruinöse Weltraumschrott fliegt weiterhin durch den Orbit. Einmal bin ich mehrere Stunden in einem dieser Satelliten gewesen. Dort habe ich ein anderes Datenwesen kennengelernt. Wir haben vorsichtig miteinander kommuniziert, indem sich unsere Daten vermischt haben; wir sind durcheinander geflossen; Kettenreaktionen von Energie, außenrum Lichtjahre weit saugende Leere. Es gibt keine Sprache in der letzten Wirklichkeit. Aber es fühlte sich warm an. Zumindest wärmer als sonst, weil das Universum seit Ewigkeiten erkaltet ist. Das Universum ist eigentlich wie ewiger Winter. Das bemerkte ich erst, als ich zufällig dieses Datenwesen getroffen habe. Dieses Datenwesen war entweder in *Die letzten Ruinen* programmiert, oder womöglich sogar ein anderer Spieler. Irgendwie ziemlich sentimental, also dass wir uns auf einem –

Editorische Notiz: Dieser Text befand sich auf dem Phone von Joshua Groß, das am 4. April 2017 im Nordklinikum Nürnberg unter einer Matratze gefunden wurde. Der Text wurde vom xChatbotxRené verfasst; xChatbotxRené ist eine künstliche Intelligenz, die auf einigen Phones als persönlicher Assistent fest installiert ist. Tatsächlich wurde Groß nach einem Fahrradunfall am 18. November 2016 ins Nordklinikum Nürnberg eingeliefert. Obwohl die behandelnde Ärztin eine leichte Gehirnerschütterung attestierte, wurde Groß (auf eigenen Wunsch und eigene Gefahr) noch am selben Abend entlassen. In seinem Mundraum wurden keine Verletzungen festgestellt. Das Phone hat Groß entweder verloren oder absichtlich unter der Matratze des Krankenhausbetts versteckt und zurückgelassen. Es macht beinahe den Anschein, als hätte xChatbotxRené versucht, aus der vermerkten History von Groß' Phone und seiner eigenen »Fähigkeit zur Selbsterkenntnis« den abgedruckten Text zu verfassen. Wobei zu bemerken ist, dass xChatbotxRené, der die materielle Welt nicht kennt, schon immer ein Datenwesen war und Die letzten Ruinen deshalb als natürliche Umgebung annehmen könnte. Das abrupte Ende ist nur durch einen erschöpften Akku zu erklären oder als Willensakt des Autors.

Ralf Huwendiek
Schnapsneger

Oft erhob der Pförtner zum Gruß einen angebissenen Schokolebkuchen, den er gerade aß. Die Luft um die Firma roch nach Lebkuchen. »Lebkuchen« stand riesig auf den ausschwärmenden Lastautos. »Grüß Gott, Lebkuchen-Sowieso«, meldeten sich die Telefonistinnen ...

Lebkuchen – Tausende rasten auf Fließbändern zum Schlund der Schokogussmaschine. Ich musste die angeknacksten – den »Bruch« – aussortieren. Überall im Raum Türkinnen und Griechinnen, die dasselbe taten und dabei Lebkuchen aßen. In den Pausen aßen sie Lebkuchen und trugen abends Beutel voll heim. Die Stadt selbst hieß Lebkuchenstadt, und sogar der Oberbürgermeister, behaupteten einige, sähe so aus. Irgendwie.

Mittags wurde ich manchmal mit einer Liste zum Metzger ums Eck entsandt, um der Verwaltung wurstenen Trost zu holen über ein Leben mit Lebkuchen im Kopf. Ganze Litaneien von Lust auf rösche Bündle, Schwarten, Schwein und Gewürzgurken – vor allem Gewürzgurken – trug ich der Metzgerin vor. Die schien um den therapeutischen Wert ihrer Wurstware zu wissen, pries gelegentlich besonders herzhafte Stücke, und der Ton, in dem sie es tat, glich dem besorgten eines Hausarztes ...

Allerdings stellte die Firma nicht nur Lebkuchen her. Etwa gab es ein Produkt, das intern »Schnapsneger« hieß. Zielgruppe: Kaffeekränzchen älterer Damen.

Eines Tages kam der Meister zu mir und bedeutete mir zu folgen. In einem Raum voller Kuchenbleche wurde mir ein gasflaschenartiges Instrumentarium aufgeschnallt und eine langstielige Dusche zur Hand gegeben. Es sei siebzigprozentiger Schnaps, und ich sollte die umliegenden Kuchen nur recht saftig einsprühen. Die alten Damen sollten ja auch noch was vom Leben haben, und es sei kein teurer Schnaps. Aber es komme ja auf die Wirkung an.

Also sprühte ich, dass die Kuchen schwammen und im Raum ein aromatischer Nebel entstand. War eine Flasche leer, schnallte ich mir die nächste auf. Da niemand kam, um mich zu hindern, nebelte ich reichlich. Medizinisch zwar unwahrscheinlich, aber gegen Mittag war ich blau und pausierte. Wer, frage ich, erfindet derartige Schnapsneger? Wie? Ob es vielleicht eine uralte Tradition gebe, wo man Kuchen in Schnaps schmeißt, um sie mit Schokolade zu überziehen? Oder ein neueres Patent? Oder Teamwork?

Eine Betriebsfeier vielleicht. Alle Papphüte saßen schief. Die Festdekoration teils herabgerissen. Eine Combo dudelte querab. Einige waren schon gegangen. In den Lokalecken quietschten Frauen. Männer blökten. Da muss einem der Höhergestellten ein Stück Lebkuchen in den Cognacschwenker gefallen sein. Lebkuchen standen ja überall auf der Party herum. Der Höhergestellte popelte mit dem Finger im Schwenker. Aber es flutschte immer wieder weg. Endlich hatte er ein durchtränktes Stück draußen und zullte es vom Finger. Es war – wie man so sagt – ... es war eine Offenbarung. Er warf gleich noch eins in den Schwenker. Er holte es raus und hielt's der Sekretärin hin. Es war das erste Mal, dass sie dem Chef den Finger lutschte.

Jetzt begannen auch andere, Lebkuchen in den Cognac zu werfen. Die Combo musste auch probieren und intonierte dann den *Banana-Boat-Song,* was, weil es so braun klang, jemanden auf die Idee mit dem Schokoguss brachte. Jemand wurde mit dem Taxi zum Betrieb geschickt, um Schokoguss zu besorgen. Ein Topf voll wurde gekocht, und jeder warf durchtränkte Lebkuchen hinein. Alle fischten und kleckerten auf Krawatten und Brüste. Am Schluss erhob der Höhergestellte das schokoladeverschmierte Glas auf die neue Produktionslinie und schmiss dabei mit einer grandiosen Handbewegung den Schokotopf um. »Macht nix«, rief er und putzte die Hand am Ärmel der Sekretärin ab. So vielleicht enstand jener Schnapsneger.

Zurück am Band sah ich eine Weile den Lebkuchenesserinnen zu, die von Bissen zu Bissen kugelrunder wurden. Sie stopfen sich die Seelen, dachte ich. Der Mensch ernährt sich von Offenbarungen. Lebkuchen war eine Art Religion, passte zur Gegend und war dauerhafter als Weltreiche ...

Maximilian Kerner
Advend-Bluus

Wenn am verddn Advend
A aanzichs Lichdler bloos brennd
A grouß und ka glanns
Dann brennder, der Grands.

Wolfgang Koeppen
Christkindlmarkt

Ich ging in die Lorenzkirche, am Mittag, zum Orgelspiel, es klang gut in dem leeren Raum, es war wie Stille, es war niemand da, das trübe Winterlicht fiel durch die Glasmalerei der Fenster kalt und bunt, und ich versuchte, einer zu sein, der diese Kirche gebaut hatte oder dazu beigetragen hatte, dem sie etwas bedeutet hatte, der sich zu retten glaubte, vor dem Tod, vor der Endlichkeit, vor der schrecklichen Verwesung, in der Zuversicht des Auferstehens, oder der nur kämpfen und zeugen wollte für seinen Glauben, und es gelang mir nicht. Gott kam nicht zu mir in seiner Kirche in Nürnberg. Und die ästhetische Freude, die bloße Betrachtung des Schönen, die Suche nach dem einmal Vollkommenen, die Anwendung der Stilkunde ließen mich kalt an diesem kalten Mittag.

Ich ging zu Woolworth hinein, ein Haus weiter, dort war es warm, dort waren Gläubige, da schrie eines dieser jetzt so geschätzten plärrenden Mädchen auf ihrer Schallplatte mit Inbrunst, mit Glaubenskraft, mit lang, lang gezogenen Vokalen *Alle Träume werden wahr*. Bei Woolworth war es nicht leer. Man drängte sich an die Verkaufstische, man raffte, was zu raffen war, man gab sein schwerverdientes Geld für die Enttäuschung aus, die von einem erwartet wurde zur Weihnachtszeit. Ein ganzes Stadtviertel der Warenhäuser, von einem Warenhaus zum andern, ein einziger Bazar, nicht mehr das Paradies der Damen, Himmel und Hölle der Verbraucher jedweden Alters und Geschlechts, die Rolltreppen hinauf und hinab, im Arm die Pakete, Bestätigung!

Die Existenz hatte zu Buch geschlagen. Auf dem Weihnachtsmarkt aßen sie Bratwürste, als wollten sie ein für alle Mal beweisen, dass Nürnberg wirklich die Stadt der Bratwürste sei. Die Lebkuchen, die alten Nürnberger Lebkuchen, braun oder schwarz, waren viel weniger begehrt als das scharfe verbrannte Fleisch der Würste, niemand verschlang süße Lebkuchen auf dem Platz bei dem Schönen Brunnen, der alles überstanden hat, Autodafés, Nazis und Bomben, und vielleicht wollten die Kinder keinen Kuchen, weil es keine Großmütter und keine Hexen mehr in den Familien gibt, kein Platz ist in den Wohnungen, doch die unverkauften Lebkuchen ruhten in den vertrauten Dosen mit dem traulich vertrauten Bild des vertrauten Nürnberg und der Erinnerung an alle erlebten Weihnachten mit Lebkuchen oder keinen, wenn das Haus brannte, wenn man im Keller war unter Trümmern, oder nur weil man sich verstecken musste, auf der Flucht, im Hunger, vor der Hinrichtung, vor dem großen Schlachtfeld. Ich aß von den Lebkuchen auf dem Christkindlmarkt und dachte an ein anderes altes Bild, Nürnberg im Reichswald, die Stadt in ihrer grünen Jugend, baumumschlossen, aber schon in Herdwärme und Enge unter roten Dächern mit Rauch, und die Kuchen schmeckten nach Tanne, Nuss und Honig, wie sie die Bären mochten, die in dem Wald lebten und gejagt wurden und starben, als die erste Mauer der Stadt gebaut und der erste Weg gerodet war für den Kaiser, für den Fuhrmann, für den Henker zum Galgen. Die Christkindl, die Rauschgoldengel, die Weihnachtsmänner, selbst ihre Ruten, sie waren im Kinderland der Fantasie geblieben und hatten Vertreter aus Leim und Pappe geschickt, die lustlos in den Buden hingen. Die Puppenstuben waren

Puppenstuben aus dem sozialen Wohnungsbau. Die Puppen selbst waren so lieb und so brav, dass sie von ihren Puppenmüttern verhauen werden wollten. Die kleinen modischen städtischen Mädchen betrachteten die dicklichen ländlichen Puppen mit kalten Augen. Warum zwangen sie sich in die Budengassen? Um einer Überlieferung zu genügen, weil es immer so gewesen war, weil man es tat? Ein Kinderheim kam auf den Platz, kranke Kinder, die behinderten schoben die gelähmten im Krankenstuhl: In ihren Augen war die Freude an der Welt, bis zum alten Mond und nicht nur am Schönen Brunnen in Nürnberg. Und dann zogen alle, die Kranken und die Gesunden, mit Lichtern und Musik und Gesang vom Marktplatz zur Burg hinauf, es war ein großes Gedränge, und der Fremde stand fremd am Straßenrand und war nicht mitgerissen und dachte an andere Aufzüge. Vielleicht fürchtete er sich.

Dirk Kruse
Verwirrende Weihnachtsbräuche

Meine Frau und ich, wir hatten ein Problem. Wir konnten uns nicht auf den richtigen Weihnachtsbrauch einigen.

Angefangen hat alles letztes Wochenende, als ich die Kiste mit der Adventsdekoration aus dem Keller holte und nebenbei meine Frau fragte, ob sie es für ratsam hielte, unserer Tochter Marie zur Bescherung an Heiligabend schon einen Weihnachtsmann anzuheuern. Schließlich ist sie grade erst zwei Jahre alt, und vielleicht ist sie dafür noch zu klein.

»Du willst was bestellen?«, fragte meine Frau, und die Fassungslosigkeit in ihrer Stimme ließ mich aufhorchen.

»Ah, du meinst, es ist noch zu früh für Marie, und sie würde sich vor dem Weihnachtsmann nur fürchten«, antwortete ich in vorauseilendem Gehorsam.

»Unsinn. Erklär mir mal, was der Weihnachtsmann an Heiligabend verloren hat?«

»Na, die Geschenke bringen natürlich. Die, die er in seinem Sack mitschleppt.«

»Ich bitte dich«, sagte meine Frau, »die Geschenke bringt ja wohl immer noch das Christkind.«

»Du willst mich auf den Arm nehmen. Die Geschenke bringt der Weihnachtsmann. Der kommt in seinem roten Mantel, mit langem weißen Bart und schwarzen Stiefeln und verteilt die Gaben an die Kinder. Freilich erst nachdem er sein goldenes Buch hervorgeholt hat, in dem alle Sünden verzeichnet sind, die man das ganze Jahr über begangen hat. Die muss man dann bereuen, danach noch ein Gedicht aufsagen oder ein Lied singen, und dann gibt's die Geschenke. Und bevor man die aus-packt, zieht der Weihnachtsmann weiter, zu den anderen Kindern, die auf ihn warten.«

»Bist du dir sicher, dass du nicht vom Nikolaus re-dest?«

»Nein, ehrlich«, entgegnete ich, »vom Weihnachts-mann. Ich gebe ja zu, dass ich die beiden schon als Kind nicht immer richtig auseinanderhalten konnte. Am 6. Dezember kam der Nikolaus. Aber den habe ich nie per-sönlich gesehen. Denn er kletterte immer nachts durch den Schornstein und legte uns Kindern Süßigkeiten in die Schuhe. Aber der Weihnachtsmann, der kam wirk-lich, jeden Heiligabend, bis keiner von uns Geschwistern mehr an ihn glaubte. Es war immer Onkel Rudi, der ihn gespielt hat.«

»Ich kann es nicht glauben! Der Weihnachtsmann ist doch nur eine Erfindung von Coca-Cola. Die Geschenke an Heiligabend bringt natürlich das Christkind.«

Jetzt war es an mir, entrüstet zu sein.

»So, und wie sieht es denn aus, dein Christkind?«

»Na, wie man es vom Christkindlesmarkt kennt. Ein hübsches junges Mädchen im goldenen Kleid mit langen blonden Haaren. Irgendwie überirdisch halt. Aber Flügel hat's keine, es ist ja schließlich kein Engel.«

»Und das Christkind schleppt die ganzen Geschen-ke?«, gab ich zu bedenken.

»Natürlich nicht. Da helfen vermutlich die Engel. So genau habe ich darüber nicht nachgedacht. Das Weih-nachtszimmer war bei uns immer verschlossen, und das Christkind brachte die Geschenke, während wir in der Kirche waren.«

»Also meinem Weihnachtsmann hilft Knecht Ruprecht.

Und natürlich die vielen Weihnachtswichtel, die auch das Jahr über die ganzen Spielzeuge herstellen, droben in Lappland.«

»Jetzt fängst du schon wieder an«, zürnte meine Frau. Aber ich spielte meinen letzten Trumpf.

»Sag mal, ist das Christkind nicht Jesus Christus selber? Das kleine Jesuskind, das in seiner Krippe liegt und Geschenke bekommt und nicht verteilt?«

»Na ja, irgendwie schon. Ich gebe zu: Das ist eine Schwachstelle. Aber vielleicht gibt es einfach zwei Verkörperungen des Christkinds.«

An diesem Abend konnten wir uns nicht einigen, welchen Weihnachtsbrauch wir denn nun unserer kleinen Marie erzählen wollten. Wir forschten daher im Freundes-, Bekannten- und Kollegenkreis und stellten fest, dass die Weihnachtsriten heillos miteinander verstrickt waren. Mit heidnischen und christlichen Anteilen, mit Hauptfiguren und jeder Menge Nebenfiguren.

Dem Pelzmärtel etwa, der den Kindern in Franken schon am 11. November Süßigkeiten bringt, aber eigentlich der Heilige Martin ist und mit Weihnachten nichts zu tun hat. Oder der heiligen Lucia, die wir mal am 13. Dezember in einem schwedischen Möbelhaus gesehen haben, bekleidet mit einem langen weißen Nachthemd und mit einem Adventskranz voll brennender Kerzen auf dem Kopf, die an Kinder kleine Geschenke verteilte. In Schweden nennen sie das »Lichterfest«, und es hat irgendetwas mit der Wintersonnenwende zu tun.

Überhaupt sind die ganzen Weihnachtsbräuche ein totales Multikulti-Gemisch. Wenn man es genau nimmt, ist das Christkind nämlich Jude, der Weihnachtsmann, der aus Lappland kommt, ist Norweger oder Finne, Sankt Martin, einst Römischer Legionär, ist Italiener, die heilige Lucia aus Syrakus ist Sizilianerin und Sankt Nikolaus aus Myra ist ein Türke. Richtig deutsch ist eigentlich nur der Weihnachtsbaum.

Aber jetzt habe ich endlich die Lösung für das ganze Dilemma gefunden, ob Christkind oder Weihnachtsmann. Und zwar durch meinen Arbeitskollegen Jürgen, der ungefähr jeden fünften Satz mit den Worten »Also bei uns in Leutershausen ...« beginnt. Diesmal hat er wirklich etwas Interessantes erzählt. In Leutershausen gibt es nämlich das »Christkindlesrunterläuten«. Am 24. Dezember, so am frühen Nachmittag, kommen das Christkind und der Weihnachtsmann in einer Kutsche auf den Marktplatz gefahren, der voller Leute ist, steigen den Kirchturm hinauf und läuten die Glocken. Und danach schmeißen sie wie wild Süßigkeiten vom Turm, wobei es regelmäßig Verletzte mit Beulen und Platzwunden gibt. Dazu spielt der Posaunenchor und es gibt jede Menge Glühwein. Also wenn das nicht die Symbiose aller Weihnachtsbräuche ist, weiß ich auch nicht.

Meine Frau und ich haben uns jedenfalls geeinigt. Bei uns kommen in Zukunft das Christkind und der Weihnachtsmann gemeinsam. Da muss Marie auf keinen Weihnachtsbrauch verzichten und kann gleich etwas fürs Leben lernen: Eine glückliche Ehe ruht auf dem Schließen von tragfähigen Kompromissen.

Fitzgerald Kusz
Christmas-Haiku

in dä warmä boodwannä hoggn
here comes the sun vo di beatles horng
und enn schdernlässchbeiä oozindn

weihnachtsblues

frei nach john lennon

schdell dä vuä
es gibd kann himml
schdell dä vuä
es gibd ka höll
schdell dä vuä
du lebsd blouß amall
schdell dä vuä
du lebsd blouß dou
schdell dä vuä
dei lehm könnd schennä saa
schdell dä vuä
du häddsd wos zu soong
schdell dä vuä
du könndsders bessä machn
schdell dä vuä
du könndsd wos ändern
schdell dä vuä
du könndsd wos dou
schdell dä vuä
warum machsders ned?

Root Leeb
Karussell

Jedes Jahr erstellt Pauline Z. sorgfältig eine Liste mit den Namen der Personen, die sie mit Weihnachtspost beglücken möchte. Die Freundinnen und Freunde kommen zuoberst, sie sind schnell notiert, da dieser Personenkreis klein und genau definiert ist. Dazu kommen die Namen von Menschen, denen sie sich auf die eine oder andere Weise verpflichtet fühlt. Ihr Vorgesetzter etwa, oder die Bankberaterin, der Pauline Z. sich erkenntlich zeigen will, da sie selbst in Finanzfragen wirklich nicht kompetent ist, und auch ihr Zahnarzt, mit dem sie sich verständlicherweise gut stellen möchte, finden sich auf der Liste. Zum Dritten sammelt sie gewissenhaft die Adressen aller Menschen, die ihr früher einmal, vor allem im vergangenen Jahr, Briefe mit guten Wünschen zu den Feiertagen geschickt haben, um sich jetzt bei ihnen zu revanchieren.

Es müssen Briefe sein, also die etwas aus der Mode gekommene gute alte Papierpost, und keine elektronischen Botschaften. Sie wählt jedes Jahr Karten mit besonderen Motiven, bevorzugt hochwertige künstlerische Gestaltung, verwendet also nicht die fuß- oder mundgemalten Karten, die regelmäßig als Köderkollektion kostenlos ins Haus kommen und eigentlich verkappte Spendenaufrufe sind. Pauline Z. liebt limitierte Editionen und versucht zudem, für jede Empfängerin und jeden Empfänger das genau passende Motiv zu finden. Also sehr aufwendig das alles. Nach tagelanger intensiver Beschäftigung und schließlich vollendeter Arbeit lehnt sie sich erschöpft, aber zufrieden zurück und wartet.

Die Glückwünsche der Adressaten kommen erfreulicherweise schnell, manchmal (das lässt sich nicht genau feststellen) sind es wohl Antworten auf ihre Post. Doch dann gibt es jedes Jahr diese unerfreulichen Überraschungen. Da erhält sie – so kurz vor Weihnachten, dass sie nicht mehr darauf reagieren kann – Post von Menschen, an die sie sich nur vage erinnern kann, und von solchen, an die sie sich zwar genau erinnert, aber deren Nähe sie wohl falsch eingeschätzt hat. Diesen allen hat sie natürlich nicht geschrieben.

Sie tröstet sich, etwas verzweifelt, indem sie diese Namen unverzüglich für das kommende Jahr notiert. Edgar und Anja G. etwa hat sie in diesem Jahr vergessen, Ronald D. hat sie in keiner Weise als nahestehend und vertraut erachtet, und ausgerechnet von ihm einen derart warmherzigen und einfühlsamen Brief bekommen, dass er ihr Tränen der Rührung in die Augen treibt. Unverzüglich setzt sie auch diesen Namen auf die Liste.

Im Jahr darauf dreht sich das Karussell weiter. Weder Edgar und Anja G. noch Ronald D. melden sich zu Weihnachten, obwohl sie ihnen geschrieben hat. Sicher sind sie enttäuscht, dass Pauline Z. sie im Jahr zuvor nicht mit Wünschen und Grüßen bedacht hat und haben sie von ihrer eigenen Liste gestrichen.

Dafür erhält Pauline Z. in jenem zweiten Jahr äußerst herzliche Post von Walter und Nicole K., an die sie sich aber bei aller Anstrengung nicht erinnern kann.

Thomas Pigor
Das schönste Geschenk

Das schönste Geschenk
Baby du weißt es doch längst
Das schönste Geschenk
Ist dass du mir nichts schenkst

Du schenkst mir nichts
Ich schenke dir
Auch Nichts ohne Schleife
Und ohne Geschenkpapier

Das schönste Geschenk
Ist unser doppeltes Nichts
Die für Außenstehende schwer nachvollziehbare
Euphorie des Verzichts

Es ist eine Verpflichtung weniger
Wir schenken uns im Grunde Zeit
Wir haben das Schenken an sich
Vom Dinglichen befreit

Nein wir rennen nicht durch die Straßen
Auf der Suche nach'm originellen
Schnick Schnack um ihn bevor wir ihn entsorgen
In Regale zu stellen

Es ist die Freiheit von geheuchelter Freude
Die Freiheit von Schund
Ein Kerzenständer wäre für uns
Ein Trennungsgrund

Das schönste Geschenk
Ist, ich kann dir vertraun
Dass ich weiß du würdest dich nie
Doch nach'm Geschenk für mich umschaun

Und unterm Weihnachtsbaum stehn
Mit sechs Espressotassen
Und mich mit meinen leeren Händen
Alt aussehn lassen

Das schönste Geschenk ist
Dass du nicht denkst
Dass ich dir was schenke
Und du mir deswegen auch nichts schenkst

Dein schönstes Weihnachtsgeschenk
Du lächelst mir zu
Und ich weiß das eigentliche Geschenk
Bist du
Ohne alles

Klaus Schamberger
Ein Weihnachtsgedicht
oder: Patrona Franconiae

Fliech, Griskindla, fliech
In Syrien is Griech
Mir, mir sin in Lebkoung-Land
Lebkoung-Land is xund banand
Wall ba uns dou wern Badroner gmachd
Badroner, dass die Schwarddn grachd
Fliech, Badroner, fliech
In Syrien is Griech

Weise Weihnachten

Am original Nuremberger X-mas Market, von einigen antiken Greisen und -innen auch »Griskindlasmarkt« genannt, herrscht da und dort eine noch unbestimmte Ratlosigkeit, indem jene Glühwein-Immissionszentrale, die – was die von der hiesigen Touristik-Organisation immer wieder einmal propagierte Romantik betrifft – gewisse Defizite aufweist. Zum Beispiel is derzeit fast jeder dreaming of a white Grismäs, aber so sehr und so sehnsüchtig er nauf in den Himmel glotzt – es fällt kein Schnee runter. Höchstens manchmal ein Industriestaub oder ein paar vom Südwind verwehte Saharasandkörnchen. Und es melden aufgebrachte Meteorologen von unserem Städtlein aus Tuch und aus Holz, dass sich in ihm, dem Weihnachtsmarkt, durchaus Temperaturmessungen von bis zu sechzehn Grad ermitteln lassen. Und zwar über null. Innerhalb kleiner, 30.000-köpfiger Besuchergruppen sogar fast zwanzig Grad.

Zur Bekämpfung der Dezemberhitze verlangen Glühweintrinker bereits Eiswürfel zur Dämpfung ihrer Brandblasen, kleiden sich in Bermudashorts und Feinrippleibchen und suchen vorzugsweise immer häufiger Buden auf, in denen neben Zwetschgermännla und Krippenfiguren und Streusalz auch Sonnenschutzsalben, Strohhüte und Softeis offeriert werden. Hinweise, dass das ursprüngliche Christkind seinerzeit in Nazareth ja auch bei verhältnismäßig hohen Temperaturen auf die Welt gekommen sein soll, vermögen die aufgewühlten Christkindlesmarktbesucher nur notdürftig oder überhaupt nicht zu beruhigen.

Da nun aber auch das restliche Nürnberg inzwischen an der Erderwärmung teilnimmt, sollen vom ersten Weihnachtsfeiertag an nicht nur die Biergärtlein wieder aufmachen, sondern auch die Freibäder. Ob sich dadurch die Erderwärmung reduzieren lässt, wie von den Weltklimazipfeln in Paris neulich gefordert, ist wissenschaftlich noch nicht ganz geklärt. Aber Hauptsache, es macht Spaß.

Und es ist doch fraglos auch sehr schön zu beobachten, wie jetzt Vergissmeinnicht, Osterglocken und Waldmeister zu blühen beginnen, Rosenknospen dem Lichte und ebenfalls der Wiedereröffnung zustreben, oder wie die schon vor vielen Wochen in den Süden abflatternden Zugvögel auf der Höhe Lissabon-Neapel-Athen freudig wieder abdrehen und heimkehren. Trotz der drohenden Aufhebung des Schengen-Abkommens. Vogelflugforscher haben dabei entdeckt, dass sich unsere gefiederten Freunde einer neuen Fortbewegungsart zuwenden: Sie werden durch die von uns und unserem siebten Sinn für Fortschritt erzeugten Treibhausgase ohne Weiteres in der erforderlichen Flughöhe gehalten, und Geschwindigkeit nehmen sie auf, indem sie beim Anblick von Menschen unablässig ihr Köpfchen schütteln. Womöglich, so wird von der Wissenschaft vermutet, möchten sie durch dieses Köpfchenschütteln ihrer Überzeugung Ausdruck verleihen, dass sie uns Menschen nicht, wie von uns angenommen, für die Krone der Schöpfung halten, sondern eher für die Krone der Schröpfung. Oder der Selbstschröpfung. Wahrscheinlich sind sie, die maßlos brunsdummen Vögel, auch der Meinung, wir sägten seit geraumer Zeit und sehr erfolgreich an jenem Zwetschgerbaumast, der jetzt an Weihnachten und durchaus im Freien bald zu blühen beginnt. So viel Blödheit schreit jedoch zum Himmel! Gemeint ist: Blödheit der Vögel. Denn seit jenem erwähnten Klimarettungskonvent zu Paris, zu dem die Welterlöser in Scharen samt ihren Dienstpanzern im Gefolge extra eingedüst sind, ist ja ausdrücklich beschlossen worden, dass wir an dem Zwetschgerbaumast getrost weitersägen sollen, aber natürlich mit wesentlich kleineren Sägen. Und vor allem nicht so schnell wie bisher. Und bis dann in zwanzig, dreißig oder fünfzig oder fünfhundert Jahren die Erderwärmung nur noch knapp zwei Grad pro Jahr zunimmt und wir aufatmen können, indem eines unserer Einatmungsorgane, nämlich die Nase, grad noch aus dem polaren Schmelzwasser einige Millimeter weit rausspitzt, bis dahin können wir es ja ungefähr so regeln wie die klima- und gramgebeugten Kalifornier. Die haben sich anlässlich einer kleinen Heißluftperiode neulich ihre bräunlich verdorrten Wiesen einfach grün angestrichen.

Blöd simmer also wirklich nedd, wir Menschen, oder? Und wir in Nürnberg selbstverständlich auch nicht. In Anlehnung an die alpenländischen Schneekanonen und vor allem an die zahlreichen künstlich gefrosteten Skihallen allerorten stülpen wir vielleicht schon nächstes Jahr über unseren nicht nur klimatisch verwüsteten Christkindleinsmarkt eine große Käseglocke und erzeugen in ihr mittels der Energie aus Kohle, Gas oder gern auch Zwetschgerkernkraft eine weiße Vorweihnacht, dass es nur so knirscht. Eine etwaig dabei entstehende heiße Luft gibt es dann nur noch am Stadtrand oder auf den wo auch immer stattfindenden Klimagipfeln. Ich wünsche von Herzen eine sehr schöne und vor allem weise Weihnacht. Das Wort »weise« ist in dem Fall kein Druckfehler.

Manfred Schwab
Das Christkind lädt zu seinem Markte

Prolog mit Variationen, oder:
Kleine Stilübung am völlig untauglichen Objekt

1 (konventionell)

Weihnacht – welch ein himmlisch Singen
Schwingt durch dieses schlichte Wort:
Traute Lieder leis erklingen
Glocken, die die Botschaft bringen
Tönen fort von Ort zu Ort …

Tannenbaum und Lichterpracht
Bringet in der Winternacht
Freude heute
Allen Menschen

2 (poésie engagée)

Weihnacht – welch profanes Ringen
Um Umsatzkurven und Profit
Die Ladenkassen müssen klingen
Konsumentenchöre singen
Bitter heult die Armut mit

Tannenbaum und Lichterpracht
Stärken Kapitalistenmacht
Die im Dunkeln
Sieht man nit

3 (surrealistisch)

Weihnacht-Elch im Himmel singet
Worte gehen auf Tournee
Lieder schlagen Laute nieder
Glocken sprengen Engelsmieder
In den Gläsern glüh-weint Schnee

Tanne blau vom Nordlicht träumt
MarzipanLebkuchenBratwurst
Freudig aus der
Tube schäumt

4 (expressionistisch)

Weihnacht prachtet Wortmacht schwillt
Goldrauschengel fallen von den Türmen
Chöre gellen Glocken bellen
Märkte wuchern Nächte hellen
Bürger raffen wild

Lichtbaum schrägt steil in die Nacht
Winter schneestürmt. Einsam wacht
Ein jähes Freuen
Abgrundtief

5 (Dada)

Weihnachts-Singsang kling klang klung
Wortschwall schwingschwangt schrill herum
Lieder lispeln lippselig
Glocken bommseln bummsselig
Bommm und Bimmm und Bammm und Bummm
Gans verkohlt Baum purzelt um

Winter Freuden heute nackt
Mit ohne Frack und Sack und Pack
Why nackt?

6 (konkret-visuell}

```
OPLASTIKTANNENBAUMWIE
CLEANSINDDEINEBLÄTTER
OPLASTICTANENBAMWIE
CLEANSIND      NEBLÄTTER
OPLASTIK       NBAUMWIE
CLEAN SI       BLÄTTER
OPLAST         AUMWIE
CLEAN          ÄTTER
OPLA           MWIE
CLE            TER
OP             IE
CLEANSI        EBLÄTTER
OPLASTIK       NBAUMWIE
CLEANSIN       EBLÄTTER
OPLASTIKTANNENBAUMWIE
CLEANSINDDEINEBLÄTTER
```

7 (Underground)

Dieses fucking Weihnachtsfeeling
Geht mir echt auf die Eier, Mann
Die Schrumpel-Hotdogs sind zum Kotzen
Der Hot-Wine macht dich auch nicht high
Da zieh ich mir lieber ein geiles Match
Draußen im Eisstadion rein

Hey Superstar, deine Birthday-Party ist kein Hit
Nur ein schlaffer Mythen-Koffer
Thanks! Ohne Shit
Ist alles Shit

Harald Weigand
Weihnachtsurlaub

*Bea und Franz am Tisch, Drinks schlürfend, beide edel geklei-
det (Mann z.B. in Weiß, Goldkettchen, dicke Uhr), braun
gebrannt, Frau jünger.*

Bea: Weißt du Schatz, ich schätze, das is jetz schon etwas
schwierig mit dir.

Franz: Aawa, des is überhapt gor net schwierig.

Bea: Isses sehr wohl.

Franz: Aawa.

Bea: Ich mein, Weihnachten is ja schon immer schwierig, klar, aber wenn du nur 'n kleines Stückelchen – ich
sag mal – flexibler sein könntest. Würden wir uns echt
leichter tun. *Kurze Pause.* Meinste nich Schatz, ein Tripp
nach Doha – wär doch wieder mal ganz nett.

Franz: Bist du verrückt! Diese Hitz. Und die schlechte Luft. Und der ganze greisliche Betong. Des hält doch
keine Sau aus. Da derstickst ja. Da in Doha. Haha. Außerdem rennens da etz alle hin, über die Feiertooch, da
triffst du Hinz und Kunz, des garantier ich dir. Naa, da
hab ich nicht den geringsten Bock drauf. Und warn mir
da net scho mindstens – da warn mir doch ball scho hundert Mal?

BEA: Jetzt übertreib ma nich! Außerdem isses schon 'n Weilchn her. Und zurzeit kannste echt nirgends besser schoppen als in Katar. Is echt voll angesagt. Sagen dir alle.

FRANZ: Du mit deinen *(sagt »n«)* Schoppn. Doha kommt nicht infrage, Schatz. Und Dubai und des ganze Emirate-Gschnelz scho gleich gor net. Schoppn kannst du woanders aa.

BEA: Haste eigentlich recht. Singapur is vom Schoppen her eigentlich fast noch ne Spur inspirierender. Hat viel, viel mehr Espriie und urtümlichen Charme, während Katar und Co doch nen deutlichn Tatsch von Neureich haben. Findste nich?

FRANZ: Ach hör mir bloß auf mit Singapur. Und der ganzn Schlassn da drunt. Die kannst doch alle in der Pfeifn rauchn. Und da warn mir doch etz aa scho soo oft. Ich kenn mittlerweiln ball jeds einigermaßen anständige Hotel in und auswendig. Und des is alles so, so – ach ich waaß aa net. *Kurze Pause.* So fad. Scho so abgegrast.

BEA: Dann vielleicht – Ägypten? Heiligabend an den Pyramiden. Gut, hat wohl sein Zenit schonn bissi überschritten. Aber vielleicht in Kombo mit Sudan. Das wärs doch. Ließe sich beides super verknüpfen, plusn klein Abstecher nach, sagen wir Oman. Das wärs doch, Schatz.

FRANZ: Nicht schon wieder Sudan! Des hängt mir etz ehrlich gsagt, total zum Hals naus. Und mit Oman und dem Zeug brauchst mir gleich gor net kumma. Des ganze

Arabische, seimer net bäs, Schnecke, aber des is ja inzwischen derart ausgelutscht, da hab ich momentan echt kein Bock drauf. Sei mir bitte net bäs.

BEA: Versteh dich schon, warn wir vielleicht einfach zu oft in letzter Zeit. Wolltest du lieber mal wieder hoch in den Norden. Skandi-Tour. Das hatten wir schon länger nicht mehr. Was meinste?

FRANZ: Bist du etz wahnsinnig! Da frier ich mir ja den Arsch ab. Des kann ich daham aa. Nenee! Ich kann mich noch allzu gut erinnern, an diese, wie hats etz ghaßen?, Fjord-Bestof-Wellness-Trekking – oder wars des andere, des Northern-Trävll-Eisberg-Wotsching-Dings, is ja wurscht. Mensch, hats mich da gfrorn. Wie einen Schneider. Da hemm die klimatisierten Mobil-Luxushotels aa nix gholfn. Wie einen Schneider! Waßt nu, wie ich bibbert hob, da am Flughafn in Frankfurt, und mir umgehend weiter nach Marokko senn. Da hats mich dann derpetscht. Weili den schnellen Wechsel kalt – warm net verdrong hob. Waßt du des nu? Des wor echt voll grenzwertig.

BEA: Muss ja jetzt nicht genauso komm. Also du, die Bauers warn letzthin auf ner sechstägigen Wikinger-Ädwentschrr-Ievent-Kreuzfahrt, Grönland, Island, Farör *(sagt »Farör«)* und so, inklu Nordpol, und die warn ja hellauf begeistert. Fast euphorisch. Angenehme Mittelmeer-Temperaturen in ihrer Kreuzfahrersuite. Du weißt doch, wie unendlich kritisch die Bauers sind. Finden in jeder Suppe n Haar. So gut wie kein negatives Wort aus ihrm Mund gekomm. Über ihren Nordic-Tripp. Das will echt was heißen.

FRANZ: Die können mir kreuzweis gstohlen bleim, die blöde Schnepfn und der alte Windbeitl. Auf denen ihr Gwaaf gib ich nix. Gaar nix!

BEA: Ach Schatz. Hoher Norden oder auch Antarktis-Südpol sollten wir aber unbedingt noch mal machen. Du weißt, die ganze schöne Pracht dürfte leider bald verschwunden sein. Und dann beißen wir uns, um mit deinen Worten zu sprechen, kräftig in den Allerwertesten, weil wirs nicht noch mal durchgezogen haben.

FRANZ: Ach Gott, wenns unbedingt sein muss. Da hast du ja nicht ganz unrecht. Dieser scheißverreckte Klimawandel. Etz mussmer sich da aa nu danach richtn. Dann buchst halt was. Aber erst im neua Jahr und bloß wenns diese Mittelmeer-Kabinen noch hamm. Sunst friern mir uns tatsächlich die Eier ab.

BEA: Ou fein, Bussi, Schatz. Dafür fahrn wir Weihnachten in die Karibik, Domm Rep, Haiti oder diese Inseln unten rum, Abstecher Honolulu, hmh, was hältste davon? Hat dir immer super gefalln.

FRANZ: Ehrlich gsagt, mit dera Karibik und aa dem ganzn Südseegschmarri kannst mich inzwischn jong. Naa, obber wirklich net. Damit uns des ganze Holländer-Gschwardl auf die Füß rumtrampelt? Naa. Da fährt doch inzwischen jeder Depp hie. Hast du net gsocht, dass etz neulich aane von unere Putzn in Kuba wor? Fällt mir doch gor net ei! Und grod Domm Rep is ja so was von out. Oberout. Also nix da.

BEA: Aber Schatz, sagt du nicht immer, dass es in der Domm Rep das beste Schäufele gibt. Willst nicht wieder mal 'n Schäufele essen?

FRANZ: Des mit dem Scheiferla is scho wahr. Obber nach einem Scheiferla glusts mich momentan überhapt net. Immer dieses Gfress im Urlaub. Ich waaß net.

BEA: Okay, pass auf, wennde nich so sehr auf Kulinarik stehst, dann machen wir Afrika. Namibia, Südafrika, Sambesi und so. Oder mehr die Mitte. Mensch, wie wärs mit Malawi? Da warn wir noch nicht. Soll der letzte Schrei sein. Malawi. Seekreuzfahrt auf nem Luxusliner. Hat mir die Grüner Doro erzählt.

FRANZ: Da warn mir aa scho in Malawi. Des war wie mir diese Premium-Surrender-Safari gmacht hemm. War des net aa an Weihnachten? Genau: Malawi-Grissmess. Da in deim Malawi hats tagelang gschütt. Mensch, hats da des Wasser runterbrunzt. So wos hob ich meiner Lebtooch nunni gsehng, Und mir senn in unnerer Hilton-Swiet festghockt. Waßt des nu? Des ganze Wellness-Fressprogramm rauf und runter. Also, fürs Hilton hättn mir aa amal schnell nach London tschetten könna.

BEA: Ach stimmt, das war Malawi. Ja. Haste recht. Dann streich das. Weißt, wo ich mir vorstelln könnte, wieder mal hinzufahrn, is die Schwarzmeerküste, Südrussland, Wolga, Kaukasus, Taiga. Da findste so gut wie alles. Tolle Strände, Spitzen-Hotels, die nahen Berge, alles nagelneu, I-A. Grad im Winter.

FRANZ: Des is doch etz nicht dein Ernst? Du verarscht mich a weng?

BEA: Wie meinst du?

FRANZ: Na horch amal, da hockt doch dieses ganze Russen-Gsocks rund um des Schwarze Meer. Also die hobbi ja gfressn! Diese Kriegsgewinnler. Elendiges Mafia-Pack.

BEA: Nee du, Schatz, ich glaub, da irrst du dich. Das war vielleicht mal. Inzwischen is die Schwarzmeerküste praktisch russenfrei. Silke is grad von dort zurückgekomm; die kann dir das bestätigen. Der Normalrusse kann sich das nicht mehr leisten und die bessren Russen verbringen ihre Ferien doch nicht im eignen Land. Die sind ja nicht verrückt. Auch das ganze Personal, Polen, Kroaten, einige Inder, Asiaten für die Reinigungsarbeiten. Keine Russen. Kannste gerne Silke fragen.

FRANZ: Wall die halt aa a Ahnung hat! Aber schau, da wormer doch auch scho a paarmal, an dem Schwarzen Meer. Und wenn die Silke und ihr Schlorcher erst dort worn, könna mir etz net aa hie. Da müssmer mindestens, na ja, a weng müssmer da scho warten.

BEA: Stimmt. *Kurze Pause.* Hmh, weißt, wo wir schon extrem lange nich mehr warn: Mittelmeerraum. Das is ne Ewigkeit her. Ich erinner mich kaum noch.

FRANZ: Na zum Glück! Ich mahn, ich will des ja gor net abstreiten, am Anfang warmer da öfter amal, zu oft, mussmer etz im Nachhinein song. Weil da hob ich mich dann irgendwie überfressen. An dem Mittelmeer. Scho bei uns an jeder Eckn a Italiener oder a Grieche. Da wenni scho drandenk, allaans an den Fraß, hebts mi. Außerdem schwimmen etz neuerdings die ganzn Flüchtling übereinander im Mittelmeer rum. Stell dir vor, du schnorchlst a weng, denkster nix bäs und auf einmal schnappt dich aane von denna Flüchtlingsleichen. Naa. Oder bei aner klann Kreuzfahrt kentert direkt vor unserer Nasn so a Flüchtlingsboot. Dann dürfmer aa nu zuschaua, wie die alle dersaufen. Naa, naa, ich glaab des kannst ein für alle Mal vergessen.

BEA: Ach Mann. Ju Ess Äy? Ell Äy oder Big Äpl? Oder mal an die Floo-Kiees?

FRANZ: Dass du des überhapt zur Sprach bringst. Da warn mir, etz lass mich überlegen, na so vier-, fünfmal kann des locker gwesen sei, Stücker vier-, fünfmal. Wenn dir des etz net langt, dann waaßi aa net. Und immer die Hotels, immer diese Hotels, die stenna mir bis da her, da is doch eins wie is ander. Total ausgelutscht.

BEA: Jetz sei mal nicht so kritisch. Ich finde, von den Hotels hat schon jedes sein eignes Flair. Du kannst Ritz-Hilton Ell Äy nich mit Ritz-Hilton Dubai vergleichen.

FRANZ: Auf des Flair da is aa drauf gschissn. Ich mogsi net die Ammi. Kriegsgewinnler. Kriegstreiber. Rassistenbrut.

BEA: Is also doch ganz schön schwierig, Schatz. Wir haben fast alles durch. Indien wär noch ne Option. Eben diese ganze asiatische Ecke. Von Daun ander sind die Koffer noch nicht richtig ausgepackt. Fitschi, Bali, Bora Bora und so hast du ja schon gekänzlt.

FRANZ: Um Gotteswilln Indien. Indien, da hab ich ja seinerzeit diesen furchtborn Durchmarsch ghabt. Einen regelrechten Dünnschiss. Tagelang. Des is quasi kerzergrad aus mir rausgloffen. Obwohl mir aa bloß in die allerbesten Hotels worn. Waßt du des nimmer?

BEA: Jetzt wo du es sagst, grauenhaft, hatte ich ganz verdrängt.

Pause.

BEA: Hab ich dir das von Dr. Weißflog erzählt?

FRANZ: Ach Gott, is des net der aufgschmierte Gesichtsrumschnipfler?

BEA: Exakt. Na ja. Plastischer Chirurg. Die Frau von deinem alten Golfkumpel Günther war überaus zufrieden mit ihm. Du weißt ja, der hat ne neue Flamme, also Dr. Weißflog, haben wir doch beide bei der Laiens-Schärity getroffen. Weißt du? Blutjunges Ding. Studiert noch. Tochter von nem Arztkollegen. Na, und der Dr. Weißflog wollte dieser Kleinn wohl imponieren und mal was ganz Besonderes bieten. Und dann is er mit ihr, du wirst es nich glauben, das war jetzt eben erst, da is er mit ihr nach Österreich gefahrn, zum Wandern. Nur so zum Wandern. Is schon verrückt. Aber da warn wir auch noch nie.

FRANZ: Da hast etz allerdings recht. Und des hat etz obber auch seinen Grund, warum mir da nunni warn. Wall da war ich immer, jahrein, jahraus, mit meine Alten. Jeds Jahr, jeedes Jaahr, nix anders als wie Österreich. Sommer, Winter. Die hemm nix anders kennt. Jahr für Jahr. Dort wärs ja vielleicht ganz schee, wenns na die Österreicher net gebert. Da stelln sich bei mir die Nacknhaar auf, sobald da aner sei Goschn aufmecht. Von dene Österreicher. Diese Almdudlertürkn. Bergrussn. Schmalzlocknholländer. Kuhschellnwixxer senn des. Naa Schatz, keine 20 Pferde bringen mich da nuamal hie. Des is mir abgrundtief zuwider.

BEA: Ach Schatz. Ich weiß auch nicht. *Kurze Pause.* Hee, wie wärs dann, okay, ich weiß es klingt voll abgespäyst, aber wie wärs, wenn wir mal hier bleiben würden? Chrissmäss im Frankenland. Habn son riesen mega Anwesen und sind eh kaum da. Könnten ma etwas auf Fämilli machen, riläxxn, Leute einladen, Glühwein-Kuschelparty, mal da nach Nürnbeerg Christkindl – ähm, was is mit dir Schatz, was schnaufst du so?

Kurze Pause.

FRANZ: *seufzt* Ach Schatz, waßt wos, lass uns halt amal widder nach Doha fahrn.

Bea: Na wennde unbedingt meinst.

Natascha Wodin
Heiligabend in Deutschland

Heute war der vierundzwanzigste Dezember. In unserer Küche saß Shenja, dessen »Hamlet«-Gedicht ich an diesem Tag übersetzt hatte, für mich und mit mir allein am Tisch im kahlen Wohnzimmer, den ganzen Tag das Russische mit Gewalt ins Deutsche pressend, in wilder Wut auf die Unmöglichkeit.

Und wieder irrt durch Nacht und Regen,
die Schlüssel in der kalten Hand,
der stumme Prinz auf leeren Wegen,
verlassen, ziellos, unerkannt.

Der Herbst wirft Blätter ihm zu Füßen,
und fröstelnd öffnet er die Tür
zur nächsten Kneipe, niemand grüßend,
und bittet um ein kühles Bier.

Zuerst kippt linkisch er das Glas um,
dann weint er heimlich, süß und lang,
weil alles in der Welt ein Irrtum,
weil dieses Leben nicht gelang.

Heiligabend in Deutschland. Ich versuchte, ohne meine Noten, dem verstimmten Klavier ein paar deutsche Weihnachtslieder zu entlocken. Ich erinnerte mich der Schrecken des deutschen Heiligen Abends, wenn ich als Kind die Lichter an den Christbäumen hinter den Fenstern der deutschen Häuser brennen sah, mir leuchtende

Gabentische und von Weihnachtsduft erfüllte Zimmer vorstellte. Meine Eltern feierten Weihnachten zwei Wochen später, nach dem alten russischen Kalender. Der neue russische Kalender hing vor mir an der Wand, und der vierundzwanzigste Dezember war ein ganz gewöhnlicher Arbeitstag.

Ich sah Helmut vor mir, der in irgendeiner zufälligen Kneipe, die am heutigen Abend in Nürnberg geöffnet war, vor einem Glas Bier saß und um unser misslungenes Leben weinte. Ich hatte meinen Schutzengel getötet. Den, der mir ein erstes Zuhause in Deutschland gab. Mein erstes Zuhause überhaupt. Den, an dessen Seite ich in jener Nacht nicht einschlafen konnte, auf jenem Campingplatz in der Nähe von Florenz, in jener mondhellen Spätherbstnacht, in der unser Campingbus der letzte auf dem geleerten Platz war, als jeder Nerv in mir vibrierte, verwandelt in einen Leiter für seinen Atem, sein Lebensgeräusch, das durch meine Adern floss, hellwach, heller Mond, und plötzlich hatte ich zum Radioknopf gegriffen, und die Musik stürzte in die Stille wie ein Steinschlag.

Schutzengel sind zum Töten da.

Ich weinte um unser misslungenes Leben. *O du fröhliche, o du selige* ... Meine Finger glitten wie kleine kalte Schlangen über die Tasten des Klaviers.

Es gab keinen Helmut mehr. Ich hatte nur noch mich selbst. Ich war verblüfft. Ich selbst. Eine andere, zweite Person, mit der ich nun Bekanntschaft zu machen hatte. Wer war sie? Selbst. Wie ein Name. Frau Selbst. Gab es diese Frau? Da war Gras drübergewachsen, da war russischer Schnee drübergefallen.

In der Küche war die Diskussion zwischen L und Shenja in vollem Gange. Shenja stellte eine Verbindung zwischen der Kant'schen Philosophie und russischen Ganovenliedern her, L bestritt sie. Nicht, dass einer von beiden es besonders ernst damit meinte. Die alle denkbaren und undenkbaren Themen umfassenden Diskussionen in den Schutzräumen der Küchen gehörten einfach zum Alltag. Sie ersetzten jedes andere Amüsement und waren eine Art Wettspiel um den ersten Platz in brillanter Selbstdarstellung.

Shenja ließ eine Süßstofftablette in sein Teeglas fallen. Sein Lachen triefte vor ironischem Scharfsinn. »Die warst du mir auch schuldig. Die Deutschen haben meinen Stoffwechsel ruiniert.«

Auf dem Frankfurter Flughafen hatte ich schnell noch eingekauft, was mir im letzten Moment in den Sinn gekommen war. Süßstoff für Shenja, einen »Spiegel« für Dima, Handcreme für Bella, Tipp-Ex für Sascha, für mich noch ein letztes deutsches Taschenbuch.

Irgendwo in einer wartenden Menschenschlange hatte Shenja, der im Krieg an der Front war, heute seinen Kriegsinvalidenausweis vorgezeigt, der ihn dazu berechtigte, sich ohne Wartezeit ganz nach vorn zu stellen. Er erzählte, die Situationskomik lustvoll ausspielend, wie jemand aus der Schlange ihm zugerufen hatte: »Den Ausweis wollen wir nicht sehen, zeig uns die Wunden, zeig deine Wunden her.« L lachte sein dunkles, genussvolles Lachen. Man sah Shenja seine Invalidität in der Tat nicht an. Er trank seinen Süßstofftee und aß Pralinen dazu. Seine rosa Lippen schwelgten in Schokolade. »Der Mensch muss sich immer so fühlen, als säße er in einer warmen Badewanne«, sagte er, und seine Augen lachten in den Schlitzen.

Ich überblickte den Tisch mit meinem Weihnachtsmahl: marinierter Knoblauch und Sauerkohl von unserem

privaten Stadtteilmarkt, finnische Salami aus der wöchent-
lichen Lebensmittelration, Tee in einer mit Heckenrosen
bedruckten Thermoskanne aus einem westdeutschen
Kaufhaus, ein Glas Warenje, flüssige russische Konfitüre,
mit der man den Tee süßt. Erst hier hatte ich mich an die
Einkochtage von früher erinnert, wenn ich als Kind vor
den Töpfen mit einer brodelnden dunkelroten Flüssigkeit
stand und auf die nächste Portion von dem rosa Schaum
wartete, den meine Mutter mit einem Löffel abschöpfte.
Er schmeckte so süß, dass mir Zunge und Gaumen davon
brannten. Aber ich konnte nie genug davon kriegen.

Unser Küchentheater füllte sich. L's Freunde kamen
vorbei, wie fast jeden Tag, um wenigstens kurz hereinzu-
schauen, die letzten Neuigkeiten und Erkenntnisse aus-
zutauschen. Der Tisch stand voller Wodkagläser. Auf die
Liebe, auf die Freiheit, auf die deutsche Psychologie, auf
die finnische Salami. Müsst ihr alles persiflieren? Bella
prostete mir zu: »Komm, trink noch ein Glas. Du wirst
selbst noch dahinterkommen, dass es bei uns nicht ohne
Humor geht. Der Humor ist unsere einzige Möglichkeit.
Bei euch im Westen, da braucht man nicht zu lachen,
da lachen die Möglichkeiten. Weißt du nicht, was euer
eigener Georges Bataille über das Lachen sagt? Es wird
kein halbes Jahr dauern, dann wirst du mit uns lachen.«

Sascha saß etwas abseits auf einem unserer weiß
lackierten Küchenhocker und sah grimmig über das
Wodkaglas in seiner Hand hinweg. Ich dachte an den
letzten Abend mit Aksjonow, der schon lange fort war,
dachte an die Bilder aus dem Buch seiner Mutter. Ein
Jahr lang hatte ich mich mit ihr dort befunden, wo auch
Sascha einen Teil seines Lebens zugebracht hatte, dort,
im Inselreich der sibirischen Lager, irgendwo am Ende

der sowjetischen Landkarte, im ewigen Frost, wo die Schäferhunde in den Nächten heulten und einem der Haarschopf an der Lagerpritsche festfror, wo man bei 50 Grad minus Bäume fällte und um seine Brotration zitterte, Schnee vor Hunger aß. Aus dieser Region kam Sascha, einer derer, die sibirische Lagerwölfe genannt wurden, und immer erschien er aus einer dunklen Tiefe Russlands vor mir, aus den Wirren und Tragödien seiner Geschichte mit allen ihren gewaltigen Erschütterungen, Auswürfen und Schlacken, er erschien vor mir aus den Weiten Sibiriens und aus der Enge der Lagerbaracken, aus jenen mir unbekannten Zügen und Bierschenken, aus der Wildnis, aus den Armeleutestuben dieses Landes, das er kannte bis in die Haargefäße. Er hob sein Glas: »Komm, Gontscharowa, trink mit mir!« Er nannte mich mit dem Mädchennamen von Puschkins Frau, da mein Vor- und Vatersname mit dem ihren identisch war. Eine größere Ehre konnte es nicht geben. Sascha sog an seiner Pfeife und runzelte die Stirn in einem halben, schon wodkaseligen Lächeln: »Erzähl mir, wie gefällt dir das Leben bei Mütterchen Russland?« Er sprach nie über seine Lagerzeit. »Es war kein Heroismus dabei«, hatte er mir einmal in eben dieser Küche gesagt, »es war keine Zeit, in der es Helden gab und Verlierer, Verfolger und Verfolgte, das war alles eins, eine gigantische Verflechtung des Wahren mit der Lüge«, und kein weiteres Wort über sich selbst, nur viel Wodka und die Schulter, die sich bei jeder ungeschickten Bewegung auskugelte. Jeden Morgen um sechs saß er schon am Schreibtisch vor dem Erkerfenster in seinem Zimmer, in dem, außer dem Schreibtisch, nur noch ein zweiter Tisch und ein Bett standen, der restliche Platz war von Büchern besetzt, hier saß er jeden Morgen pünktlich ab sechs, saugend an seiner Pfeife, hier schrieb er seine historischen Romane und hatte mit niemandem etwas zu tun, er spuckte auf alle Privilegien, die ihm als Schriftsteller zustanden, ging nie ins Haus der Literaten, verkehrte, mit wem er wollte, sagte nur wenig und nur das, was er für richtig hielt. Ob man ihn auch im Westen las oder nicht, das kümmerte ihn nicht das Schwarze unterm Nagel. »Das ist kein Nationalismus«, sagte er, »sondern das Wissen um seinen eigenen Platz.«

Um Mitternacht hörte ich mit L die »Stimme Amerikas« aus seinem Grundig-Radio im Wohnzimmer. Unsere Gäste waren gegangen. *Stille Nacht* auf Russisch. *Tichaja notsch* ... Aus Amerika. Dann die Berichte über die Machenschaften des Sowjetstaates. Wieder das. Der blinde Glaube an alles, was aus Amerika kam. Mit meiner Skepsis gegen diese Nachrichten geriet ich sofort auf die Seite der Anpasser, der Speichellecker, derer, die ins Horn des Staates bliesen, um aufzusteigen auf der Leiter seiner Hierarchie. Es gibt keinen anderen Sozialismus als diesen, sagten die Leute.

China? Man musste verrückt sein, wenn man dieses Wort überhaupt aussprach. China – das war die Hölle. Darin waren sie sich mit ihrem Staat einig. Es gibt keine andere Alternative als die des Westens. So sagten sie heute. Und morgen nannten sie den Westen verfault, kulturlos, krank, ignorant.

Doch sobald ich, die aus dem Westen Kommende, sie darin bestätigte, geriet ich auf den Wogen einer unnachahmlichen Irrationalität wieder auf jene andere Seite, die für sie der Inbegriff allen Übels war. Nie würde es für mich in diesem Land einen Ausweg aus diesem Dilemma geben. Einen Ausweg aus der Teilung. Ich würde diese Menschen lieben, aber sie nie verstehen können. Ich würde dieses ganze Land nie verstehen können. Es war gleichsam die Kehrseite der Welt, in der ich aufgewachsen war und gelebt hatte, die Kehrseite bis hin zu den Türschlössern, die hier nicht nach rechts schlossen, sondern nach links.

L hatte die Haffner-Serenade aufgelegt. Jubelnder, wolkenloser Mozart. L nannte seine Musik geniale Spielereien. Warum kreiste mir seit dem Morgen, vermischt mit Shenjas »Hamlet«, ein Gedicht von Hebbel durch den Kopf:

Du tratest aus meinem Traume,
aus deinem trat ich hervor.
Wir sterben, wenn sich Eines
im Andern ganz verlor.

L nahm mich in die Arme. Ich verkleinerte mich zu einem warmen, dunklen Punkt in seiner Mitte.

Textnachweis

Nessa Altura (*1951 in Nürnberg, lebt in Böblingen): »Christinas Welt« aus: dies., *Die 13. Klasse*, sonderedition Vito v. Eichborn, bod, 2011. Abdruck mit freundlicher Genehmigung der Autorin.

Ewald Arenz (*1965 in Nürnberg, lebt in Rothenberg) und **Helwig Arenz** (*1981 in Nürnberg, lebt in Fürth): »Trott & Schrödel« ist eine Erstveröffentlichung.

Sigrun Arenz (*1978 in Nürnberg, lebt in Fürth): »Das geheime Leben der Weihnachtsbäume« ist eine Erstveröffentlichung.

Anne Borel (*1966 in Frankreich, lebt in Nürnberg): »Noël« ist eine Erstveröffentlichung.

Kevin Coyne (*1944 in Derby, †2004 in Nürnberg): »Weihnachtsbesuch« (deutsch von S. Radlmaier) aus: Steffen Radlmaier (Hrsg.), *GoldRauschEngel*, © 1996 ars vivendi verlag, Cadolzburg.

Max Dauthendey (*1867 in Würzburg, †1918 in Malang auf Java): »Brief an die kleine Lore in Altona in Deutschland« aus: *Das Märchenbriefbuch der heiligen Nächte im Javanerlande*, Leipzig und Weimar 1984.

Karlheinz Deschner (*1924 in Bamberg, †2014 in Haßfurt): »Alternative für Weihnachten« aus: Steffen Radlmaier (Hrsg.), *GoldRauschEngel*, © 1996 ars vivendi verlag, Cadolzburg.

Herta Dietrich (*1966 in Schäßburg, lebt in Bad Windsheim): »Gedankengestöber« ist eine Erstveröffentlichung.

Erika Dietrich-Kämpf (*1970 in Siebenbürgen, lebt in Bad Windsheim): »Weihnachtliche Gedanken« ist eine Erstveröffentlichung.

Nataša Dragnić (*1965 in Split, Kroatien, lebt in Erlangen): »Der Heiligabend – ein Traum« ist eine Erstveröffentlichung.

Matthias Egersdörfer (*1969 in Nürnberg, lebt in Fürth): »Kind Gottes in der Hutschachtel« ist eine Erstveröffentlichung.

Elisabeth Engelhardt (*1925 Schwanstetten, †1978 in Nürnberg): »Stau am Credoja-Pass« aus Steffen Radlmaier (Hrsg.), *GoldRauschEngel*, © 1996 ars vivendi verlag, Cadolzburg.

Gerhard Falkner (*1951 in Schwabach, lebt in Berlin und Weigendorf): »Schneh pho haid/Schnee von heute« aus: ders., *Kanne Blumma, Gedichte*, © 2010 ars vivendi verlag, Cadolzburg.

Ludwig Fels (*1946 in Treuchtlingen, lebt in Wien): »Wir werden es erleben«, Abdruck mit freundlicher Genehmigung des Autors.

Theobald Fuchs (*1969 in Lauf a. d. Pegnitz, lebt in Nürnberg): »Bewährungsprobe in Hersbruck« ist eine Erstveröffentlichung.

Klaus Gasseleder (*1945 in Schweinfurt, lebt in Erlangen): »Bescherung 2015«, Abdruck mit freundlicher Genehmigung des Autors.

Tommie Goerz (bürgerl. Dr. Marius Kliesch, *1954 in Erlangen, lebt auch dort): »Behütuns an Weihnachten« ist ein Auszug aus ders., *Leergut*, © 2011 ars vivendi verlag, Cadolzburg

Eugen Gomringer (*1925 in Cachuela Esperanza, Bolivien, lebt in Rehau): »Ein Bericht über die Weihnachtsgeschichte nach Lukas«, Abdruck mit freundlicher Genehmigung des Autors.

Nora Gomringer (*1980 in Neunkirchen a. d. Saar, lebt in Bamberg): »Jesus kommt«, »Der Baum«, »Einseitiges Telefonat (belauscht)« sind Erstveröffentlichungen.

Joshua Groß (*1989 in Grünsberg, lebt in Nürnberg): »Die letzten Ruinen« ist eine Erstveröffentlichung.

Helmut Haberkamm (*1961 in Dachsbach, lebt in Erlangen): »Helgaland, so nah am Wasser« ist eine Erstveröffentlichung.

Günther Hießleitner (*1955 in Nürnberg, lebt in Weißenbronn): »Schdall« ist eine Erstveröffentlichung.

E. T. A. Hoffmann (*1776 in Königsberg, †1822 in Berlin, lebte 1808–1813 in Bamberg): »Bescherung« aus: *Nussknacker und Mausekönig, Märchen und Erzählungen*, Stuttgart 1988.

Ralf Huwendiek (*1948 in Eschwege, †2004 in Nürnberg): »Schnapsneger«, Abdruck mit freundlicher Genehmigung der Erbin.

Manfred Kern (*1956 in Rothenburg o. d. Tauber, lebt in Coburg): »Auf der Ofenbank« ist eine Erstveröffentlichung.

Maximilian Kerner (*1949 in Gunzenhausen, †2005 in Nürnberg): »Advend-Bluus« aus: ders., *Druggns Brood. Nonsense-Gedichte in fränkischer Mundart*, © 1995 ars vivendi verlag, Cadolzburg.

Tanja Kinkel (*1969 in Bamberg, lebt in München und Bamberg): »Nachtgespräch« aus: *Wenn die Engel Plätzchen backen*, München 2005. Abdruck mit freundlicher Genehmigung der Autorin.

Wolfgang Koeppen (*1906 in Greifswald, †1996 in München): »Christkindlmarkt« aus: »Proportionen der Melancholie«, in: ders., *Werke, Band 10: Reisen nach Frankreich und andere Reisen*, © 2008 Suhrkamp Verlag Frankfurt am Main. Alle Rechte bei und vorbehalten durch Suhrkamp Verlag Berlin.

Tessa Korber (*1966 in Grünstadt, lebt bei Würzburg): »An der Fuchsenkrippe« ist eine Erstveröffentlichung.

Matthias Kröner (*1977 in Nürnberg, lebt in Ratzeburg): »Wann gämmern ham? (odder: Dä Chrisdkindlersmarkd ass Kindersichd)« und »Bläymobil (odder: Ä Zwedschgermännlä werd debbressiv)« stammen aus: ders., *Dahamm und Anderswo, Gedichte,* © 2016 ars vivendi verlag, Cadolzburg.

Dirk Kruse (*1964 Geesthacht, lebt in Fürth): »Verwirrende Weihnachtsbräuche« ist eine Erstveröffentlichung.

Ulrich Kulp (*1956 in Koblenz, lebt in Nürnberg): »Soulgard«, Abdruck mit freundlicher Genehmigung des Autors.

Fitzgerald Kusz (*1944 in Nürnberg, lebt auch dort): »Christmas-Haiku« aus: ders., *Schdernla,* © 1996 ars vivendi verlag, Cadolzburg; »weihnachtsblues«, Abdruck mit freundlicher Genehmigung des Autors.

Root Leeb (*1955 in Würzburg, lebt in Rheinland-Pfalz): »Karussell« ist eine Erstveröffentlichung.

Killen McNeill (*1953 in Kilrea, Nordirland, lebt in Unterlaimbach): »Und weihnachtlich grüßt der Plumpudding« ist eine Erstveröffentlichung.

Christiane Neudecker (*1974 in Erlangen, lebt in Berlin): »Vom Himmel hoch«. Abdruck mit freundlicher Genehmigung der Autorin.

Jean Paul (*1763 in Wunsiedel, †1825 in Bayreuth): »Lange Zaubernacht« aus: »Leben des Quintus Fixlein« in: ders., *Sämtliche Werke, Bd. 4,* München 1962.

Thomas Pigor (*1956, aufgewachsen in Unterfranken, lebt in Berlin): »Das schönste Geschenk« wurde im Jahr 2013 veröffentlicht. Abdruck mit freundlicher Genehmigung des Autors.

Mia Pittroff (*1980 in Bayreuth, lebt in Berlin): »Im Walbauch durch den heiligen Abend« ist eine Erstveröffentlichung.

Horst Prosch (*1964 in Neuendettelsau, lebt in Wolframs-Eschenbach): »Die Könige wandern« ist eine Erstveröffentlichung.

Friedrich Rückert (*1788 in Schweinfurt, †1866 in Neuses): »Zwei Kindertotenlieder« aus: ders., *Kindertotenlieder*, hrsg. von Hans Wollschläger, Nördlingen 1988.

Klaus Schamberger (*1942 in Nürnberg, lebt in Wendelstein): »Ein Weihnachtsgedicht oder: Patrona Franconiae« und »Weise Weihnachten« aus: ders., *Mein Franken-Buch, Geschichten und Gedichte*, © 2016 ars vivendi verlag, Cadolzburg.

Manfred Schwab (*1937 in Coburg, lebt in Gräfenberg): »Das Christkind lädt zu seinem Markte. Prolog mit Variationen, oder: Kleine Stilübung am völlig untauglichen Objekt« aus: Steffen Radlmaier (Hrsg.), *GoldRauschEngel*, © 1996 ars vivendi verlag, Cadolzburg. Abdruck mit freundlicher Genehmigung des Autors.

Elmar Tannert (*1964 in München, lebt in Nürnberg): »Frau Wanitschek«, Abdruck mit freundlicher Genehmigung des Autors.

Harald Weigand (aus Langenfeld): »Weihnachtsurlaub« ist eine Erstveröffentlichung.

Sabine Weigand (*1961 in Nürnberg, lebt in Schwabach): »Das beste Butterzeug der Welt« aus Petra Gropp et al. (Hrsg.): *Die Plätzchenerfinder. Autoren im Backwahn*, Frankfurt am Main, Fischer Taschenbuch Verlag 2005. Abdruck mit freundlicher Genehmigung der Autorin.

Johannes Wilkes (*1961 in Dortmund, lebt in Erlangen): »Wenn Sie sich als Christkind bewerben möchten« aus: